우리는 왜
개는 사랑하고
돼지는 먹고
소는 신을까

우리는 왜
개는 사랑하고
돼지는 먹고
소는 신을까

육식주의를 해부한다

멜라니 조이 지음 | 노순옥 옮김

Why We Love Dogs, Eat Pigs, and Wear Cows

An Introduction to Carnism

모멘토

〈일러두기〉

※ 별표(*)를 단 각주와 번호를 붙인 후주는 저자의 것이며,
옮긴이 주는 본문 속에 바로 넣었다.

추천사

멜라니 조이의 책은 동물 복지를 위한 투쟁에 매우 중요하고 혁신적인 기여를 하고 있다. … 이 책은 우리가 '육식주의'의 틀 밖으로 나가 보다 나은 위치에서 비판적으로 생각하고 사태 해결에 한 역할을 함으로써 좀 더 동정심 많고 지속 가능한 세계를 만드는 데 힘을 보탤 수 있도록 도와준다.　　—유발 하라리(『사피엔스』, 『호모 데우스』 저자)

왜 인간은 어떤 동물에게는 애정과 연민을 느끼고 다른 동물의 고통에 대해서는 냉담한지를 흥미진진하게 고찰한 책.　　—《퍼블리셔스 위클리》

이 책에는 수많은 정보와 통찰과 논증이 들어 있다. 그러나 『우리는 왜 개는 사랑하고 돼지는 먹고 소는 신을까』의 진정한 성과는 우리가 이미 알고 있는 것을 다시 일깨운다는 데 있다. 웅변적이면서도 겸허하게, 멜라니 조이는 우리 모두가 이미 지니고 있으며 항상 지녀 왔던 가치들에 호소한다. 우리가 어떤 존재인지를 새삼 깨닫게 하는 것이다.
　　—조너선 사프란 포어(작가, 『우리가 날씨다』, 『동물을 먹는다는 것에 대하여』 저자)

개를 먹는 것은 생각만 해도 몸서리를 치면서 돼지나 소, 닭은 먹는 사람들이 꼭 봐야 할 책이다. 멜라니 조이는 우리가 어떤 동물은 사랑하고 다른 동물은 먹는 것을 가능케 하는 심리적 버팀목들이 무엇인지를 검토하고는 그것들을 모두 걷어차 버린다. 『우리는 왜 개는 사랑하고 돼지는 먹고 소는 신을까』는 명료하고 생동감 있는 문체로 쓰였다. 유발 하라리의 서문을 붙인 개정판이 나온 게 반갑기 그지없다.
　　—피터 싱어(프린스턴대 생명윤리학 교수, 『동물 해방』 저지)

멜라니 조이는 생각을 선도하는 사람이고 그가 하는 일들은 세상을 바꿀 잠재력을 갖고 있다. 이제 몇 년 후면 '육식주의'는 모든 이의 입에 오르내리는 말이 될 테고, 동물을 먹는 것에 관한 우리의 생각은 근본적으로 바뀔 것이다.

　　—마네카 산자이 간디(인도의 최다선 의회 의원, 동물 복지 단체 '동물을 위하는 사람들' 회장)

나의 사고방식을 바꾸는 데 『우리는 왜 개는 사랑하고 돼지는 먹고 소는 신을까』보다 더 영향을 끼친 책은 별로 없다. 이 책은 지배적 이데올로기들이 어떻게 스스로를 숨기고, 보호하며, 보존하는지에 관해 생각하는 틀을 제공한다. 우리가 동물과 인간의 관계를 지배하는 이데올로기를 알아볼 수 있게 도와줄 뿐 아니라, 숨어 있기를 바라는 온갖 이데올로기들이 현대 사회 전반에 자리 잡고 있음을 간파하게도 해 줄 것이다.

　　—에즈라 클라인(저널리스트이자 방송인, 뉴스 웹사이트 《복스(Vox)》의 공동 창업자)

멜라니 조이는 우리 시대의 탁월한 사상가 중 하나다. 그녀의 뛰어난 저서 『우리는 왜 개는 사랑하고 돼지는 먹고 소는 신을까』는 … 채식을 위한 강력하고 새로운 논증을 펼친다. 그녀의 생각과 논리는 단순한 건강 차원을 넘어서는 것으로, 사려 깊게 식품을 선택하고자 하는 모든 이에게 일독을 권한다.

　　—댄 뷰트너(내셔널 지오그래픽 협회 펠로, 『블루 존: 세계 장수 마을』 저자)

획기적인 책이다. 더 건강한 식품 선택에 도움을 줄 정보를 사람들이 왜 거부하는지, 이를 어떻게 극복할 수 있는지, 멜라니 조이는 훌륭하게 설명한다.

　　—마이클 그레거(의사, 『죽지 않는 법』 저자이자 nutritionfacts.org 창업자)

왜 멜라니 조이를 읽는가? 그녀의 육식주의 개념은 우리가 사물을 다르게 보도록 해 주기 때문이다. 그녀가 공감을 가지고 독자들에게 얘기하기 때문이다. 그리고 그녀가 새롭고 가슴 설레게 하는 헌신적 지식인 세대에 속하기 때문이다. 이 모든 이유들이 타당하다. 그러나 이들 모두를 압도하는 또 다른 이유가 있다. 우리가 멜라니 조이를 꼭 읽어야 하는 이유는, 그녀가 얘기하는 것이 중요하기 때문이다.

　　—마티외 리카르(불교 승려이자 사진가, 작가, 인도주의자)

멜라니 조이의 책은 이해하는 것에서 실천하는 것으로 나를 이끌었다. 그녀의 획기적인 책을 읽는 길지 않은 시간 동안에 말이다.

　　—조시 테트릭(사회적 기업가, 식품 스타트업 회사 '저스트[Just]'의 창업자이자 CEO)

멜라니 조이는 현재와 미래를 꿰뚫어 보는 사람이다. 그녀는 우리 인간이 하는 행동의 양태와 이유를 관찰하고 우리의 무의식적인 행동을 가로지를 통로를 제공하여 보다 사려 깊은 선택을 할 수 있게 해 준다. 그녀는 독자를 무한히 존중하기에, 책을 읽고 나면 우리는 더 현명해지고 변화를 만들 힘을 받았다는 느낌을 갖게 된다.

　　—캐시 프레스턴(『퀀텀 웰니스』, 『비건주의자』 저자)

『우리는 왜 개는 사랑하고 돼지는 먹고 소는 신을까』는 동물을 먹는 문제를 내가 새롭고 독특하며 변화의 힘을 돋우는 시각에서 이해할 수 있게 도와주었다. 좀 더 온정적이고 이성적으로, 그리고 건강에 좋도록 식품을 선택하고 싶어 하는 모든 이에게 이 책을 강력히 추천한다.

　　—대니얼 니그라누(포커 선수, 포커 월드 시리즈에서 6번 우승, 포커 명예의 전당에 오름)

도처에 존재하는 증인들에게.
당신의 눈을 통해 우리는 길을 찾을지도 모른다.

한 국가가 얼마나 위대하며 도덕적으로 진보했는지는
동물을 어떻게 대하는지를 보면 알 수 있다.
—마하트마 간디

❦ 차 례

10주년 기념 개정판 서문―유발 하라리 ＊ 17

제1장 사랑할까 먹을까 ＊ 29
개를 먹는 게 왜 문제인가 ＊ 31
사라진 연결고리 ＊ 38
공감(共感)에서 무감(無感)으로 ＊ 39

제2장 육식주의: "원래 그런 거야" ＊ 45
육식주의 ＊ 52
육식주의, 이데올로기, 현상 유지 ＊ 56
육식주의, 이데올로기, 폭력 ＊ 59

제3장 '진짜' 현실은 어떤가 * 63

그들은 어디에 있는가 * 65

나쁜 것은 보지도, 듣지도, 말하지도 말라 * 67

돼지의 진실 * 70

쇠고기는 어디서 오나 * 80

닭과 칠면조―새대가리라고? * 87

알 낳는 닭―생산 또 생산 * 94

젖소―짜고 또 짜고 * 96

송아지―'쓸모없는 부산물'의 운명 * 98

물고기 등 수생동물―식품인가 생명인가 * 101

동정적 육식주의―'인도적'인 고기와 알과 유제품 * 106

도축장 벽이 유리라면 * 111

제4장 부수적 피해: 육식주의의 또 다른 희생자들 * 115

우리는 얼마나 안전한가? * 118

정육공장 검사를 누가 한다고? * 120

도축장의 인간 동물 * 124

조건반사적 킬러 * 127

우리 행성, 우리 자신 * 131

인민이 지배하는가 고기가 지배하는가 * 134

공중위생국장의 경고―육식주의 식품의 섭취는 건강에 해로울 수 있습니다 * 139

제5장 동물을 먹는 것에 관한 신화: 육식주의를 정당화하기 ✳ 145

정당화의 세 가지 N ✳ 147

신화를 만드는 사람들 ✳ 149

공식적인 승인—합법화 ✳ 157

동물을 먹는 것은 정상적이다 ✳ 161

동물을 먹는 것은 자연스럽다 ✳ 163

동물을 먹는 것은 필요하다 ✳ 166

자유의지라는 신화 ✳ 171

제6장 육식주의의 거울 속으로: 내면화된 육식주의 ✳ 175

인식의 트리오 ✳ 177

대상화—동물을 물건으로 본다 ✳ 178

몰개성화—동물을 추상적으로 본다 ✳ 180

이분화—동물을 범주로 가른다 ✳ 185

테크놀로지는 왜곡하고 격리한다 ✳ 187

동일시와 공감에서 혐오감으로 ✳ 189

심리적 피해 대책—혐오감과 합리화 ✳ 193

개고기 골라내기—혐오감의 번짐 ✳ 196

매트릭스 안의 매트릭스—육식주의의 스키마 ✳ 197

출구는 여기다—육식주의 매트릭스의 허점 ✳ 200

제7장 바로 보고 증언하기: 육식주의에서 연민과 공감으로 ✳ 203

마음으로 본다—증언의 힘 ✳ 206

무감에서 공감으로 ✳ 210

증언하기에 대한 저항감 ✳ 213

시대정신 바로 보기 ✳ 216

증언의 실천—무엇을 할 수 있나 * 219
육식주의 너머로 * 221
증언하는 용기를 * 223

후기 * 227
독서 동아리 토론 가이드 * 243
감사의 말 * 251
옮긴이의 말 * 253
후주 * 257
길잡이 책과 웹사이트 * 285
참고 문헌 * 287
찾아보기 * 306

.

10주년 기념 개정판 서문

유발 노아 하라리

(『사피엔스』, 『호모 데우스』 저자)

오늘날 지구상에서 가장 비참한 피조물은 누구일까. 이를 두고 올림픽 같은 대회를 열어 본다면 금메달을 놓고 치열하게 다툴 경쟁자들은 아마도 인간이 자신의 필요와 일시적 욕구들을 만족시키기 위해 키우는 소, 닭, 돼지가 될 것이다. 이 동물들은 왜 그렇게 끔찍한 생을 살아야 하는가?

사육되는 가축들은 괜찮은 삶을 누리는 것처럼 보일 수 있다. 야생동물과 비교하면 더욱 그럴 테다. 예컨대 낙농장의 소와 아프리카 초원의 얼룩말을 비교해 보자. 얼룩말은 하루 종일 먹을 것과 물을 찾아 헤매며, 그나마 늘 성공하는 것도 아니다. 또한 포식자와 질병, 홍수나 가뭄 같은 자연재해의 위협을 끊임없이 받는다. 그에 비해, 사육되는 소는 그들에게 사료와 물, 백신과 의약품을 공급하고 포식자나 자연재해로부터도 보호해 주는 농부의 지속적인 돌봄을 받지 않는가. 그라나 많은 사람들의 이 같은 학습된 믿음에도 불구하고 농장의 동물들은 우리가 개나 고양이의 경우엔 아마 용납하지 않을 형편없는 환경에서 살고 있다. 게다가 이들은 조만간 도축장으로 끌려갈 신세다. 농장 동물들의 기본적인 신체적 필요가 충족되는 경우라 하더라도 그들의 사회적, 정서적 욕구는 무시된다. 현대의 농업은 이 동물들을 우유나 고기, 계란을 생산하는 기계로 취급하지, 풍부한 감정과 감각의 세계를 지닌 생동하는 존재로 취급하지 않는다.

농장 동물들의 정서적 세계를 이해하려면 21세기 산업사회에서 그들이 처한 생활환경만 들여다볼 게 아니라 수천수만 년, 수백만 년 전 그들 조상이 어떤 환경에서 살았는지도 살펴볼 필요가 있다. 현대의 경험을 이해하기 위해 역사적 근원을 탐구하는 것은 진화심리학이라는 과학 분야의 몫이고, 그 결과는 소나 닭뿐 아니라 인간까지 포함한 모든 동물과 관계가 있다. 한 예로, 기름진 음식에 대한 우리의 갈망을 생각해 보자. 21세기에 이런 갈망은 아무런 의미가 없다. 사실 이것은 파괴적이다. 오늘날 지구상에서 비만과 당뇨로 죽는 사람의 수는 기아와 전쟁과 테러로 죽는 수를 다 합친 것보다도 많다. 보통 사람이라면 알카에다 공격보다는 맥도날드에서 과식하는 것 때문에 죽을 확률이 훨씬 높다. 도대체 우리는 왜 자신에게 이런 짓을 할까?

우리의 감정과 감각은 오늘날의 산업사회가 아니라 수만 년 전 아프리카 초원에서 살던 우리 조상들의 세계에서 번성하는 데 도움이 되도록 진화한 것이기 때문이다. 5만 년 전 나의 조상 누군가는 아프리카 초원을 걸어가다 잘 익은 달콤한 과일이 주렁주렁 달려 있는 나무를 만났다. 이 상황에서 올바른 반응은 가능한 한 더 많은 과일을, 가능한 한 더 빨리, 근처에 사는 개코원숭이 떼가 다 먹어 치우기 전에 먹는 것이다. 만약 그 조상에게 달콤하고 기름진 음식을 싫어하는 희귀한 유전적 돌연변이가 있었다면 조상은 아마도 살아남지 못했을 것이다. 내가 오늘 집에 있는 냉장고 문을 열고 초콜릿 케이크를 발견한다면 내 뇌 속의 DNA와 뉴런들은 내가 21세기에 살고 있다는 사실을 깨닫지 못한다. 그것들은 내가 아직 아프리카의 초원에 있다고 생각할 테고, 따라서 나는 케이크를 먹고 싶은 강한 충동을 느낄 것이다.

이는 다른 동물들의 경우에도 똑같다. 예컨대 강아지들의 뛰어놀고 싶은 욕구를 생각해 보자. 그들은 왜 그토록 놀이를 좋아할까. 수만 년 전, 개의 조상인 늑대들에겐 생존을 위해 그런 게임 즉 놀이가 필수적이었기 때문이다. 늑대는 사회적 동물이다. 다른 늑대들과 협력하지 않으면 생존과 번식을 할 수 없다. 그들 사회에서 이를 위한 '게임의 규칙'을 배우는 것은 대체로 놀이를 통해서다. 희귀한 유전적 돌연변이 때문에 뛰어노는 데 크게 욕구를 느끼지 못한 새끼 늑대는 살아남지 못했을 테다.

오늘날 우리가 어린 강아지를 개집에 따로 가두고는 물과 먹이와 약 따위를 공급하고, 그가 성숙기에 들면 정자를 채취해 발정한 암캐에게 수정시키는 식으로 키우면 어떤 일이 벌어질까. 이 강아지는 생존하기 위해 뛰어놀 필요가 없다. 그러나 여전히 뛰어놀고 싶은 강한 욕구를 느낄 것이기에, 평생 개집에 가둬 놓으면 먹을 것과 몸 둘 곳이 있음에도 몹시 불행할 것이다. 그의 정서적 욕구는 현재의 상황을 반영하는 것이 아니라 이전 진화 과정의 영향을 반영하기 때문이다.

농장의 동물들도 마찬가지다. 농부들이 소와 닭에게 충분한 먹이와 물, 약, 우리를 제공한다 해도 그들의 정서적, 사회적 욕구는 무시하기 때문에 이 동물들은 극심한 고통을 겪는다.

물론 동물들에게 감정과 사회적 욕구가 있다고 보는 것이 옳은가 하는 까다로운 질문을 제기할 수 있다. 우리는 동물을 의인화하고 있는 게 아닌가? 책상에 부딪친 꼬마가 책상이 의도적으로 자기를 다치게 했다고, 책상이 인간처럼 감정과 의도를 가지고 그랬다고 상상하는 것처럼 말이다. 글쎄, 과학자들이 이해하기에 이것은 결코 의인화가 아니다. 감정이란 신이 인간에게만 주어서 시를 쓰고 음악을 즐길 수 있게 한 어떤 영적 자질이 아니다. 감정은 자연선택 과정을 통해 진화해온 생화학적 메커니즘으로, 동물들이 매일 부닥치는 문제들을 해결하고, 그리하여 생존하고 번식할 수 있도록 해주는 것이다. 우리가 알고 있기로 모든 포유류, 새, 그리고 최소한 몇몇 파충류와 어류는 감정을 갖고 있다. 따라서 내가 소도 감정이 있다고 말할 때 나는 소를 인간으로 보는 게 아니다. 포유류로 보는 것이다. 그리고 그건 문제가 없다. 실제로 소는 포유류니까.

감정이 문제 해결을 위한 생화학적 메커니즘이라는 말은 무슨 뜻인가. 예를 들어 다음과 같은 문제를 생각해 보자. 개코원숭이 한 마리가 바나나 다발이 달린 나무를 발견한다. 그런데 나무에서 별로 멀지 않은 곳에 사자 한 마리가 보인다. 원숭이는 바나나를 따 먹기 위해 사자에게 잡아먹히는 걸 감수해야 할까. 기본적으로 이것은 확률을 계산하는 수학의 문제다. 원숭이가 그 바나나를 먹지 않으면 굶어 죽을 확률이 바나나를 따려다가 사자에게 잡아먹힐 확률보다 큰가?

이 문제를 풀기 위해 원숭이는 여러 가지 변수를 고려해야 한다. 바나나와 나 사이의 거리는 얼마인가. 사자는 바나나로부터 얼마나 멀리 있는가. 나의 달리기 최고 속도는 얼마인가. 사자는 배가 부르고 졸린가, 아니면 배가 고프고 경계 태세인가. 바나나는 어떤가. 세 개의 작고 덜 익은 바나나는 열 개의 크고 잘 익은 바나나와는 얘기가 다르다. 한데 이런 외적 변수만으로는 충분치 않다. 진정으로 현명한 선택을 하기 위해 원숭이는 자신의 내적 상태도 고려해야 한다. 몸속의 에너지 수준은 어느 정도인가. 에너지가 거의 없다면 굶어 죽을 수도 있다. 그러므로 비록 위험 부담이 크더라도 바나나를 따 먹으려는 시도를 해 볼 만하다. 그 시점에 원숭이에게 에너지가 충분하고 바나나는 그저 호사에 지나지 않는다면 위험을 감수할 가치가 없다.

이 모든 변수가 계산되어야 한다. 계산이 정확하다면 원숭이는 살아남아 자신의 유전자를 물려줄 것이다. 지나치게 겁이 많은—위험을 과대평가하는—원숭이는 굶어 죽을 것이고 이 겁쟁이 원숭이를 빚어낸 유전자는 다음 세대로 전해지지 않을 것이다. 무모한—위험의 무게를 충분히 고려하지 않는—원숭이는 사자에게 잡아먹힐 것이고 그 무모한 유전자도 다음 세대로 전해지지 않을 것이다. 진화는 기본적으로 통계에 의해 이루어진다. 매일 매순간 다양한 종의 개체들이 걸러내어지고, 다음 세대는 데이터를 최적으로 계산한 동물들의 유전자를 받는 것이다.

그런데 이 계산 과정은 얼마나 정확하게 이루어지는 걸까? 원숭이는 귀 뒤에 꽂은 연필을 빼내고 양복 안주머니에서 노트를 끄집어내 달리기 속도와 에너지 수준을 계산하지 않는다. 원숭이에게는 계산기도 없다. 원숭이의 몸과 느낌들이 계산기다. 우리가 일상 언어로 감정, 느낌, 감각이라고 부르는 것들이 실은 계산이다. 원숭이는 배가 고픈가 아니면 부른가를 느끼고, 사자가 어느 정도 위협적인지를 감지하고, 바나나에 대해 유혹이나 거부감을 느낀다. 채 1초도 안 되는 시간에 원숭이는 감각, 느낌, 욕망이 몰아치는 것을 경험할 것이며, 그것이 계산의 과정이다. 그리고 그 과정의 결과 또한 느낌으로 표현된다. 원숭이는 갑자기 열망과 용기에 가득 차 가슴이 부풀어 오르고 깊은 숨을 쉬며 모든 근육이 당겨지고 그리고… 가자! 바나나를 향해! 아니면 겁에 질려 어깨가 처지고 모든 근육이 풀어진다. 오, 엄마! 여기 사자가 있어요! 도와주세요! 때로는 양쪽의 수치가 너무나 비슷해 결정을 내리기가 어려워지고, 원숭이는 혼란과 망설임에 빠지기도 한다. 그래…아니…해야 할까…말아야 할까…빌어먹을! 어찌해야 할지 모르겠네!

분명 원숭이와 소처럼 서로 다른 동물들의 감정 간에는, 그리고 인간들의 감정 간에도, 차이가 있다. 인간만이 갖고 있는 특유의 감정들도 있다. 예컨대 수치심이 아마도 그런 감정일 것이다. 소들은 (우리가 알기로) 수치심을 느끼지 않는다. 다른 동물들에게도 특유의 감정들이 아마 있을 텐데, 물론 우리는 그것들에 대해 알지 못한다.

그러나 모든 포유류가 공유하는 기본적인 감정들이 있다. 아마도 포유류를 특징짓는 가장 기본적인 감정은 어미와 새끼 사이의 사랑일 것이다. 실제로 이 감정이 포유류에게 그 이름을 부여했다. '포유류(mammal)'라는 단어는 젖가슴이라는 뜻의 라틴어 'mamma'에서 유래한다. 포유류로서의 나와 당신을 특징짓는 감정체계에서 엄마는 자식을 더없이 사랑해서 자기 젖을 빨게 하고, 자식은 자식대로 엄마와 유대를 맺고 엄마 가까이 있으려는 엄청난 욕구를 느끼게 된다. 어떤 이유로든 엄마에게 무관심한 성격으로 태어난 포유류 새끼는 그다지 오래 버티지 못한다. 희귀한 돌연변이 때문에 태생적으로 새끼에게 무관심한 포유류 엄마는 편하게 오래 살 수 있을지는 몰라도 유전자가 다음 세대로 전해지지는 않을 것이다. 이 감정체계는 소나 개, 고래, 고슴도치에서도 똑같이 작용한다. 그리고 어린 포유류는 엄마의 긴밀한 도움 없이는 생존할 수 없는 만큼, 이와 관련된 다른 감정들도 논의해 볼 수 있다. 그러나 모성애, 그리고 엄마와 자식 사이의 깊은 유대가 모든 포유류의 특징이라는 것은 분명하다.

　과학자들이 이것을 인정하는 데는 오랜 세월이 걸렸다. 최근까지도 심리학자들은 심지어 인간의 경우에도 엄마와 자식 간 정서적 유대의 존재와 그 중요성에 대해 의구심을 가졌다. 20세기 전반의 심리학은 행동주의 접근법이 지배하고 있었다(행동주의[behaviorism]란 자극에 대한 반응으로 일어나는, 관찰과 예측이 가능한 행동들을 통해 인간이나 동물의 심리를 객관적으로 연구할 수 있다고 보는 심리학 이론이다. -옮긴이). 이 접근법에서는 부모와 자식의 관계는 물질적 피드백에 바탕을 둔 것이라고 주장했다. 아이들에게 필요한 것은 음식, 약, 집 따위일 뿐이고, 아이들이 부모에게 애착을 느끼는 것은 단지 부모가 물질적 필요를 채워 주기 때문이라는 얘기다. 이 외에 따뜻함이나 포옹, 입맞춤도 요구하는 아이들은 '응석받이'로 여겨졌고, 육아 전문가들은 부모들에게 아이를 껴안고 입을 맞춰 버릇하면 자라서 의존적이고 이기적이며 자신감이 부족한 사람이 될 것이라고 경고했다.

당시 가장 잘 알려진 아동 전문가 중 하나였던 존 B. 왓슨(행동주의 심리학의 창시자-옮긴이)은 1928년 부모들에게 이렇게 권고했다. "절대로 아이들을 껴안거나 입 맞추지 말고 무릎에 앉게 해도 안 된다. 꼭 해야 한다면 밤에 자러 갈 때 굿나잇 키스만 이마에 한 번 해 주라. 아침에는 악수로 만족하라." 1920년대와 30년대에 미국 부모들에게 인기 있었던 《유아 보육》이라는 잡지는 부모들에게 어린이 양육의 올바른 원칙은 규율을 잡고 정해진 시간에 맞춰 물질적 필요를 충족시키는 것이라고 설명했다. 1929년 어느 호에서는 부모들에게 아기가 먹을 때가 되어 배가 고파 울어도 "아기를 안거나 흔들어 울음을 그치게 하면 안 되고 정확히 젖 먹일 시간이 되기 전에는 절대로 먹이지 말라. 운다고 해서 아기에게 나쁠 것은 없다. 갓난아기도 마찬가지다"라고 했다.

이런 접근 방식에 이의를 제기하게 된 사람 중 하나는 영장류 연구자인 미국 심리학자 해리 할로였다. 1950년대와 60년대에 할로는 붉은털원숭이(레서스원숭이)를 상대로 일련의 실험을 했다. 아기 원숭이들을 태어나자마자 어미로부터 분리해 따로 떨어진 우리들에서 키웠다. 각 우리에는 엄마 원숭이 인형들을 집어넣었다. 한 '엄마'는 철사로 만든 인형이었다. 그것에는 아기 원숭이가 빨아먹을 수 있도록 젖병이 장착돼 있었다. 또 하나의 '엄마'는 나무로 만들고 헝겊과 벨벳으로 덮어 진짜 원숭이 같은 느낌을 주도록 했지만 젖병은 없었다. 행동주의 심리학의 기본 가정에 따라 할로는 아기 원숭이들이 물질적 필요를 충족해 주는 철사 엄마에게 매달리고 쓸모없는 벨벳 엄마에게는 관심이 없을 것으로 짐작했다.

놀랍게도 할로는 아기 원숭이들이 벨벳 엄마에게 매달리며 거의 종일 그녀와 시간을 보내는 것을 발견했다. 이따금 아기들은 젖병을 빨러 철사 엄마에게 갔지만 먹자마자 바로 벨벳 엄마의 팔 밑으로 기어들었다. 할로는 원숭이들이 추워서 몸을 따뜻하게 하려고 벨벳 엄마에게 매달리는 것으로 추정했다. 그래서 철사 엄마 속에다 백열전구를 넣어 벨벳 엄마보다 더 열기를 발산하게 했다. 그래도 도움이 안 됐다. 두 엄마를 아주 가까이 놓아두었을 때 대부분의 아기 원숭이는 철사 엄마의 젖병을 빨 때조차 계속 벨벳 엄마에게 매달릴 정도로 벨벳 엄마 선호를 멈추지 않았다.

할로는 원숭이들이 영양과 체온 너머의 무언가를 위해 벨벳 엄마를 찾는다는 결론을 내렸다. 그들은 정서적 유대를 찾고 있었던 것이다. 수백만 년의 진화 과정에서 아기 원숭이들에게는 정서적 애착에 대한 강렬한 욕구가 각인됐을 뿐 아니라, 정서적 유대는 단단하고 금속성인 것보다는 부드럽고 털로 덮인 것과의 사이에서 형성될 가능성이 더 크다는 가정 또한 각인되었다. 어린아이들이 나무 블록이나 돌멩이, 포크보다 인형, 담요, 헝겊 조각에 정서적 유대감을 갖게 되는 이유도 여기에 있다. 앞의 아기 원숭이들 역시 정서적 유대의 욕구가 워낙 강렬했기 때문에 젖을 주는 금속 인형을 마다하고 주변에서 유대 욕구를 충족시켜 줄 수 있을 것 같은 유일한 물체에 주의를 집중했던 것이다. 안타깝게도 벨벳 엄마는 그들과 진정한 정서적 유대를 이룰 수 없었다. 그래서 아기 원숭이들은 물질적으로 필요한 것들이 모두 제공되었음에도 많은 심리적 콤플렉스를 안고 성장했고, 어른이 되었을 때 원숭이 사회에 융화하지 못하고 새끼를 낳지도 못했다.

원숭이들에게는 잔인한 일이었지만 할로의 연구는 인간의 정서적 유대 형성을 완전히 새롭게 이해하는 데 도움이 되었다. 오늘날 분별 있는 사람이라면 누구나 아이들이 태어난 첫날부터 정서적 욕구를 갖고 있으며 그들의 정신적, 육체적 건강은 음식물과 약품, 주거의 제공 못지않게 이러한 욕구를 충족시키는 데도 달려 있다는 사실을 분명히 안다. 이는 당연히 인간 어린이뿐 아니라 다른 포유류 새끼들에게도 적용된다. 생각해 보라. 할로의 연구 자체가 사피엔스를 대상으로 한 게 아니었다.

한 세기 전의 육아 전문가들과 마찬가지로 유사 이래 농부들도 송아지나 새끼 양, 망아지의 물질적 필요에 집중했고 그들의 정서적 욕구는 (그것이 인간의 이익에 부합할 경우는 제외하고) 무시하는 경향이 있었다. 그리하여 예컨대 낙농업은 농업혁명 때부터 오늘날에 이르기까지, 포유류 세계의 가장 기본적인 정서적 유대를 깨뜨리고 새끼들을 어미로부터 떼어 놓는 것에 기반하고 있다. 암소는 송아지를 낳기 전에는 우유를 내지 않는다. 그래서 농부들은 소들이 계속 송아지를 낳게 만든다. 그러나 송아지들은 태어나자마자 어미에게서 분리되고, 유년기를 어미의 혀, 젖꼭지, 또는 몸과 접촉하지 못하고 보낸다. 해리

할로가 작은 규모로—몇백 마리의 붉은털원숭이 어미와 새끼에게—행한 일을 낙농산업은 수억의 개체들에게 자행하고 있다.

오늘날 세계 대형 동물의 90% 이상이 농장의 동물들 즉 소, 돼지, 양, 닭이다(닭은 몸집이 작지만 축산업 등을 위해 사육되는 산업동물—수의학 용어로 '대[치동물'—에 속하므로 소, 돼지 등과 함께 분류된다.—옮긴이). 느낌과 정서, 감각, 욕구와 두려움의 풍요로운 세계를 갖고 있는 수십억 동물들이 산업적 생산 라인에서 고기나 우유, 계란을 생산하는 기계로 일생을 보낸다. 우리 인간이 이들 동물에게 헤아릴 수 없는 고통을 야기하고 있다는 사실을 깨닫고 그 고통을 줄이기 위해 최선을 다하는 게 너나없이 우리 모두에게 주어진 책임이다.

멜라니 조이의 책은 동물 복지를 위한 투쟁에 매우 중요하고 혁신적인 기여를 하고 있다. 전 지구적인 동물 착취 시스템이 어떻게 만들어졌고, 무엇이 이를 지속시켜 주며, 이 시스템이 어떻게 수십억 동물에게 견딜 수 없는 부담을 주는지를, 그런데도 우리 대부분은 이에 관심을 갖거나 상황을 바꿀 필요성을 느끼지 못하고 있다는 것을 웅변적으로 설명한다. 이 책은 우리가 '육식주의(carnism)'의 틀 밖으로 나가 보다 나은 위치에서 비판적으로 생각하고 사태 해결에 한 역할을 함으로써 좀 더 동정심 많고 지속 가능한 세계를 만드는 데 힘을 보탤 수 있도록 도와준다.

제1장
사랑할까 먹을까

우리는 사물을 있는 그대로 보는 게 아니라 우리의 주관대로 본다.
—아나이스 닌(프랑스 출신 작가)

잠시 이런 장면을 상상해 보자. 우아한 디너파티에 초대되어 갔다. 화려하게 차려진 식탁에 다른 손님들과 함께 앉는다. 방안은 따뜻하고, 크리스털 와인 잔 너머로 촛불이 깜빡거리는 가운데 허물없는 대화가 오간다. 부엌에서는 입에 침이 고이게 하는 음식 냄새가 풍겨 온다. 하루 종일 굶었더니 배에서 꼬르륵 소리가 난다.

마치 몇 시간이나 기다린 것 같다. 드디어, 파티를 연 친구가 부엌에서 김이 무럭무럭 나는 스튜 냄비를 들고 나온다. 고기와 양념과 채소 향기가 방안을 가득 채운다. 한 국자 듬뿍 덜어 부드러운 고기를 몇 입 떠먹고는 친구에게 조리법을 묻는다.

"그래, 가르쳐 줄게." 그녀가 대답한다. "우선 골든리트리버(금빛 털

을 가진 아름답고 순한 스코틀랜드 원산의 사냥개-옮긴이) 고기 2kg을 갖
은 양념에 재운 다음…" 뭐라고? *골든리트리버*? 그 말을 듣는 순간 당
신은 아마도 얼어붙듯이 씹는 동작을 멈출 것이다. 내 입 속에 있는 게
*개고기*라고?

　이런 경우 어떡할 것인가? 그냥 먹나? 속이 뒤틀려서 화장실로 뛰어
가나? 아니면 고기는 골라내고 남은 채소를 먹으면 될까? 평균적인 사
람(특히 서구인)이라면 개고기를 먹었다는 사실을 알게 될 때 자동적
으로 즐거움이 혐오감으로 바뀔 터이다.* 스튜 속에 든 채소조차도 고
기에 오염된 것 같아서 역겨워질 법하다.

　그런데 당신의 친구가 웃으면서 농담이었다고 말한다 하자. 사실은
골든리트리버 고기가 아니라 쇠고기였다고. 이제는 그 음식에 대해 어
떤 기분이 들까? 식욕이 완전히 회복될까? 처음 맛보았을 때와 똑같이
열심히 먹게 될까? 모르긴 해도, 설사 접시에 담긴 음식이 조금 전 맛있
게 먹던 바로 그 음식일지라도 찜찜한 기분은 남아 있을 것이다. 나아
가, 그 찜찜함은 다음번에 쇠고기 스튜를 마주했을 때까지도 사라지
지 않을 수 있다.

　이런 현상을 어떻게 설명해야 할까? 왜 특정한 음식들은 방금 본 것
과 같은 정서적 반응을 불러일으키는가? 음식은 하나인데 왜 어떤 이
름을 붙이면 아주 맛있다고 여기는 반면에 다른 이름을 대면 도저히

---

* 개고기를 먹는 일에 거부감보다는 호기심을 갖는 사람들도 있을 수 있지만 세계의
많은 지역에서 이런 사람은 소수다. 이 가상의 장면은 개고기를 먹는 것이 사회·문화적
관행이 아닌 곳 사람들의 일반적인 경험을 서술하고 있다.

먹을 수 없는 것으로 치부하는 걸까? 스튜의 주재료가 고기라는 사실
은 전혀 바뀌지 않았다. 처음부터 내내 한 가지, 즉 동물의 살이었다.
단지 어느 시점에 다른 동물의 고기로 바뀌었을—혹은 바뀐 것으로 잠
시 생각됐을—뿐이다. 우리가 쇠고기와 개고기에 대해 이처럼 완연히
다른 반응을 보이는 것은 무엇 때문인가?

이런 질문들에 대한 답을 한마디로 요약할 수 있다. 바로 '인식
(perception)'이다('perception'은 흔히 '지각'으로 옮기나, 여기서는 좀 더
포괄적인 '인식, 인지'의 의미로 쓰고 있다.—옮긴이). 우리가 서로 다른 종류
의 고기에 대해 상이한 반응을 보이는 까닭은 그것들 간에 실질적인 차
이가 있어서가 아니라 우리가 달리 인식하기 때문이다.

| 개를 먹는 게 왜 문제인가 |

인식에서의 그 같은 전환은 2차로 길을 주행하면서 옆 차로로 넘어
가는 것에 비유할 수 있다. 황색 선을 넘어 역방향 차로에 진입했을 때
우리의 경험과 느낌은 급격하게 바뀌지 않는가. 인식의 전환이 위의 사
례에서처럼 강력한 반응을 낳을 수 있는 까닭은 우리의 인식이 현실을
많은 부분 결정하기 때문이다. 상황을 어떻게 보느냐—상황에 부여하
는 의미—에 따라 그것을 어떻게 생각하고 느낄지가 결정된다. 그리고
생각과 느낌은 곧잘 우리의 행동을 결정한다. 대부분의 미국인은 개고
기를 쇠고기와는 매우 다르게 인식한다. 따라서 개고기가 불러일으키

는 성신석, 정서적 반응과 행동 반응 또한 크게 다르다.*

우리가 쇠고기와 개고기를 그토록 다르게 보는 이유의 하나는 소와 개에 대한 우리의 시각이 판이하다는 데 있다. 우리가 가장 자주, 어쩌면 유일하게, 소라는 존재와 대면하는 때는 쇠고기를 먹거나 쇠가죽으로 만든 옷이나 신을 걸칠 때일 것이다. 이에 비해 많은 사람들에게 개와의 관계는 여러 면에서 사람들과의 관계와 그다지 다르지 않다. 우선 개를 이름으로 부른다. 집을 나설 때 다녀오마 인사하고, 돌아오면 쓰다듬어 준다. 데리고 자기도 한다. 개들과 놀고, 선물을 사 주며, 지갑에 개 사진을 넣고 다닌다. 개가 아프면 의사에게 데려가고, 치료에 수천 달러를 쓰는 수도 있다. 죽으면 묻어 준다. 개들은 우리를 웃기기도 하고 울리기도 한다. 개는 도우미이고 친구이자 가족이다. 우리는 그들을 사랑한다. 우리가 개는 사랑하면서 소는 먹는 것은 개와 소가 근본적으로 달라서가 아니라—소들도 개와 마찬가지로 감정이 있고 좋아하거나 싫어하는 것이 있으며, 의식이 있다—단지 그들에 대한 우리의 인식이 다르기 때문이다. 결과적으로 소와 개의 고기에 대한 우리의 인식도 달라진다.

고기에 대한 우리의 인식은 해당 동물이 무엇이냐에 따라서만 달라

---

* 특정 동물의 고기를 거부하는 관습은 세계 곳곳에서 흔히 볼 수 있다. 육류의 섭취와 관련된 금기는 다른 어떤 음식에 관한 금기보다도 보편적이다.[1] 나아가, 고기에 관한 금기를 깨는 일은 매우 강한 정서적 반응—일반적으로 혐오감—과 혹독한 제재를 불러온다.[2] 세계 주요 종교들이 규정해 놓은 식사 관련 금기들을 생각해 보라. 금지가 일시적이든(기독교도는 사순절에 고기를 먹지 않는다) 영구적이든(일부 불교도는 채식을 고집한다), 금기의 대상은 거의 언제나 고기다.

지는 게 아니다. 같은 고기에 대해서도 사람마다 인식이 다를 수 있다. 예를 들자면, 쇠고기에 대한 힌두교도의 반응은 개고기에 대한 미국 기독교도들의 반응과 마찬가지일 법하다. 인식에서의 이런 차이점들은 우리의 '스키마(schema, 圖式)' 때문이다. 스키마란 우리의 신념과 생각, 인식, 경험을 구조화하는─그리고 역으로 그것들에 의해 형성되는─심리적 틀을 이른다. 스키마는 외부에서 들어오는 정보를 자동적으로 정리하고 해석한다. 예컨대 '간호사'라는 단어를 들으면 아마도 흰 가운을 입고 병원에서 일하는 여성을 떠올릴 것이다. 간호사 중에는 남자도 있고 흰 가운을 안 입는 사람도 있으며 병원 밖에서 일하는 사람이 적잖음에도 불구하고, 다양한 환경에서 여러 유형의 간호사들을 자주 접하지 않는 한 우리의 스키마는 이런 일반화된 이미지를 고수한다. 일반화는 스키마가 자기 고유의 기능을 해낸 결과다. 우리에게 끊임없이 다가드는 엄청나게 다양한 자극들을 점검하고 해석한 뒤 일반적 범주(category)들에 나누어 넣는 일 말이다. 스키마는 요컨대 정신적 분류체계다.

우리는 동물을 포함한 모든 대상에 관해 스키마를 갖고 있다. 가령 동물은 포식동물과 그 먹이가 되는 동물, 유해동물, 반려동물, 또는 식용동물 따위로 분류된다. 우리가 특정 동물을 어떻게 분류하느냐에 따라 우리와 그들의 관계─사냥할지, 도망칠지, 박멸할지, 사랑할지, 아니면 먹을지─가 결정된다. 이 범주들 사이에 중복이 있을 수도 있다(포식동물의 먹이인 동시에 우리의 식용동물일 수 있다). 그러나 고기와 관련해 생각하는 한 대부분의 동물은 식용이거나 아니거나 둘 중 하나다(알이나 유제품의 경우에도 마찬가지다*). 바꿔 말하면 우리는 동물을 먹을 수 있는 것과 먹을 수 없는 것으로 분류하는 스키마를 갖고 있다.**

먹을 수 없다고 분류한 동물의 고기나 알, 또는 유제품을 대할 때 우리에겐 흥미로운 일이 벌어진다. 그 동물의 살아 있는 모습이 자동적으로 떠오르고, 그들에게서 나온 걸 먹는다는 생각에 속이 메스꺼워지기 쉽다. 인식 과정(지각 과정)은 다음과 같다.

골든리트리버 고기(자극)→먹을 수 없는 동물(믿음/인식)→살아 있는 개의 이미지(생각)→ 혐오감(감정)→먹기를 거부하거나 주저함(행동)

당신이 먹고 있는 게 골든리트리버 고기라는 말을 들었던 가상의 저녁식사 파티로 돌아가 보자. 그런 상황이 실제로 벌어졌다면, 요리의 냄새와 맛 자체는 그 말을 듣기 전과 전혀 다를 바 없는데도, 마음속에선 골든리트리버의 모습이 그려졌을 터이다. 던져진 공을 쫓아 마당을 이리저리 뛰거나, 난로 옆에 편안히 앉아 있거나, 조깅하는 반려인을 따라 달리는 개의 모습이. 그런 이미지와 함께 아마도 감정이입이 되

---

* 예컨대 대부분의 서구인은 까마귀 알이나 고양이 젖을 먹지 않을 것이다.
** 스키마는 위계적으로 조직될 수 있다. 보다 복합적 혹은 일반적인 스키마 아래에 하위 스키마(subschema)가 설정될 수 있다는 얘기다. 예를 들면, '동물'이라는 일반적 스키마 아래에는 '먹을 수 있는 동물'과 '먹을 수 없는 동물'이라는 하위 스키마가 있다. 이 하위 스키마는 더 하위의 스키마로 나뉠 수 있으니, 먹을 수 있는 동물은 야생의 사냥감 동물과 길들여진, 농장에서 사육된 동물로 추가 분류를 할 수 있다.

어, 도살된 개에 대한 연민과 그 불쌍한 짐승을 먹는다는 생각에 따른 역겨움 따위가 엄습해 올 것이다.

이와는 대조적으로, 쇠고기를 마주하고 앉았을 때 대부분의 사람은 살아 있는 소를 상상하지 않는다. 단지 '음식'으로만 생각하며, 그 맛과 향기와 질감에 집중한다. 쇠고기를 대할 때 우리는 위에서 살펴본 인식 과정 중 고기와 살아 있는 동물을 머릿속에서 연관시키는 부분은 생략하는 게 보통이다. 쇠고기가 소에서 나온다는 사실을 누가 모르겠는가. 그러나 먹을 때는 그 사실을 거의 생각지 않는다. 살아 있는 소를 떠올린다면 마음이 불편해질 것이며 때로는 차마 먹지 못할지도 모른다는 점을 내가 직업적으로나 사적으로 얘기를 나눈 수천 명의 사람이 인정했다. 차려진 고기의 모양이 해당 동물의 본디 모습을 연상시키면 피하는 사람이 많고, 머리나 다른 신체 부위가 온전히 포함되도록 조리해서 내놓는 경우는 거의 없는 것도 그 같은 이유에서다. 하나의 예로, 덴마크에서 실시한 흥미로운 연구의 결과를 보면, 사람들은 어떤 고기가 해당 동물이 살았을 때의 모습을 닮았을 경우엔 먹기를 불편해서 덩어리로 자른 고기보다 잘게 간 고기를 선호한다고 했다.[3] 그러나 설사 쇠고기를 놓고 소를 의식하게 된다고 해도 쇠고기를 먹는 일은 골든리트리버를 먹는 것보다 신경에 덜 거슬린다. 많은 사회에서 개는 먹는 동물이 아니기 때문이다.

이처럼 특정 동물에 대한 우리의 느낌과 그들을 대하는 방식은 그게 어떤 동물인가보다는 그것에 대한 우리의 인식이 어떠한가에 더 달려 있다. 우리는 소를 먹는 것은 괜찮지만 개를 먹는 것은 그렇지 않다고 믿는다. 그래서 소는 먹을 수 있는 동물로, 개는 먹을 수 없는 동물로 인식하게 되고 그에 따라 행동한다. 이 과정은 순환적이기도 하다. 믿음이 궁극적으로 행동을 이끌어 낼 뿐 아니라 행동이 믿음을 강화한다. 개를 먹지 않고 소를 먹으면 먹을수록 개는 먹을 수 없고 소는 먹을 수 있는 동물이라는 믿음이 굳어진다.

후천적 입맛

인간에게는 달콤한 맛(설탕은 유용한 칼로리원 노릇을 해 왔다)을 좋아하고 쓴맛이나 신맛(이런 맛은 흔히 독성분을 시사한다)을 기피하는 타고난 성향이 있지만, 맛에 대한 우리 취향 대부분은 사실 만들어진 것이다. 다시 말해서 우리는 미각의 폭넓고 숱한 레퍼토리 중에서 '좋아해야 한다'고 배운 음식들을 좋아하는 것이다. 식품, 특히 동물성 식품은 매우 상징적이며, 이 상징성은 전통에 의해 더욱 강화되면서 우리의 식품 기호에 결정적 역할을 한다. 예컨대, 캐비어(주로 철갑상어, 때로는 연어 등의 알을 염장 가공한 고급 식품—옮긴이)를 즐기는 게 세련되고 품위 있는 일로 간주된다는 걸 알 만한 나이가 되기 전에는 캐비어를 맛있게 먹는 사람이 거의 없다. 중국에서는 동물의 음경이 성기능을 돕는다고 믿기 때문에 그걸 먹는다.

미각이란 게 대체로 문화를 통해 습득된다는 사실에도 불구하고 세상 사람들은 자신의 기호가 합리적이라고 생각하며, 거기서 벗어난 것은 불쾌하고 혐오스럽게 여긴다. 예를 들어 많은 사람이 소의 젖통에서 짜낸 젖을 어떻게 마실 수 있느냐고 역겨워한다. 베이컨, 햄, 쇠고기나 닭고기를 먹는 일을 이해하지 못하는 사람들도 있다. 또 어떤 사람은 달걀을 먹는 것이 태아를 먹는 거나 마찬가지라고 생각한다(어떤 면에선 맞는 말이다). 캄보디아 사람들처럼 대형 거미 타란툴라 튀김을 (털과 이빨 등 모든 부분이 온전한 채로) 먹는다고 생각해 보라. 무슨 느낌이 드는가? 일부 아이슬란드 사람들이 즐기는 시큼한 숫양 고환절임은? 아시아 일부 지역에서 먹는 오리의 배(胚)—알이 수정된 지 좀 되어서 깃털과 뼈, 초기 단계의 날개 등 새의 형태가 부분적으로 만들어진 것—는 또 어떤가? 동물성 식품에 관한 한, 모든 미각은 후천적으로 습득됐다고 할 수 있지 않을까.[4]

| 사라진 연결고리 |

개를 포함하여 먹을 수 없다고 생각되는 동물을 먹는 데 대해 우리가 반응하는 방식은 이처럼 야릇하다. 하지만 더 이상한 것은 소를 비롯해 이른바 먹을 수 있는 동물들을 먹는 일에 우리가 '아무런 반응도 보이지 않는다는' 사실이다. 먹을 수 있는 종에 관한 우리의 인식 과정에는 설명되지 않은 단절, 사라진 연결고리가 있다. 고기와* 그것을 제공한 동물을 연결시키지 못한다는 얘기다. 수십만 종의 동물 가운데 우리가 혐오감 없이 먹을 수 있다고 생각하는 것은 어째서 극소수뿐인지 궁금해한 적이 없는가? 먹을 수 있는 동물과 먹을 수 없는 동물의 선별에서 놀라운 점은 혐오감의 *존재*가 아니라 그 *부재(不在)*다. 먹을 수 있다고 간주하는 극소수의 동물을 먹는 일에 우리는 왜 거부감을 느끼지 않는 걸까?[5]

증거들이 강력하게 시사하는 바는 혐오감의 부재가 전적으로는 아니더라도 대부분 학습 때문이라는 것이다. 스키마는 타고나지 않고 구성된다. 우리의 스키마들은 고도로 구조화된 신념체계에 바탕을 두고 진화해 왔다. 이 체계는 우리가 어떤 동물을 먹을 수 있는지를 결정하고, 그걸 먹을 때 정서적, 심리적으로 불편하지 않도록 보호해 준다.

---

* 사람들은 알이나 유제품을 해당 동물과 연결짓는 것은 덜 불편해하는 편이지만, 그게 예컨대 카나리아나 코끼리처럼 먹을 수 없다고 간주되는 동물의 것이라면 역겨움을 느낄 가능성이 크다. 설사 '먹을 수 있는' 동물의 것이라 해도 그 생산 과정을 가까이서 지켜본다면 아마 혐오감을 느끼게 될 테다.

우리에게 '느끼지 않는 법'을 가르치는 것이다. 그 결과 무엇보다도 분명하게 잃어버리는 느낌이 혐오감이다. 한데 혐오감의 근저에는 우리의 자아감(자아의식)에 훨씬 더 긴요한 감정이 자리 잡고 있다. 바로 공감(共感, empathy)이다(공감이란 다른 개체의 감정이나 경험, 생각을 그들의 입장이나 관점에서 이해하고 느끼는 것, 혹은 그런 능력을 말한다. '감정이입'이라고도 한다.—옮긴이).

| 공감(共感)에서 무감(無感)으로 |

도대체 이 신념체계는 왜 우리의 공감을 차단하려고 그처럼 애쓰는 걸까. 심리적 곡예까지 벌여 가면서 말이다. 답은 간단하다. 우리가 동물을 아끼고 그들이 고통받지 않기를 바라기 때문이다. 그러면서도 그들을 먹기 때문이다. 우리의 가치 기준과 행동은 일치하지 않는다. 그리고 이 불일치는 어느 정도의 도덕적 불편함을 불러온다.

이 불편을 완화하는 데는 세 가지 방법이 있다. 행동에 맞게 가치 기준을 바꾸는 것, 가치 기준에 맞게 행동을 바꾸는 것, 아니면 행동에 대한 *인식*을 바꿈으로써 그것이 가치 기준에 맞는 듯해 *보이게* 만드는 것이다. 고기와 알, 유제품에 대한 우리의 스키마는 이중 세 번째의 선택에서 형성된다. 우리가 동물들의 불필요한 고통에 가치를 부여하지 않으면서도 그들을 계속 먹는 한, 스키마는 동물과 그들에게서 나온 식품에 대한 우리의 인식을 왜곡해 그것을 편안히 섭취하도록 해 줄 것이다. 고기에 대한 우리의 스키마를 형성하는 신념체계가 그렇게 행동할 수 있는 수단들을 제공한다.

가장 중요한 도구는 '정신적 마비(psychic numbing)'다. 이것은 어떤 경험으로부터 우리를 정신적·감정적으로 단절시키는 심리적 과정이다. 우리는 스스로를 무감각하게 만든다. 정신적 마비 자체는 악이 아니다. 그것은 일상의 삶에서 정상적이고 불가피한 현상으로, 거칠고 예측 불가능한 이 세상에서 우리가 버티어 나가고 폭력의 먹이가 되었을 때 느끼는 고통에 대처할 수 있도록 해준다. 예를 들어 보자. 고속도로에서 차를 몰 때, 당신의 자동차가 수천 대의 쇳덩어리 차량들 사이에서 맹렬히 달리고 있다는 사실을 온전히 의식한다면 몹시 스트레스를 받을 것이다. 또한 운이 나빠 충돌사고라도 당했을 경우, 당신은 아마도 곧장 쇼크 상태에 들어가서는 시간이 좀 지나 현실을, 즉 무슨 일이 일어났는지를 판단하고 대응할 수 있을 만큼 정신이 회복될 때까지 그 상태에 머무를 것이다. 충격이나 폭력에의 *대처*를 돕는 정신적 마비는 이처럼 적응적(adaptive)이다. 즉 유익하다. 그러나 마비가 폭력을 *허용*하는 데 쓰일 때는 부적응적(maladaptive), 즉 파괴적이 된다. 비록 그 폭력이 멀리 떨어진 공장에서 일어나는, 동물이 고기로 바뀌는 일일지라도.

정신적 마비에는 다양한 방어기제(defense mechanism)들이 복합적으로 동원된다. 이들 메커니즘은 광범하고 막강하며 눈에 안 보일 뿐 아니라, 개인 심리를 넘어 사회적 차원에서도 작동한다. 이것들이 우리의 인식을 왜곡하고, 감정으로부터 우리를 떼어 놓으며, 공감을 무감

각으로 바뀌 버린다. 바로 이것, 느끼지 않기를 배우는 과정이 이 책의
핵심 주제다.

정신적 마비의 메커니즘은 다음의 것들을 포함한다: 부정(denial),
회피(avoidance), 일상화(routinization), 정당화(justification), 대
상화(objectification), 몰개성화(deindividualization), 이분화
(dichotomization), 합리화(rationalization), 해리(解離, dissociation) 등.
뒤의 장들에서 우리는 정신적 마비의 이 같은 측면들을 하나하나 검토
하고 동물들을 식품으로 바꿔 놓는 시스템(체제·체계)을 해체해 보려
고 한다. 그러는 가운데 이 시스템이 무슨 특성을 지녔는지, 그것이 어
떻게 우리의 지속적인 지지를 확보하는지를 파악할 수 있을 것이다.

정신적 마비: 다른 문화, 다른 시대에는?

내가 많이 받는 질문 중 하나는 문화와 시대에 상관없이 모
든 인간이 동물을 죽이고 소비하기 위해 정신적 마비를 이용
했는가 하는 점이다. 가령 부족사회의 사람들도 사냥으로 먹
을거리를 확보할 때 스스로를 마비시킬 필요가 있었을까? 산
업혁명 이전, 자신이 먹을 고기를 직접 조달했던 많은 사람들
도 그 동물들로부터 정서적인 거리를 두어야 했을까?

모든 문화, 모든 시대의 사람들이, 현대 산업사회에서 살고

있으며 동물을 먹는 것이 생존에 필수적이 아닌 우리와 똑같이 정신적 마비를 활용했다고 주장할 수는 없을 터이다. 동물을 먹는 데 대한 반응 양상은 대체로 상황적 맥락에 의해 결정된다. 자신이 동물을 먹는다는 현실을 직시하지 않기 위해 얼마나 많은 심리적 노력을 기울여야 할지는 개인의 가치관에 따라서도 달라지며, 그 가치관은 광범위한 사회·문화적 구조에 의해 형성된다. 생존을 위해 고기가 필요했던 사회에서는 자신의 선택을 윤리적으로 따질 여유가 없었다. 그들의 가치관은 동물을 먹는 일을 지지할 수밖에 없었을 터이니 육식에 대해 별다른 고민을 하지 않았을 것이다. 동물들을 도살하는 방식 또한 심리적 반응에 영향을 미친다. 죽이는 일 자체보다 그 방식의 잔인성이 훨씬 더 사람들을 불편하게 만들곤 한다.

그러나 불가피하게 고기를 먹었던 경우에도, 또 동물들을 오늘날 도축장에서 자행되는 것 같은 불필요한 폭력 없이 죽였던 경우에도 사람들은 항상 어떤 종류의 동물은 먹지 않았으며, 자신들이 먹는 동물에 대해서는 그 도살과 소비의 의미를 완화하려고 꾸준히 노력해 왔다. 고기를 먹는 사람들의 양심을 위무하기 위한 의례와 제사, 신념체계의 예는 수없이 많다. 동물의 생명을 거둔 다음 도살자나 고기를 먹는 사람이 정화의식을 치르기도 하며, 동물이 인간의 소비를 위해 '희생됐다'는 관점을 취하기도 하는데, 후자는 육식하는 행동에 영적 의미를 불어넣는 동시에 '희생'으로 먹이가 되는 쪽에도 선택의 여지가 있는 듯이 암시하는 시각이다. 게다가 기원전 600년께 고대에도 윤리적 이유에서 육류를 먹지 않은 개인들이 있었는바, 이는 육식을 둘러싼 심리적이고 도덕적인 긴장의 역사가 오래되었음을 보여 준다. 그러니 비록 정도와 형태에는 차이가 있지만 정신적 마비는 문화와 역사를 가로지르며 나름의 역할을 해왔다고 볼 수도 있다.[6]

이 시스템의 주된 방어 수단은 보이지 않는다는 점이다. 이 비가시성(非可視性, invisibility)은 *회피*와 *부정*이라는 방어기제를 반영하는 것으로, 정신적 마비의 다른 모든 메커니즘의 토대다. 예컨대 우리가 쇠고기를 먹으면서 소의 모습을 떠올리지 않을 수 있는 것도 바로 비가시성 때문이다. 우리의 생각을 우리 자신으로부터 은폐하는 것이다. 비가시성은 또 동물을 사육하고 도살하여 먹을거리를 얻는 불쾌한 과정을 우리의 의식으로부터 격리한다. 그렇다면 동물을 먹는 행위를 해체하기 위한 첫걸음은 이 시스템의 비가시성을 해체하여 시초부터 숨겨져 온 이 시스템이 무슨 원리 아래 어떻게 작동하는지를 드러내는 일이다(여기서 '해체한다'는 말은 프랑스 철학자 자크 데리다의 해체[deconstruction] 개념을 원용한 것으로, 어떤 대상이나 주세—이 경우엔 육식—에 관한 일반적인 논리와 통념들을 낱낱이 분석함으로써 거기에 내재한 모순들을 드러낸다는 뜻이다. –옮긴이).

제2장

육식주의: "원래 그런 거야"

보이지 않는 것과 존재하지 않는 것은 매우 비슷해 보인다.
—딜로스 B. 매카운(미국의 철학자)

내 언어의 한계는 내 세계의 한계다.
—루트비히 비트겐슈타인(오스트리아 출신 철학자)

제1장에서 우리는 사고실험(思考實驗)을 한 가지 했다. 당신이 친구 집 디너파티에 초대돼 음식을 맛있게 먹는데 친구가 말하기를 스튜 재료가 개고기라고 한다. 이때 당신의 반응이 어떨지, 또 친구가 그건 농담이었고 사실은 쇠고기라고 알려준 뒤에는 당신이 어떻게 반응할지를 탐색해 봤다.

실험을 하나 더 하자. 당신이 개를 상상할 때 떠오르는 모든 단어를 자기검열 없이 생각해 보라. 다음엔 돼지를 상상하며 똑같은 일을 해 보라. 그러고는 두 동물에 대한 당신의 묘사를 비교해 보자. 무엇을 발견했는가? 개를 생각할 때 '귀엽다', '충성스럽다'는 생각을 하지 않았는가? 돼지를 상상했을 때는 '진창' 또는 '땀', '더럽다' 같은 말을 떠올리지 않았는가? 여기 나열한 유의 말들을 생각했다면 당신은 다수에 속한다.

나는 지방의 한 대학에서 심리학과 사회학을 가르친 적이 있다. 매학기 나는 수업 중 하루를 동물에 대한 태도에 할애했다. 몇천 명이나 되는 학생이 내 수업을 거쳐 갔지만 방금 얘기한 실험을 할 때 오가는 대화는 거의 같았고, 반응도 비슷했다.

우선, 방금 당신에게 그랬듯이 나는 학생들에게 개의 특징을, 다음엔 돼지의 특징을 열거토록 하고 그것을 칠판에 적었다. 개에 대해서는 앞서 든 형용사 외에 '다정하다', '영리하다', '재미있다', '애정 깊다', '(사람에게) 보호적이다' 등이 흔히 나왔으며, 가끔 '위험하다'가 포함되었다. 예상대로 돼지에게는 훨씬 덜 좋은 말들이 따라붙었다. '땀투성이', '더럽다', '멍청하다', '게으르다', '뚱뚱하다', 그리고 '못생겼다' 따위였다.

이어서 나는 학생들에게 이 두 동물에 대해 어떻게 느끼는지를 설명하라고 했다. 그 또한 예상을 벗어나지 않아서, 일반적으로 개는 좋아하며—사랑하는 경우도 많다—돼지는 '역겹다'고들 느꼈다. 마지막으로 개와 돼지와 자신의 관계를 묘사해 보라고 하면, 개는 '당연히' 친구이자 가족의 일원이고, 돼지는 식품이라는 식의 답들이 돌아왔다.

이 시점에 이르면 학생들은 나와의 대화가 어디로 향하고 있는 건지 의아해하며 혼란스러운 표정을 짓게 마련이었다. 그때 나는 학생들이 앞서 한 진술에 관해 몇 가지 질문을 했다. 다음과 같은 식의 문답이다.

왜 돼지가 게으르다고 하지?

하루 종일 누워서 뒹구니까요.

야생 돼지도 그런가, 아니면 고기를 위해 사육하는 돼지만 그런가?

몰라요. 아마 돼지 농장에서만 그러겠죠.

왜 농장의 돼지—더 정확히 말하자면 공장식 축산농장의 돼지—들만 누워 뒹군다고 생각하지?

아마 울타리에 갇혀 있으니까 그러겠지요.

돼지는 왜 멍청한 거지?

그냥 원래 그렇지요.

그런데 실제로는 돼지가 개보다도 더 영리하다고 해.

(내가 이 말을 하면, 돼지를 실제로 본 적이 있다거나 돼지를 반려동물로 키우는 사람을 알고 있다면서 정말로 돼지가 똑똑하다는 걸 한두 가지 예를 들며 이야기하는 학생도 나오곤 했다.)

왜 돼지가 땀을 흘린다고 했지?

무응답.

사실 돼지에게는 땀샘이 없다는 사실을 알아?

돼지는 다 못생겼어?

그래요.

새끼 돼지는 어때?

새끼 돼지는 귀엽지만 큰 돼지는 역겨워요.

왜 돼지보고 더럽다고 하지?

진창에서 뒹구니까요.

왜 진창에서 뒹굴지?

진흙 같은 더러운 걸 좋아하니까요. 돼지는 더러워요.

실은 더울 때 몸을 식히느라 진창에서 뒹구는 거야. 땀샘이 없기 때문이지.

개들은 더러운가?

네, 가끔 그래요. 정말 구역질 나는 짓을 할 때가 있어요.

그런데 개를 묘사하는 말에 왜 '더럽다'를 안 넣었지?

항상 더러운 건 아니니까요. 가끔만 그렇지.

돼지는 항상 더럽고?

네, 그래요.

어떻게 그런 줄 알지?

돼지들은 언제나 더러워 보이니까요.

돼지를 본 적이 있어?

글쎄요. 사진에서 본 것 같은데요.

사진에서 돼지는 항상 더러운가?

아뇨, 꼭 그렇지는 않아요. 돼지가 항상 더러운 건 아니에요.

개는 충성스럽고, 영리하고, 귀엽다고 했는데 왜 그렇다고 하지? 그런 줄을 어떻게 아나?

봤어요.

개를 키운 적이 있어요.

개를 많이 접했어요.

(이때 몇몇 학생은 특별히 용감하거나 영리하거나 사랑스러운 행동을 한 개의 이야기를 들려주게 마련이다.)

이번엔 개의 감정 얘긴데, 개들이 실제로 감정을 느낀다는 걸 어떻게 알지?

내가 처져 있을 땐 우리 개도 확실히 우울해 보이거든요.

우리 개는 뭔가 잘못을 저질렀다 싶으면 언제나 죄지은 표정을 하고 침대 밑에 숨거든요.

동물병원에 데려가면 우리 개는 늘 떨어요. 너무 무서우니까.

우리가 휴가를 가려고 짐을 싸는 걸 보면 우리 개는 울면서 밥을 먹지 않아요.

개들에게 감정이 없을 수 있다고 생각하는 사람은 없나?

(아무도 손을 들지 않는다.)

돼지는 어떻지? 돼지도 감정이 있다고 생각해?

물론이죠.

돼지도 개와 똑같은 감정들을 느낀다고 생각하나?

글쎄요. 그런 것 같은데요.

사실 대부분의 사람이 몰라서 그렇지, 돼지가 얼마나 예민한가 하면 가둬 놓았을 때 자해 같은 신경증적인 행동을 하기도 해.

돼지도 고통을 느낀다고 생각하나?

물론이죠. 모든 동물은 고통을 느끼잖아요.

그렇다면 우리는 왜 돼지는 먹고 개는 먹지 않는 걸까?

베이컨은 맛있으니까요. (웃음)

개에게는 각기 개성이 있으니까요. 개성 있는 존재를 먹을 수는 없잖아요. 이름도 있고, 하나의 개체이니까요.

돼지에게도 그런 개성이 있다고 생각해? 그들도 개처럼 개체라 할 수 있나?

네, 돼지도 알고 보면 그럴 것 같은데요.

돼지를 본 적이 있어?

(아주 소수의 학생을 빼고는 대부분 돼지를 직접 본 적이 없었다.)

그럼 돼지에 대한 정보는 어디서 얻었지?

책에서요.

텔레비전요.

광고에서요.

영화요.

글쎄요. 아마 사회에서?

돼지가 땀투성이도 아니고 게으르지도 탐욕스럽지도 않은 영리하고 예민한 개체라고 생각했다면 돼지에 대해 어떻게 느꼈을까? 개에 대해서 그런 것처럼 가깝게 지내서 잘 알았더라면 말이야.

돼지를 먹는 걸 이상하게 느꼈을 거예요. 아마 죄책감 같은 걸 느꼈겠지요.

그렇다면 왜 우리는 돼지는 먹고 개는 먹지 않을까?

돼지는 먹기 위해 키우니까요.

왜 먹기 위해 돼지를 키우는 거지?

몰라요. 한 번도 생각 안 해 봤어요. 원래 그런 것 아닌가요?

원래 그런 것이다? 이 말에 대해 잠시 생각해 보자. 아주 곰곰이. 우리는 '원래 그런 것'이라는 이유 하나만으로 어느 종은 도축장으로 보내고 다른 종에게는 사랑과 친절을 베푼다. 동물에 대한 우리의 태도와 행동에 이처럼 일관성이 없고, 그 일관성 없음을 한 번도 돌이켜 보지 않았다면, 그건 우리가 부조리한 논리에 휘둘려 왔기 때문이라고 해도 무리가 없을 테다. 우리가 돼지는 먹고 개는 사랑하면서 왜 그렇게 하는지를 알지 못한다면 부조리한 일이다. 치약 하나를 고를 때도 진열대 앞에서 오래 망설이는 사람이 많은데, 어떤 종의 동물을 왜 먹는지에 대해서는 전혀 생각하지 않는다니. 소비자로서 우리의 선택은 미국에서만 연간 100억 마리의* 동물을 도살하는 산업을 먹여 살리고 있다. 우리가 이 산업을 떠받치면서 그 이유로 댈 수 있는 게 기껏 '원래 그런 것이기 때문'이라면 확실히 뭔가 잘못됐다. 이 문제에 관한 한 모든 사회 구성원이 하나같이 사고의 기능을 유보하고 사는 것은 물론, *자기들이 그런다는 사실조차 깨닫지 못하는 것은* 도대체 왜일까? 상당히 복잡한 질문이지만, 답은 아주 간단하다. 바로 육식주의 때문이다.

| 육식주의 |

채식주의자(vegetarian)가 뭔지는 우리 모두 잘 안다. 육류를 먹지 않는 사람이다. 요즘은 '비건(vegan)'이 뭔지를 아는 이들도 많다. 동물에게서 나온 모든 것을 피하는 사람 말이다('vegan'은 동물권운동가인 도널드 왓슨이 1944년 'vegetarian'의 앞 세 글자와 맨 뒤 두 글자를 합해서 만든 말이다.−옮긴이). 건강을 위해 비건(또는 채식주의자—그러나이 책의 주안점은 비건주의[veganism]인데, 그 이유는 뒤에서 분명해질테다)이 된 사람들도 있지만 대부분의 비건은 동물을 먹는 일이 비윤리적이라는 믿음 때문에 그런 행위를 중단한다. 우리 대부분은 비건주의가 대개 개인의 윤리적 성향의 표현이라는 사실을 안다. 그래서 비건에 대해 동물을 먹지 않을 뿐이지 보통 사람들과 다를 바 없다고 단순하

---

* 이 숫자는 미국에서 매년 수백억 마리씩 잡혀 죽는 수생동물은 포함하지 않은 것이다.[7]

게 생각지 않는다. 우리는 그들이 특정한 철학적 관점을 지니고 있으며, 동물을 먹지 않는 것은 인간의 목적을 위해 동물을 죽이는 일을 비윤리적이라고 생각하는 신념체계에 근거한 선택이라고 생각한다. 비건주의를 단순히 음식에 대한 성향이 아니라 삶의 한 방식으로 이해하는 것이다. 예컨대 영화에서 비건인 인물을 묘사할 때 단순히 동물의 고기와 알, 유제품을 먹지 않는 사람이 아니라 우리가 흔히 비건들과 연관시키는 일련의 품성을 지닌 사람, 이를테면 자연을 사랑한다거나 관습에 얽매이지 않는 가치관을 지닌 사람으로 묘사하는 것도 그런 이유에서다.

동물을 먹는 일을 비윤리적이라고 믿는 사람을 비건이라고 한다면, 동물을 먹는 일이 윤리에 어긋나지 않는다고 믿는 사람은 뭐라고 불러야 할까? 비건이 동물을 먹지 않기로 한 사람이라면, 동물을 먹는 쪽을 선택한 사람은 무엇이냐는 얘기다.

현재 우리는 비건이나 채식주의자가 아닌 사람을 이를 때 '고기 먹는 사람(meat eater, 육식자)'이라는 말을 쓴다. 한데 이 용어는 과연 정확한가? 이미 확인한 바와 같이 비건은 단순히 '식물(植物)을 먹는 사람(plant eater)'이 아니다. 식물만을 먹는 것은 신념체계에 바탕을 둔 행동 양식이다. '비건'과 '채식주의자', 두 용어 모두 핵심적 신념체계가 작동하고 있다는 사실을 정확하게 반영한다. '주의자'라는 접미사('vegetarian'의 경우 'arian'이 그것이며, 'vegan'의 'an'도 'arian'을 줄인 것이다)는 특정한 주의, 즉 일련의 원칙을 주장하고 지지하며 실천하는 사람을 가리키기 때문이다.

이와는 대조적으로 '고기 먹는 사람'이라는 말은 육류 소비 행위와 그 행위자를 분리한다. 고기 먹는 일이 당사자의 신념이나 가치관과는 무관한 듯이 말이다. 다시 말해, 고기를 먹는 사람은 신념체계의 *바깥에서* 그것과 무관하게 행동하고 있다고 암시한다. 하지만 고기를 먹는 일이 진정 신념체계와는 별개의 행위일까? 돼지는 먹고 개는 먹지 않는 게 우리에게 동물을 먹는 일에 관한 신념체계가 없기 때문인가?

산업화한 세계의 대부분에서 동물을 먹는 것은 불가피한 일이 아니라 선택이다. 생존은 물론이고 건강에도 동물을 먹는 것은 필수적이 아니다. 수백만 명의 건강하고 장수한 비건들이 이를 증명했다. 우리가 동물을 먹는 것은 단지 늘 그래 왔기 때문이며, 그 맛을 좋아하기 때문이다. 우리 대부분이 동물이란 먹도록 되어 있는 게 아니냐, 즉 '원래 그런 것' 아니냐고 생각하면서 먹는다.

우리는 고기 먹는 일과 비건주의를 일관된 관점에서 보지 않는다. 비건주의에 대해서는, 동물과 세상과 우리 자신에 대한 일련의 가정들을 기초로 한 선택이라고 생각한다. 하지만 육식에 대해서는 당연한 일, '자연스러운' 행위, 언제나 그래 왔고 앞으로도 항상 그럴 것으로 본다. 그래서 아무런 자의식 없이, 왜 그러는지도 생각하지 않으면서 동물을 먹는다. 그 행위의 근저에 있는 신념체계가 우리에게 보이지 않기 때문이다. 보이지 않는 이 신념체계를 나는 '육식주의(carnism)'라고 부른다 (이 이름은 저자가 만들어 낸 것이다. -옮긴이).

육식주의는 특정 동물들을 먹도록 우리를 길들이는 신념체계다. 때로 우리는 동물을 먹는 사람을 육식동물(carnivore)로 생각하기도 한다. 그러나 육식동물이란 생존하기 위해 육식에 의존하는 동물을 말한다. 동물을 먹는 사람들은 또 잡식동물(omnivore)이라고만 할 수도 없다. 인간을 포함한 잡식동물은 식물과 육류를 모두 섭취할 수 있는 생리적 능력을 지닌 동물이다. 그러나 '육식동물'과 '잡식동물'이라는 용어는 개체의 생물학적 특징만을 기술하지 철학적 선택에 대해서는 말하지 않는다. 오늘날 세계의 많은 지역에서 사람들은 필요에 의해서가 아니라 선택에 따라 동물을 먹는데, 선택이란 항상 신념에서 비롯되는 것이다.

선택임에도 선택이 아닌 듯이 보이는 것은 육식주의의 비가시성 때문이다. 그런데 왜 육식주의는 눈에 드러나지 않는 건가? 우리는 왜 그것에 이름을 붙이지 않았을까? 거기에는 훌륭한 이유가 있다. 육식주의가 특정한 유형의 신념체계, 바로 '이데올로기'이기 때문이며, 그중에서도 정밀한 검토를 잘 허용하지 않는 형태의 이데올로기이기 때문이다. 육식주의의 이런 면모들을 하나하나 뜯어보기로 하자.

> 문제가 보이지 않는다면…
> 거기에는 윤리적 비가시성이 도사리고 있을 것이다.
> —캐럴 J. 애덤스(미국의 여성 저술가, 페미니스트, 동물권운동가)

| 육식주의, 이데올로기, 현상 유지 |

이데올로기란 공유된 신념들이자 그 신념을 반영하는 실천이다. 예컨대 페미니즘(feminism)은 이데올로기다. 페미니스트란 여성이 남성과 동등하게 간주되고 동등하게 대우받을 자격이 있다고 믿는 남녀들을 이른다. 사회의 권력을 남성이 지니고 지배집단을 형성하고 있기 때문에 페미니스트들은 가정에서부터 정치 무대에 이르기까지 모든 영역에서 남성의 지배에 도전한다. 페미니즘 이데올로기는 페미니스트의 신념과 실천의 근간이다.

페미니즘을 이데올로기로 알아보기는 상당히 쉽다. 비건주의가 단순히 고기를 먹지 않는 것만이 아니라는 점을 이해하기만큼이나 평이하다. '페미니스트'와 '비건'이라는 지칭은 둘 다 특정한 신념을 지닌, 여타의 모든 사람과는 좀 다른 이들이라는 이미지를 떠올리게 한다.

그렇다면 '여타의 모든 사람'은 어떤가? 다수, 주류, 이른바 '보통' 사람들 말이다. 그들의 신념은 어디에서 온 건가?

우리는 사회의 주류를 이루는 생활 방식이 보편적 가치를 반영한다고 보는 경향이 있다. 그러나 우리가 보통 또는 정상이라고 생각하는 것은 따지고 보면 다수의 신념과 행동 양식에 지나지 않는다. 예를 들면, 과학혁명 이전에 유럽의 주류를 이룬 신념 중에는 하늘이 지구를 에워싸고 도는 천구(天球)들로 이루어졌으며 지구는 우주의 고귀한 중심이라는 믿음이 포함되었다. 이 믿음은 너무나 확고해서 코페르니쿠스나 그 후의 갈릴레오처럼 반대 주장을 펴려면 죽음을 무릅써야 했다. 그러니 우리가 이르는 바 주류라는 것은, 지극히 광범하게 퍼지고 확고히 자리 잡아서 그 가정과 관행들이 상식으로 여겨지는 이데올로기를 지칭하는 다른 방식일 뿐이다. 그것은 의견이 아니라 사실로 간주되고, 그 관행은 선택되는 게 아니라 주어진 것으로 여겨진다. 즉 규범이며, '원래 그런 것'이다. 육식주의가 지금까지 이름을 얻지 못한 이유가 바로 여기에 있다.

이데올로기가 확고히 자리 잡았을 때는 눈에 보이지 않게 마련이다. 그 한 예가 가부장제(patriarchy)다. 이는 남성성을 여성성보다 더 가치 있게 여기고 여성보다 남성이 사회적 권력을 많이 갖게 만드는 이데올로기다. 예를 들어, 다음 자질 중 어떤 것들을 지녀야 사회적이나 경제적으로 성공할 가능성이 클지 생각해 보라: 자기주장, 수동성, 경쟁심, 나눔, 통제, 권위, 권력, 합리성, 정서성, 독립심, 의존성, 돌봄과 배려, 취약성 등. 당신은 남성적인 자질들을 택했을 가능성이 큰데, 그런 선택이 가부장적 가치를 반영한다는 사실은 아마 깨닫지 못했을 터이다. 가부장제가 우리로 하여금 특정한 방식으로 생각하고 행동하도록 가르치는 이데올로기라는 사실을 간파하는 사람은 많지 않다. 가령, 가능하면 감정을 따르지 말고 보다 합리적이어야 한다는 주장은 남녀할 것 없이 대부분이 그대로 받아들인다. 두 자질은 우리의 행복에 똑같이 필요한 것인데도.

가부장제 이데올로기는 페미니스트들이 그런 이름을 붙이기 수천년 전부터 존재해 왔다. 육식주의도 마찬가지다. 흥미로운 점은 채식주의 이데올로기에는 2,500년도 더 된 고대에 이미 이름이 붙여졌다는 사실이다. 육식을 하지 않기로 한 사람들은 '피타고라스 신봉자'로 불렸다. 당대 그리스의 철학자이자 수학자인 피타고라스의 음식 철학을 따랐기 때문이다. 그러고 한참 뒤 19세기에 이르러 '채식주의'란 용어가 새로 만들어졌고, 한 세기 후인 1944년 '비건'이라는 말이 등장했다. 그러나 동물을 먹는 행위의 이데올로기가 제 이름을 얻은 것은 동물을 먹지 않는 사람들에게 이름이 붙은 지 무척이나 오랜 세월이 지난 오늘에 와서야이다.

어떤 면에서, 채식주의와 비건주의가 육식주의보다 먼저 이름을 얻은 것은 당연하다. 주류에서 벗어난 이데올로기들은 알아보기가 더 쉬우니까. 그러나 육식주의보다 채식주의와 비건주의에 먼저 명패가 붙은 데는 더 중요한 또 하나의 이유가 있다. 확고히 들어선 이데올로기가 그 상태를 유지하는 주된 방법은 계속 제 모습을 드러내지 않는 것이다. 그리고 모습을 드러내지 않고 남아 있는 주된 방법은 계속 이름 없이 존재하는 것이다. 이데올로기에 이름을 붙이지 않으면 그것에 대해 말할 수 없고, 말할 수 없으면 의문이나 이의를 제기할 수도 없으므로.

> 이름 붙지 않고 이미지화되지 않은 모든 것…다른 것으로 잘못 이름 붙고 접근하기 어렵게 된 모든 것, 부적절하거나 거짓된 언어 아래 의미가 함몰되어 기억 속에 묻혀 버린 모든 것—그것들은 단지 말해지지 않을 뿐 아니라 말할 수 없는 것이 되리라.
> —애드리언 리치(미국의 여성 시인, 페미니스트)

| 육식주의, 이데올로기, 폭력 |

존재하는지조차 모르는 이데올로기에 의문을 제기하는 일은 매우 어렵다(때로는 불가능할 수도 있다). 문제의 이데올로기가 적극적으로 스스로를 감추려 들 때는 더더욱 그렇다. 육식주의 같은 이데올로기들이 바로 그런 경우에 속한다. 육식주의는 폭력적인 이데올로기다. 이 시스템에서 폭력을 제거한다면—이를테면 동물을 해치고 죽이는 걸 멈춘다면—시스템은 사라질 것이다. (폭력적 이데올로기의 다른 이름은 '억압의 시스템', 혹은 '억압적 시스템'이다.)

현대의 육식주의는 광범한 폭력 위에 서 있다. 육식주의 산업이 현재의 이윤 폭을 유지하는 데 필요한 만큼의 동물을 도축하려면 이 같은 수준의 폭력이 불가피하다. 육식주의의 폭력성이 어느 정도인고 하니, 거의 모든 사람이 그 현장을 제 눈으로 보기를 꺼리고, 목격한 사람들은 심한 충격을 받을 수 있다.

나도 수업 시간에 축산업에 관한 필름을 보여 줄 때면 안전한 심리적 환경을 조성하기 위해 몇 가지 예방 조치를 해야 했다. 학생들이 필름을 보며 하나같이 고통스러워했기 때문이다. 내가 함께 일한 비건주의 옹호자들 중에서도 많은 이들이 장기간에 걸쳐 동물의 도살 및 가공 과정을 보아 온 결과 외상후 스트레스 장애(PTSD, post-traumatic stress disorder)를 앓고 있다. 침투사고(intrusive thoughts), 악몽, 플래시백, 집중력 결핍, 불안, 불면과 그 밖의 증상들이다(여기서 외상[外傷, 트라우마]이란 충격적 사건으로 인한 정신적, 심리적인 상처를 말하며, 침투

사고란 원치 않는 불쾌한 생각이 강박적으로 자꾸 떠오르는 증상, 플래시백은 과거의 사건이 순간적으로 생생히 떠오르는 증상을 이른다.—옮긴이). 30년 가까이 축산업의 실상에 대해 강연하고 가르치는 동안 동물들을 식품으로 만드는 과정을 목격하면서 움츠러들지 않는 사람을 본 적이 없다. 일반적으로 사람들은 동물이 고통받는 것을 보기 싫어한다.

왜 우리는 동물의 고통을 보기 싫어할까? 감각이 있는 다른 존재들에게 공감하기 때문이다. 우리들 대부분은, 설사 '동물 애호가'가 아닐지라도, 다른 존재에게—인간이든 동물이든—고통을 초래하는 것을 원치 않는다. 그 고통이 지독하고 불필요한 것일 때는 더욱 그렇다. 폭력적인 이데올로기가 동정심 있는 사람들로 하여금 잔혹한 관행들을 떠받치게 만들 뿐 아니라 자신들이 그런다는 걸 깨닫지조차 못하게 하는 방어기제들을 사용해야 하는 것은 바로 이런 이유에서다.

타고나지 못한 킬러

인간이 생래적으로 살생을 혐오한다고 생각게 하는 증거는 상당히 많다. 특히 군대에서 이 분야에 관해 연구를 많이 했다. 분석자들에 따르면 군인들은 교전 시에 종종 의도적으로 적의 머리 위쪽으로 총을 쏘거나 아니면 아예 쏘지 않기도 한다는 것이다.[8]

나폴레옹 시대와 남북전쟁 때의 전투에 관한 연구들은 놀라운 통계들을 보여 준다. 병사들의 능력, 적과의 근접성, 무기의 성능 등을 감안할 때 총에 맞는 적병의 수는 50%를 크게 웃돌아야 하며, 따라서 1분에 수백 명이 사살되는 결과가 나왔어야 했다. 한데 실제 피격자는 1분당 한두 명에 불과했다. 제1차 세계대전 때도 비슷했다. 영국군 중위 조지 루펠의 말에 따르면 병사들이 허공에다 사격하는 걸 막는 유일한 방법은 칼을 빼어 들고 참호 속을 돌며 "그들의 등을 때리면서… 낮게 쏘라고 소리치는" 것뿐이었다고 한다.[9]

제2차 세계대전 때도 실제로 사격하는 비율이 놀랄 만큼 낮았다. 역사가이자 미 육군 준장인 S.L.A. 마셜은 전투 중 실제 사격 비율이 15~20%에 불과했다고 말했다. 다시 말하면, 총격전에 참여한 병사 100명 중 15~20명만이 실제로 무기를 사용했다는 얘기다. 베트남전에서도 사망한 적병과 발사된 총탄의 수를 비교하면 한 명당 5만 발 이상이었다.[10]

이 같은 연구들을 통해 군이 깨달은 점은 병사들로 하여금 적을 쏘아 죽이게 하기 위해서는, 즉 그들을 폭력에 적극적으로 가담시키기 위해서는 살생 행위에 둔감해지도록 해야 한다는 것이었다. 바꾸어 말하면 그들은 자신의 행동에 대해 '느끼지 않는'—그리고 책임감 또한 갖지 않는—법을 배워야 한다.

양심을 억누르는 법을 가르쳐야 한다는 얘기다. 동시에 이 연구들은 절박한 위험 상황, 극심한 폭력 상황에 처했을 때도 대부분의 사람이 살생을 꺼린다는 사실 또한 드러낸다. 다시 말해서, 마셜이 결론지었듯이 "역사를 통해 대다수의 전사들은 그들이 적을 죽일 수 있고 의당 죽여야 하는 결정적 순간에 자신이 '양심적 병역 거부자'임을 깨달았다."[11]

제1장에서 지적했듯이 육식주의 시스템의 주된 방어 수단은 보이지 않음, 즉 비가시성이다. 육식주의가 어떻게 해서 사회적, 심리적으로 보이지 않게 되는지는 앞에서 이미 얘기했다. 그러나 폭력적 이데올로기는 물리적인 비가시성에도 의존한다. 그들의 폭력은 사람들의 시야에서 잘 감춰져 있는 것이다. 우리가 번식시키고 길러서 도살하는 동물이 미국에서만 매년 100억 마리나 되지만 우리 대부분은 육식주의적 생산 과정을 부분적으로도 본 적이 없다는 사실을 한 번이라도 생각해 보았는가?

우리가 먹는 고기와 알, 유제품에 대해 진정으로 숙고하고 우리의 음식 취향이 자연스럽고 순수한 선호만으로 결정되는 게 결코 아님을 깨닫는다면, '원래 그런 것'이라는 말만으로는 우리가 왜 돼지는 먹으면서 개는 먹지 않는지를 설명할 수 없다는 걸 알게 된다. 그렇다면 진실은, 진짜 현실은 어떤 모습인지 이제부터 들여다보자.

제3장
'진짜' 현실은 어떤가

거짓말을 하려면 거창하게, 단순하게, 그리고 거듭해서 하라.
그러면 결국은 다들 믿게 된다.
—아돌프 히틀러[*]

　대부분의 사람에게 고기와 알, 유제품은 주식이다. 아마 적어도 하루에 몇 차례는 이런 것들을 먹을 테다. 당신이 지난주에 먹은 음식들을 생각해 보라. 어떤 형태로든 닭고기, 쇠고기, 돼지고기 또는 물고기가 나온 식사를 몇 번이나 했는가? 아침 식사 때 달걀이나 요구르트를 먹지는 않았는가? 점심으로 칠면조 샌드위치나 참치 샌드위치를 들지는 않았는지? 저녁에 통닭구이나 닭튀김은? 이번 주에 얼마나 많은 고기와 알, 유제품을 먹었다고 생각하는가? 이 달에는? 올해 전체로는 어떤가?

---

[*] 나치 정부의 선전장관이었던 요제프 괴벨스의 말이라고도 한다.

미국 농무부에 따르면 평균적인 미국인은 1년에 41.7kg의 닭고기,[12] 7.3kg의 칠면조 고기,[13] 25.9kg의 쇠고기,[14] 23.1kg의 돼지고기를 소비한다. 여기에다 각기 0.45kg의 송아지 고기와 양고기를 더하면 1년 동안 먹는 고기가 100kg에[15] 이른다.[16] 이 수치엔 7.3kg의 물고기,[17] 16.8kg의 달걀, 286kg의 유제품은 들어가 있지도 않다. 여기에다 현재의 미국 인구 3억 3,000만 명을 곱해 보라. 실로 어머어마한 양의 고기와 알, 유제품을, 즉 동물들을 먹는 것이다. (이런 수준의 육식주의적 소비가 미국에만 국한된 것도 아니다. 예를 들어 유럽연합[EU] 사람들은 일인당 연평균 115kg의 가금류 고기 즉 새고기와 110kg의 물고기, 105kg의 유제품, 96kg의 돼지고기 제품, 86kg의 쇠고기, 13kg의 달걀을[18] 먹는데, 이 같은 수치들은 세계의 다른 지역들에서도 얼추 비슷하다.)

미국 축산업계에선 한 해에 약 100억 마리의 동물을 도살한다.[19] (해마다 잡아 죽이는 물고기 등 수생동물 470억 마리는 빼놓고도 그렇다.)[20] 1분에 1만 9,025마리, 초당 317마리꼴이다. 당신이 이 책 한 쪽을 읽는 시간에 거의 5만 마리의 동물이 도살된다.

좀 더 실감 나게 말하면, 100억이란 전 세계 인구의 1.3배 가까운 숫자다(2021년 6월 기준―옮긴이). 미국 인구의 30배쯤 되고 뉴욕시 인구의 1,200배, 로스앤젤레스 인구의 2,500배를 넘는다. 다른 방식으로 감을 잡아 보자. 100억 명의 사람을 미식축구 경기장에 넣으려면 경기장이 18만 6,900개 가까이 필요하다. 다 합치면 면적이 얼추 텍사스주 댈러스시만 하다. 100억 명이 한 줄로 설 경우엔 그 길이가 320만km가

될 터이다. 달까지 네 번 반을 왕복하고, 지구 둘레를 80번 도는 길이이다. 이런 100억이 단지 1년 동안에 도살되는 동물의 숫자다. 5년, 10년, 20년이면 이 숫자가 얼마나 커지는지 계산해 보라.

미국 전체에서 사고 팔고 소비하는 고기와 알, 유제품을 생산하는데 정말 많은 숫자의 동물이 필요할 것임은 자명하다. 축산은 큰 산업, 아니 엄청나게 거대한 산업이다. 미국의 육식주의 관련 산업의 연간 매출 총액은 1,770억 달러에 육박한다. [21] (EU도 이와 비슷하다.)[22] 전국의 수도 없이 많은 식품점, 식당, 카페테리아, 그리고 각 가정에 쌓여 있는 육식주의 생산물들을 생각해 보라. 눈길 가는 데마다 고기와 알, 유제품이 없는 곳이 없다.

그런데 이 모든 동물은 도대체 어디에 있는 걸까.

| 그들은 어디에 있는가 |

당신은 지난 한 해 동안 사육되고 운송되고 도살된 100억 마리의 동물 중 몇 마리를 보았는가? 도시에 살고 있다면 거의 못 보지 않았을까. 시골에 산다고 해도, 언덕에서 풀을 뜯고 있는 소를 몇 마리나 보았는가? 기껏해야 한 번에 50마리 정도? 닭이나 돼지나 칠면조는 어떤가? 한 마리라도 본 적이 있는가? 이 동물들을 텔레비전이나 신문, 잡지, 영화에서는 몇 번이나 봤는가? 매일같이 동물들을 먹고 있으면서도 우리의 음식이 되는 동물들과 평생 한 번도 마주치지 않을 수 있다는 건 정말 이상한 일인데도 우리 대부분은 무심히 넘겨 버린다. 노대체 그들은 어디 있는 걸까.

우리가 먹는 동물의 거의 전부는 육식주의 산업에서 우리가 믿어 주기를 바라는 것과는 달리 푸른 초원이나 헛간 앞 열린 마당에서 느긋이 노니는 '만족한 소'와 '행복한 닭'들이 아니다. 그들은 새 건초가 깔린 널따란 외양간에서 자지 않는다. 태어나는 순간부터 이 개체들은 밀집 감금형 우리에서 질병에 시달리고 극심한 추위나 더위에 노출되며, 과잉 수용 상태에서 거칠게 다루어져, 심지어 정신 질환이 생기기도 한다. 축산농장의 보편적인 이미지, 즉 가족이 운영하는 소규모의 농장은 이제 과거의 일이 되어 버렸다. 오늘날 이 동물들은 도축장에 실려 갈 때까지 거대한 '동물밀집사육시설(CAFO, concentrated animal feeding operations)'에 갇혀 산다(이런 시설은 흔히 'factory farm', 즉 '공장식 [축산]농장'으로 불린다).*

다른 분야의 대규모 생산 시설들과 마찬가지로 동물밀집사육시설은 (그리고 그들이 이용하는 도축장은) 딱 한 가지 목적에 맞춰 설계된다. 즉, 최소의 비용으로 제품을 생산하여 가능한 최대의 수익을 남기는 것이다. 요컨대 1분당 도살 숫자가 많으면 많을수록 더 큰 돈을 번다. 이를 위해 100만 마리를 한꺼번에 수용하기도 한다.[23] 동물들은 그저 생산 단위로만 간주되고 취급되며, 따라서 그들의 복지 따위는

---

* 이 책에서 서술하고 있는 각종 관행들은 세계의 모든 지역에서 큰 차이가 없다. 물론 특정 절차나 방식에 관한 입법 내용은 때로 다를 수 있다.

그들의 몸이 가져다줄 이익에 비해 부차적일 수밖에 없다. 사업적인 관점에서 볼 때 동물의 복지는 이익의 *장애물*이다. 동물을 대량으로 생산하면서 그 과정에서 일찍 죽는 놈들은 버리는 편이 동물들을 제대로 보살피는 것보다 비용이 적게 들기 때문이다. 실제로, 식용으로 사육되는 동물 중 어림잡아 20억 마리 이상이 도축장에 가기도 전에 죽는 것으로 추산되는데,[24] 그런 요소는 생산원가에 이미 반영되어 있다. 이 같은 비용 절감 수단과 조치들이 현대의 육식주의적 생산을 인류 역사상 가장 폭력적인 관행으로 만든다.

| 나쁜 것은 보지도, 듣지도, 말하지도 말라 |

현실을 왜곡하는 가장 효과적인 방법은 부정(否定)이다. 아무 문제도 없다고 스스로에게 다짐하면 문제에 어떻게 대처할지 걱정할 필요가 없어진다. 그리고 현실을 부정하는 가장 효과적인 방법은 그것을 보이지 않게 만드는 것이다. 이미 말했듯이 비가시성은 육식주의 시스템의 보루다.

제2장에서 우리는 이 시스템의 *상징적* 비가시성을 해체해 보았다. 상징적 비가시성은 방어기제인 '회피(avoidance)'에 의해 가능해진다. 회피는 부정의 한 형태다. 문제의 시스템에 이름 붙이기를 피할 때 우리는 진실을 피할 수 있으며, 그러다 보면 시스템이 *존재한다*는 사실조차 깨닫지 못하게 된다. 이번 장에서 우리는 육식주의의 *실질적* 비가시

성을 해체해 볼 것이다. 육식주의의 메커니즘과 역동성을 제대로 인식하려면 그 같은 해체가 필요하다. 우리가 알아야 할 것들을 모르고 있거나 잘못 알고 있는 한 육식주의적 생산의 현실을 이해할 수 없으며, 육식주의의 방어선을 넘어 나아갈 수 없다.

식탁에 오르는 고기와 알, 유제품의 대부분을 생산하는 시설들은 사실상 눈에 보이지 않는다. 우리는 그것들을 보지 못한다. 워낙 외딴 곳에 자리 잡아 우리 대부분의 발길이 닿지 않기 때문에 보지 못하며, 설사 들어가려고 시도한다 해도 접근이 허락되지 않아서 보지 못한다.[25] 그들의 트럭이 밀폐되고 표시도 없는 수가 많기 때문에 또한 보지 못한다. 베스트셀러인 『패스트푸드의 제국』과 『맛있는 햄버거의 무서운 이야기』의 저자 에릭 슐로서가 말하듯이 "그 건물들은 앞쪽에 창문이 없고, 안에서 무슨 일이 벌어지고 있는지를 짐작게 할 단서가 건축물 자체에 전혀 없기 때문에" 우리는 보지 못한다.[26] 요컨대 *우리가 보지 말아야 하는 걸로 되어 있기 때문에 보지 못하는 것이다.* 모든 폭력적 이데올로기가 그러듯이, 이 시스템도 희생자가 대중에게 직접적으로 노출되는 일을 막아야 한다. 대중이 시스템에 대해, 또는 자신들의 시스템 참여에 대해 의문을 제기하지 않도록 말이다. 이것은 자명한 진실이다. 육식주의 산업이 자기네가 하는 일을 드러내지 않으려고 그토록이나 진력하는 이유가 이것 말고 무엇이겠는가.

68

접근하지 마시오

2007년에* 언론인인 대니얼 즈워들링은 잡지 《미식가》에 닭고기 산업에 대한 기사를 쓸 작정이었다. 그런데 농장과 가공 공장 등을 돌아보게 해 달라는 즈워들링의 요청에 대해 닭고기 업계에서는 마치 그가 육류 요리를 주로 다루는 유명 잡지가 아니라 채식주의자들을 위한 《베지테리언 타임스》에 기고하려는 사람인 듯이 부정적인 반응을 보였다. 즈워들링의 기사 「어 뷰 투 어 킬」(007 시리즈 중의 하나로 1985년에 개봉한 「뷰 투 어 킬(A View to a Kill)」을 본뜬 제목—옮긴이)은 《미식가》 2007년 6월호에 실렸다. 그에 따르면 "나는 닭이 어떻게 키워지는지 직접 보고 싶었으나, 5대 닭고기 회사의 대변인들은 닭을 키워 그들에게 공급하는 농장들을 보여 줄 수 없다고 했다. 도축장을 보여 주는 일도 거부했다. 그들이 닭을 어떻게 죽이는지 보고 싶었는데 말이다. 회사 간부들은 심지어 닭을 키우고 죽이는 방법에 대해 얘기하는 것조차 거부했다"는 것이다. 즈워들링의 경험은 드문 일이 아니다.

동물을 도살하고 식육을 가공하는 공장은 접근하기

---

* 내가 이 책 초판에서 원용한 자료와 출처들 중 지금도 의미 있는 것들은 이 개정판에서도 유지했다.

가 어려울 뿐 아니라, 여러 주에서 이른바 '동물기업(animal enterprise)' 내의 사진이나 비디오 촬영을 법으로 금하고 있다. 이 범주에는 실험실, 서커스단, 도축장 등이 포함된다. 게다가 2006년 제정된 동물기업테러법—위헌이라고 격렬하게 비판받았던 법—에 따르면 '동물기업의 경제적 손실을 초래하는 행동은 불법'이다.[27)]

언론매체의 '동물기업' 접근이 거부되기 때문에 공장식 축산 농장(CAFO)이나 도축장 모습을 담아 일반에게 공개되는 영상은 대부분 몰래 조사하며 찍은 것들이다. 2008년 동물보호 단체인 미국인도주의협회(HSUS)는 이 같은 잠입 조사를 통해 인부들이 병든 젖소를 쇠사슬로 묶어 끌고 가고 지게차를 이용하여 뒤집는 장면 등을 찍었다. 문제의 소들은 공립학교 카페테리아 급식용으로 가공되었기에 이 폭로는 미국 역사상 최대의 쇠고기 리콜 사태로 이어졌다.

| 돼지의 진실 |

제2장에서 얘기했듯이 돼지는 영리하고 민감한 동물이다. 3주밖에 안된 새끼 돼지도 이름을 붙여 부르면 알아듣고 반응한다. 펜실베이니

아 주립대학의 한 연구에 따르면 돼지들은 훈련을 시키면 컴퓨터 게임도 할 수 있다. 코로 조이스틱을 움직여 80%의 정확도로 타깃에 적중시킬 수 있었다.[28] 돼지들은 또 애정이 넘치고 붙임성이 있어 사람과 노는 것을 즐기기 때문에 훌륭한 반려동물이 될 수 있다. 몇 년 전 나는 농장이나 도축장에서 도망친 동물, 버려졌다가 구조된 동물 등을 보호하는 시설을 방문한 적이 있는데, 거기서 만난 돼지들의 배와 귀 뒤를 긁어 주니 그렇게 좋아할 수가 없었다.

자연 상태에서 돼지들은 하루에 최대 50km 가까이를 돌아다니며, 서로 긴밀한 유대를 맺는 수가 많다. 같은 집단 내의 돼지를 서른 마리까지 구별할 수도 있다고 하며, 친한 돼지들과는 반가워하고 뭔가 대화도 나눈다. 출산을 앞둔 어미 돼지는 대단히 세심해서, 홀로 새끼를 낳아 보살필 보금자리를 짓기에 가장 좋은 장소를 물색하느라 10km를 돌아다니기도 한다. 장소를 찾으면 최대 10시간이나 공을 들여 꾸미고는 새끼를 낳고 돌보기 시작한다. 그렇게 어느 정도 지내다 새끼를 데리고 본디의 집단으로 돌아간다. 거기서 새끼들은 여러 달 동안 다른 어미의 새끼들과 어울려 놀면서 주위를 탐사한다.[29]

그러나 대부분의 돼지들—8,000만 마리쯤[30]—은 전 생애를 밀집사육시설에 갇혀 지내면서 도축장행 트럭에 오를 때까지 한 번도 바깥 구경을 못한다. 새끼 돼지들은 태어난 후 얼마 안 되어 마취도 없이 거세(去勢)되고 꼬리가 잘린다. 꼬리는 날이 뭉툭한 절단 펜치로 끊게 돼 있는데, 그렇게 하면 절단면이 짓눌려 피가 덜 난다고 한다.[31] 자르는 이유는 돼지들이 사육장에서 엄청난 스트레스를 받고 타고난 욕구가

좌절되는 탓에 신경증적인 행동을 보이면서 서로의 꼬리를 물어서 끊어 버리는 일이 발생하기 때문이다.[32]

이런 심리적 반응은 업계에서 '돼지 스트레스 증후군(PSS, porcine stress syndrome)'이라 부르는 것의 증상 중 하나인데, 이 증후군은 인간의 외상후 스트레스 장애와 매우 흡사하다. 다른 증상으로는 경직, 헐떡거림, 불안, 피부 발진 따위가 있고, 갑자기 죽기도 한다.[33] 붙잡혀 지내면서 독방 감금 등 다양한 고문을 당한 인간과 마찬가지로 돼지들도 자해를 하기도 하고 무의미한 행동을 반복적으로, 때로는 하루에 수천 번씩이나 하기도 한다.* 사육장 환경 속에서 동물들은 문자 그대로 미쳐 가는 것이다.

돼지와 인간: 트라우마의 유전학

외상후 스트레스 장애(PTSD)와 돼지 스트레스 증후군(PSS)은 공통의 유전적 기반을 지니고 있는 것으로 보인다. 둘 다 부분적으로 유전성이다. 여러 연구 결과에 따르면, 일정한 유전적 소인이 있는 사람이 트라우마 즉 외상을 주는 일을 겪

---

* 이 같은 반복적 행동을 전문용어로는 상동증(常同症, stereotypies)이라고 한다. 스트레스의 한 증상인 상동증은 여러 종의 동물에게서 나타난다(예컨대, 호랑이나 사자 같은 대형 고양잇과 동물들이 동물원 우리 안을 왔다 갔다 하는 것). 하지만 이를 돼지 스트레스 증후군의 한 증상으로 분류하지는 않는다.

을 경우엔 외상후 스트레스 장애를 일으킬 가능성이 크다. 베트남전에 참전했던 쌍둥이들을 대상으로 한 대규모 연구에서도 외상후 스트레스 장애와 유전적 소인 간의 연관성이 현저하다고 주장했다. 돼지 또한 이와 비슷해서, 캐나다 온타리오주 농축산식품부의 보고서는 돼지 스트레스 증후군이 유전적 요인과 스트레스 요인이 결합하여 생긴다고 했다.[34]

　간힌 채 태어난 새끼 돼지들은 2주나 3주 동안만 어미의 젖을 먹을 수 있다.[35] 그나마 어미와 분리된 채 우리의 창살 사이로 젖을 빤다. 젖을 떼기도 전에 굶주림이나 설사 등으로 죽는 새끼도 많다.[36] 때로 새끼가 온기를 찾아, 혹은 접촉 본능에 따라 어미가 있는 좁은 칸 안으로 쑤시고 들어가면 어미가 실수로 눌러 죽이기도 한다. 무슨 원인에서든 상당수의 어린 돼지가 죽게 마련이다. 사육사들이 적절히 보살피기에는 동물의 수가 너무 많다. 보통 암돼지 3,200마리를 네 명이 돌본다.[37]

　젖을 뗀 후 6개월 동안 어린 돼지들은 돼지공장의 더러운 우리나 축사에 그득그득 넣어진 상태에서 자란다.[38] 이곳은 돼지 배설물이 발산하는 역한 가스로 가득 차고 공기는 사료나 건초에서 나오는 것을 포함한 각종 분진, 돼지의 털과 비듬 따위로 혼탁하다. 돼지만이 아니라 사육하는 사람들 또한 만성적인 호흡기 질환으로 고생한다. 폐 질환으로 일찍 죽는 돼지도 많다.[39]

돼지가 도살하기 알맞게 자라면 도축장행 트럭에 오르게 된다. 비용을 줄이기 위해 가능한 한 많은 수를 트럭에 욱여넣는데, 과밀 적재에다 길면 28시간도 넘게 걸리는 수송 과정에서 음식과 물을 주지 않는 것은 물론 극도의 열기나 냉기로부터 전혀 보호되지 않기 때문에 사망률이 높다.[40] 돈육업계지인 《내셔널 호그 파머》에 따르면 "[2007년도에] 기록된 바로는 이미 죽은 상태로 도착한 돼지의 비율은 전국 평균 0.21%였다. … 22회에 걸친 업계의 현장 테스트를 종합해 보면, 정육공장의 저울에 오르기 전에 걸을 수 없게 된 돼지(피로한, 또는 부상한 것으로 분류)의 비율은 약 0.37%였다. 이에 대한 전국적인 통계 수치는 없다."[41] 공장식 농장에 반대하는 동물보호 단체인 '인도적 농장을 위한 협회(HFA)'의 수석 조사원이던 게일 아이스니츠는 도축장의 일꾼들을 인터뷰하면서 수송 과정에 대해 다음과 같은 얘기를 들었다.

돼지들을 트레일러에 실어 나르는 과정에서 어쨌든 일부는 죽게 마련이에요. … 내가 렌더링(rendering, 정육을 떼내고 남은 고기 부스러기, 지방, 뼈, 내장, 그리고 폐기된 동물 등을 가열하여 유지나 식품류를 만드는 일—옮긴이) 부서에서 일할 때도 매일같이 죽은 돼지들이 무더기로 들어와 쌓이곤 했어요. … 트럭에서 내려질 때 보면 얼음덩어리처럼 단단해요. … 어느 날 한 30마리쯤의 언 돼지 더미에서 몇 마리를 골라내 전기톱질을 하려고 갔는데 두 마리가 … 얼었지만 아직 살아 있더라구요. … 걔들이 마치 "도와주세요" 하는 것처럼 머리를 쳐들기에 살아 있다는 걸 안 거지요. … 나는 그것들을 도끼로 찍어서 죽여 줬어요.[42]

그 여정에서 살아남은 돼지들은 도살될 때까지 대기용 우리에 넣어진다. [43] 그러다 시간이 되면 전기봉(棒)을 든 일꾼들의 재촉을 받으며 '슈트(chute)'라고 부르는 좁은 통로(컨베이어가 설치된 곳도 많다. ―옮긴이)를 따라 한 줄로 도살 라인을 향해 간다. 뒤쪽에 있는 돼지들은 앞서간 돼지들의 비명과 생산 라인 작업자들의 고함 소리를 듣는다. 에릭 슐로서는 도축장을 돌아볼 때 이 지점에 와서 본 것을 다음과 같이 설명한다. "소리는 점점 더 커진다. 공장 소리, 전동식 연장과 기계에서 나는 소음, 압축 공기가 분사되는 소리. … 우리는 미끄러운 금속 계단을 올라가 생산 라인이 시작되는 작은 플랫폼에 도착했다. 한 남자가 고개를 돌려 내게 미소 짓는다. 그는 보안경과 안전모를 쓰고 있다. 얼굴은 회색 물질과 피로 얼룩져 있다."[44] 당연히 많은 돼지들이 앞으로 나아가기를 꺼린다. 한 도축장 일꾼의 말을 들어 보자.

돼지들이 피 냄새를 맡으면 앞으로 가려 들지 않지요. 돼지들을 제어기에 넣기 위해 때리고 채찍질하고 머리를 발로 차곤 하는 걸 많이 봤어요(제어기는 흔히 양옆이나 가운데가 컨베이어 벨트로 돼 있다. 돼지들은 한 줄로 서서 제어기 통로로 들어가 도살 라인으로 향한다. ―옮긴이). 어느 날 밤에는 몰이꾼이 화가 난 나머지 판자 조각으로 돼지의 등을 내리쳐서 부러뜨리더군요. 돼지를 움직이게 하려고 몰이에 쓰는 봉을 항문에 쑤셔 넣는 걸 본 적도 있어요. 그런 돼지는 나한테 왔을 때 두 배는 더 난폭해지기 때문에 나는 그러지 않았으면 싶은데 말이지요.[45]

원칙적으로 이들 동물은 도살되기 전에 기절시켜 의식이 없도록 해야 한다.[46] 그러나 높이 설치된 컨베이어 벨트의 족쇄에 발목이 걸린 채 거꾸로 매달려 가는 돼지들 중에는 아직 의식이 멀쩡한 것도 있다. 그들은 칼로 목동맥이 끊길 때까지 발길질을 하고 몸부림친다. 동물을 기절시키고 죽이는 일을 워낙 빨리 해야 하는 데다 작업자들이 제대로 훈련되지 않아 일이 서투른 경우가 많기 때문에, 적잖은 돼지가 의식이 남은 상태로 다음 공정을 맞기도 한다. 털을 뽑기 위해 끓는 물에 넣어지는 것이다. 아이스니츠는 작업자가 점심 식사를 하러 간 사이에 한 다리로 대롱대롱 매달려 꽥꽥 소리를 지르고 있는 돼지들, 산 채로 끓는 물에 잠기는 수천 마리의 돼지들에 대해 이야기한다. 그녀가 인터뷰한 어느 작업자의 말을 들어 보자.

"돼지들은⋯물에 닿으면 비명을 지르며 발길질을 합니다. 때로는 어찌나 난리를 치는지 물이 탱크 밖으로 마구 튕겨 나오기도 해요. ⋯ 그들을 물속으로 밀어 넣는 회전팔 장치가 있기 때문에 물 밖으로 나올 수는 없지요. 익사하는 건지, 그러기 전에 데어 죽는 건지는 모르겠지만 2분 정도 지나면 발길질을 멈춥니다."[47]

아이스니츠는 또 작업자들이 4초당 한 마리의 돼지를 죽이는(또는 기절시키는) 똑같은 일을 고정된 자리에서 끊임없이 하면서 받는 스트레스 때문에 돼지들을 더 난폭하게 다룬다는 사실을 발견했다. 한 사람은 이렇게 말했다.

있잖아요, 어느 날은 살아 설치는 돼지들 때문에 정신이 나갈 것 같

있어요. … [비록 내가 그걸] 죽이려는 것이긴 하지만, 아무튼 사람을 돌게 만들어요. … 그럴 땐 그냥 죽이는 게 아니라 드세게, 무지막지하게 찔러서 숨통을 따고, 자기 피 속에 빠져 죽게 만들지요. 코를 찢기도 하고요. 암튼 살아 있는 돼지가 구덩이를 미친 듯이 뛰어다니잖아요. 그게 나를 올려다보고, 그러면 나는 칼을 꺼내서 앉아 있는 돼지의 눈을 도려 냅니다. 돼지는 비명을 마구 질러 대지요. 한 번은 내가 칼을, 정말 날카로운 칼을 들고는 돼지의 코끝을 잘라 버렸어요. 마치 볼로냐 소시지를 자르듯이 말이죠. 그놈은 몇 초 동안 미쳐 날뛰더니 멍청한 표정으로 앉아 있더라고요. 그래서 내가 소금물을 한 움큼 떠서는 그 돼지의 코에다 비볐지요. 그러니까 정말로 꼭지가 돌아서 코를 사방에 대고 문지르더군요. 내 손에는 아직도 소금이 많이 남아 있었고—고무장갑을 끼고 있었거든요—그래서 그 소금을 돼지 항문에다 쑤셔 넣었어요. 그 불쌍한 돼지는 똥을 싸야 할지 어째야 할지 제정신이 아니었지요.[48]

번식용으로 쓰이는 암돼지들도 결국은 도축장으로 끌려간다. 살아 있는 동안에도 대부분의 시간을 임신용 우리*라고 불리는, 금속 창살로 엮은 작은 우리 혹은 그런 창살로 좁게 칸막이를 한 축사에서 보낸다.[49] 이것들은 너비가 겨우 60cm 남짓으로 너무 좁아서 돼지들이 몸을 돌

---

* 임신용 우리는 너무나 비인도적이어서 여러 주와 국가에서 사용이 금지됐다. 유럽연합에선 2013년 이것의 사용을 금지했고, 미국과 캐나다의 가장 큰 돈육 생산업체인 스미스필드 푸즈와[50] 메이플 리프 푸즈 사도 이 우리의 사용을 완전히 또는 부분적으로 금했다(혹은 그러겠다고 했다).

릴 수조차 없으며 바닥은 똥오줌으로 뒤덮여 있다. 이렇게 갇혀 있기 때문에 여러 가지 문제가 발생하며, 그중 가장 고통스러운 것의 하나가 요로(尿路) 감염이다. 암퇘지들이 바닥에 누우면 박테리아가 득시글거리는 오물에 잠기게 되고, 그 오물이 요도를 타고 들어가 감염을 일으키는 것인데, 심하면 치명적일 수 있다. 암퇘지는 5~6개월이라는 짧은 주기로 강제된 임신을 거듭하다가 더이상 새끼를 낳을 수 없게 되면 도축장행 트럭에 실린다. [51]

"문제를 정의하는 사람이 논쟁을 지배한다"

가금류 수의사이자 미시시피 주립대학의 임상 지도교수인 티머시 커밍스는 가금육 생산업자를 상대로 한 강연에서 이제 언론 등 미디어에 능통하고 언어의 힘을 잘 아는 동물권운동가들과 맞서야 할 때라면서 "누구든 문제를 정의하는 사람이 논쟁을 지배합니다"라고 말했다. [52] 커밍스는 예컨대 닭의 '부리 자르기(debeaking)'도 '부리 조절(beak conditioning)'로 용어를 바꾸는 게 좋다고 했다(부리 자르기란 닭들이 서로 쪼아 상처를 입히지 못하도록 부리 끝 날카로운 부분을 뭉툭하게 자르는 것이다. ―옮긴이). 부리 자르기가 닭의 모습을 흉하게 만드는 일이 아니라 이른바 '스파 트리트먼트'류의 미용 및 건강 요법처럼 보이게 하자는 얘기다. 그는 또 자동 도살 장치를 지나고도 살아남은 가금을 죽이는 작업자를 현재의 '예비 도살자(backup killer)'라는 명칭 대신 '칼 작업자(knife operator)'로 부르고, '피가 다 뽑혀 죽었다(bled to death)'고 노골적으로 말하지 말고 '방혈사(放血死)했다(exsanguinated)'는 식으로 표현하자고도 했다.

업계 사람들은 가축이 먹을거리로 변하는 과정을 묘사하는 말들이 너무 정확하고 구체적이면 소비자들이 불편해한다는 사실을 오래전부터 잘 알고 있었다. 일찍이 1922년에 텍사스 주의 염소·양 사육업자협회에서는 '염소 고기'라는 구체적인 이름 대신 '셰번(chevon, 염소를 뜻하는 프랑스어 chèvre에서 온 말─옮긴이)'이라는 용어를 쓰자고 제안했다. "사람들은 분쇄한 소, 돼지 토막, 양의 다리를 먹는다고 말하지 않는다. …비프(beef), 포크(pork), 머튼(mutton)이라는 명칭이 훨씬 더 식욕을 돋운다"라는 주장이다.[53] 한편 예전에 미국축산협회는 회원들에게 '도살(slaughter)'이라는 단어에는 사람들이 부정적 반응을 보이니 그 대신 '가공(process)'이나 '수확(harvest)' 같은 단어를 쓰라고 조언한 바 있다.[54]

육식주의 산업이 그 생산물의 현실을 위장하기 위해 언어를 이용하는 흥미로운 예는 영국에서도 찾을 수 있다. 업계지인 《식육업 저널》은 독자들에게 '도축장(slaughterhouse)' 대신에 '식육공장(meat plant, meat factory)'이라는 말을 사용하라고 조언한다.[55] 《브리티시 미트》도 다음과 같은 주장을 폈다. "전통적인 식육 소매업은 사람들에게 동물의 이런저런 부분을 판다는 개념을 기반으로 하며, 따라서 육류를 살아 있는 가축과 동일시하는 경우가 흔하다. 그러나 현대의 소비자는 그런 연상을 싫어한다. … 새로운 판매 철학이 절박하게 필요하다. 우리의 사업은 더이상 날고기 조각들을 파는 일이 아니다. 고객들로 하여금 전향적으로, 즉 그들이 먹을 고기 자체에 대해 생각하게 만들어야지 들판에 있는 동물을 돌이켜 생각하게 해서는 안 된다."[56]

| 쇠고기는 어디서 오나 |

마이클 폴란은 현대의 식품 생산 실태를 폭로한 베스트셀러 『잡식동물의 딜레마』를 쓰기 위해 수소 한 마리, 534라는 번호가 붙은 육우(肉牛, 고기소)의 일생을 추적했다. 그가 534번 소를 태어나서부터 죽을 때까지 추적하면서 발견한 것은 미국에서 매년 도살되는 3,500만 육우의 운명이다. 우리에 있는 송아지 떼를 관찰하다가 그와 만나는 장면을 폴란은 이렇게 묘사한다. "534가 어슬렁거리며 울타리로 다가와 나와 눈을 맞췄다. 떡 벌어진 몸집에 얼룩 무늬 얼굴이었다. …'그래, 이 친구로 해야겠어.' 나는 생각했다."[57]

534가 폴란을 보고 서슴없이 다가온 건 놀라운 일이 아니다. 소들은 의사소통을 좋아하고 감정이 풍부하며 사교적인 동물이다. 그들에 겐 감정을 표현하는 여러 가지 발성과 제스처가 있으며, 자연적인 환경에서는 서로 지속적인 우정을 쌓곤 한다. 소들은 천성적으로 순하고 다루기 쉬우며, 깨어 있는 시간의 대부분을 풀을 먹고 되새김질하는 데 보낸다. 송아지들은 어미젖을 빨지 않을 때는 서로 어울려 여러 가지 놀이를 한다.

갇힌 상태에서 태어난 소들은 이런 본능을 거의 충족시킬 수 없다. 그러나 잠깐 동안은 최소한 몇 가지의 기본적 욕구가 충족된다. 돈육이나 가금육 업계와 달리 쇠고기 업계에선 태어나서 6개월까지의 송아지를 방목한다(이는 송아지들이 심한 더위나 추위, 기상이변 등에 그대로 노출된다는 걸 뜻하기도 한다).[58] 목초지를 갖고 있는 개별 목장주들과 계약을 해 이 과정을 맡기는데, 그러는 편이 더 싸게 먹히기 때문이다. 폴란은 이렇게 말한다. "534번 수소는 태어나서 첫 6개월을 엄마 9534와 함께 이런 풍요로운 목장에서 보냈다. …낙인이 찍히고 거세당한 4월 어느 토요일의 충격적인 경험을 제외하면 534가 그 6개월을 좋았던 지난날로 되돌아보리라는 것은 쉽게 상상할 수 있다."[59]

534는 목초지 길 건너편에 있는 출산용 헛간에서 태어났다. 그리고 다른 수송아지들과 마찬가지로 거세, 낙인과 '제각(除角)' 즉 뿔 없애기(뿔이 울타리에 걸리거나 다른 동물 혹은 사람을 다치게 하는 것을 막기 위해서다)를 모두 마취 없이 겪었다. 테네시 대학의 농학자들은 송아지 거세 방법 몇 가지를 놓고 효율적인 실시 요령들을 제시한다.[60] 우선 거세 과정에서 생기는 스트레스는 "송아지가 아직 어리고 성적으로 미숙할 때 실시하면 최소화"할 수 있다고 한다. 거세 방법 중 하나는 칼로 음낭의 아랫부분을 잘라 내는 것인데 이때 "고환이 드러나면 손으로 잡고 한 번에 하나씩, 정삭(精索, 고환 상단부와 아랫배 쪽 근육층을 잇는 끈 모양의 조직-옮긴이) 주위의 결합조직을 몸 안쪽으로 밀면서, 잡아 늘인다. … 어린 송아지의 경우 고환을 잡고 정삭이 끊어질 때까지 잡아당길 수도 있다." 또는 칼을 쓰지 않고 음낭의 고환 윗부분을 고무 밴드로 잡아맬 수도 있다. "이렇게 하면 혈액 공급이 차단돼 약 3주 후면 음낭이 고환과 함께 떨어져 나간다." 그러나 그들은 경고한다. "파상풍의 위험이 있기 때문에 피를 내지 않고 거세하는 방법 중 가장 권장되지 않는 방법이다. 이 방법을 쓰더라도 생후 1개월 미만의 송아지만을 대상으로 해야 한다." 피를 내지 않고 거세하는 또 한 가지 방법은 거세기(emasculatome)를 사용하는 것이다. 거세기는 무딘 날을 지닌 펜치 모양의 기구로, 음낭 피부에 상처를 내지 않으면서 정삭을 눌러 부수고 혈액 공급을 차단할 수 있다. "거세기로 꽉 누르고 1분 정도 있는데, 하나의 정삭에 두 번씩 실시할 것을 강력히 권장한다. 같은 과정을 다른 쪽 고환의 정삭에도 반복한다. … 정삭을 정확히 잡지 못했을 경우 이 과정을 반복한다." 농학자들의 마지막 조언은 "거세하기 가장 좋은 때는 파리나 구더기가 상처의 자극과 감염을 악화시킬 가능성이 낮은 봄가을이다"라는 것이다.

　이 같은 거세 관행을 볼 때 534가 충격적 경험으로 심적 외상을 입었다고 폴란이 믿는 것은 놀랄 일이 아니다. 폴란은 534가 6개월 됐을 때 어미젖을 떼면서 두 번째 외상을 겪었다고 주장한다. "젖을 떼는 시기는 해당 동물뿐 아니라 그들을 돌보는 목장 사람에게도 가장 괴로운 때일 것이다. 송아지와 헤어진 어미 소는 몇 날이고 큰소리로 울부짖는다. 송아지들은 스트레스를 받아 곧잘 병에 걸린다."[61] 수의사들은 젖떼기를 가장 큰 심리적 스트레스 요인으로 생각한다. 그래서 이때 어미 소와 송아지를 함께 수용하는 시설은 그들이 다시 만날 수 없도록 아주 견고하게 지어야 한다고 말한다.[62]

　젖을 뗀 후 534는 '육성' 우리에서 두어 달을 지냈다. 거기서 송아지들은 갇혀 있는 생활과 여물통에서 먹이를 먹는 일에 익숙해지고 자연의 것이 아닌 먹이에 길이 들어야 한다. 약을 엄청 섞은 많은 양의 곡물, 11개월 만에 체중을 35kg 안팎에서 550kg쯤으로 늘려 주는 단백질 및 지방 보충제로 만들어진 사료 말이다.[63] 나머지 생애는 비육장(肥育場, 고기를 많이 생산하기 위해 가축의 운동을 제한하고 특수 사료를 주어 단기간에 살이 찌도록 하는 곳—옮긴이)에서 보내게 되는데, 비육장은 과밀하고 더러운 공장식 농장으로 바닥에는 오물이 가득하다. 534는 도축장으로 보내질 수천 마리의 다른 비육우들과 함께 이곳에 갇혀 있을 터였다.[64]

　도살할 때가 되면 돼지 못지않게 소들도 죽음을 향한 통로로 들어가지 않으려고 버틴다. 그래시 전기봉으로 충격을 주면서 몰고 가는

데, 그 과정은 소들과 작업자들이 이미 받고 있는 스트레스를 더욱 가중시킨다. 연방법상 이런 경우 50볼트를 넘는 전기 자극은 불법이지만 아이스니츠가 인터뷰한 일꾼은 이렇게 말했다.

소들을 움직이게 하려다 보면 정말 짜증이 나요. … 가끔은 전기봉으로 자주 찔러야 할 때도 있지요. 그러나 몰이꾼[소들을 도살 작업대행(行) 통로, 즉 슈트로 몰고 가는 일꾼] 중에는 소가 화상을 입을 정도로 심하게 다루는 사람도 있습니다. 슈트 옆에 있는 대여섯 개의 핫샷(hotshot, 전기봉 즉 전기 충격기의 별명으로, 본다는 상품명이다.—옮긴이)은 110볼트 콘센트에 연결돼 있는데, 이걸로 바닥에 깔린 금속 격자판을 긁으면 용접기처럼 스파크가 튀어요. 어떤 몰이꾼들은 핫샷으로 소들을 두들겨 패곤 하는데, 그러다 보면 소들이 겁을 먹고 날뛰어서 노킹 박스(knocking box, 도축장에서 동물의 머리에 강철 볼트를 쏘거나 전기 충격을 가해 기절시키는 곳—옮긴이) 앞에 이를 때까지도 어찌해 볼 수 없게 돼요.[65]

소들이 일관공정 라인에 도착하면 기절당하고, 발에 족쇄가 채워져 거꾸로 매달리고, 피를 뽑히며, 내장이 들어내지고, 가죽이 벗겨진다. 돼지의 경우와 마찬가지로 미숙한 작업자가 많고 컨베이어 벨트의 속도가 너무 빨라서 기절시킬 때 정확도가 떨어진다. 그러니 많은 소들이 의식이 있는 채로 다음 단계로 끌려간다. 이런 소는 작업자에게 특히 위험하다. 400~500kg이나 나가는 소가 버둥거리고 발로 차다 보면 발목을 묶은 족쇄에서 풀려나 4~5m 높이에서 작업자를 향해 거꾸로 떨어질 수 있기 때문이다. 노킹 박스에서 소의 머리를 직격한다 해도 의식을 온전히 잃기까지는 여러 번 충격을 가해야 할 때도 있다. 다른 작업자의 말을 들어 보자.

뿔이 정말 길었던 황소가 기억납니다. 볼트를 두 번이나 쐈어요. … 뭔가 허연 고체가 나오데요. 골인 것 같았어요. 그러더니 얼굴이 온통 피투성이가 돼서 쓰러지는 거예요. 그래서 족쇄를 채우는 곳으로 굴려 보냈지요. 한데, 소는 족쇄가 다리에 둘러지는 걸 느낀 모양이에요. 마치 아무 일도 없었다는 듯이 벌떡 일어나더니 비틀거리지도 않고 뒷문을 박차고 나가 17번 도로를 질주하기 시작했어요. 사람들이 달려 나가 총으로 쏜 다음 트럭에 싣고 왔지요.[66]

제대로 기절시키지 못한 결과는 에릭 슐로서도 목격한 적이 있다. "매달렸던 소가 족쇄에서 놓여나 바닥에 떨어지면서 머리가 컨베이어 벨트에 끼인다. 기절했지만 아직 살아 있는 소를 끄집어내려고 작업자들이 라인을 멈추고 낑낑거린다. 나는 너무나 많은 것을 보았다."[67]

폴란은 도살 현장을 보는 것이 허락되지 않았기 때문에 자기 소 534의 여정이 끝나는 지점에서 그를 기다리고 있었다. 그 종착지에 534는 스테이크 한 상자로 나타났다. 이젠 번호조차 없었다. 534는 슈퍼마켓 선반에 올려질 깔끔하게 포장된 상품으로 축소돼 있었다.

한 조각 한 조각 죽어 간다

2001년에 〈워싱턴 포스트〉지는 조비 워릭 기자가 쓴 「그들은 한 조각 한 조각 죽어 간다」라는 제목의 기사를 실었다. 이 기사에서 워릭은, 소들을 부위별로 자르는 일은 그들이 죽은 다음에야 하게 되어 있으나 현실은 그렇지만은 않다고 전했다. 도축장 일꾼으로 20년을 '제2 레거(legger)'—시간당 309마리의 속도로 지나가는 죽은 소들의 뒷다리를 잘라 내는 작업자—로 일한 라몬 모레노는 그 과정을 워릭에게 이렇게 설명했다. "소들은 눈을 껌뻑이고 소리도 내요.' 그는 낮은 소리로 말했다. '머리도 움직이지요. 눈을 크게 뜨고 두리번거립니다.' 그래도 모레노는 다리를 자른다. 운 나쁜 날은 수십 마리의 소가 확실히 살아서 의식이 있는 채로 그의 앞에 도착한다. 일부는 꼬리를 자르고 배를 가르고 가죽을 벗길 때까지 살아 있기도 한다는 것이다. '한 조각 한 조각씩 죽어 가는 거지요.' 모레노의 말이다."[68]

| 닭과 칠면조 : 새대가리라고? |

제2장에서 우리는 돼지에 대해 흔히 지닌 선입견을 몇 가지 살피고, 그런 믿음 때문에 돼지를 먹는 일이 더 쉬워진다는 이야기를 했다. 그렇다면 닭과 칠면조는 어떤가? 우리 대부분이 그들을 돼지보다도 더 멀게 느낀다. 이는—적어도 부분적으로는—그들이 멍청하다는 생각, 너무나 멍청해서 고통조차 못 느낄지 모른다는 뿌리 깊은 믿음 때문이다. 하지만 사실 새들은 상당히 영리하다. 과학자들도 가금류가 그들이 생각했던 것보다 훨씬 머리가 좋다는 것을 인정한다.[69]

닭과 칠면조는 붙임성도 꽤 좋다. 이들을 반려동물로 키우는 사람이 늘어나는 추세도 그 때문이라 하겠다. 그런 사람들 얘기를 들어 보면 주인과 같이 놀기도 하고, 애정 표현을 바라고, 심지어 집에서 기르는 개와 어울려 놀기도 한다는 것이다. 반려조와 사는 사람들을 위한 웹사이트도 있다. 예를 들어 마이페트치킨(mypetchicken.com) 사이트에서는 자기가 귀여워하는 닭의 사진을 사이트에 올려 뽐내는 사람도 많다.

그렇다 해도 미국에서 고기나 알을 얻기 위해 도살하고 소비하는 가금류의 수는 1년에 90억 마리를 훌쩍 넘는다.[70] 이른바 '브로일러 (broiler)' 즉 구이용 어린 닭과 칠면조는 고기를 얻기 위해 사육되는데, 자연 상태에서 10년까지 살 수 있는 이들이 밀집사육시설(CAFO)에서는 닭은 7주, 칠면조는 16주밖에 살지 못한다. 그러니 우리가 먹는 가금류가 실은 모두 어린 새끼들이라는 얘기다. 이들의 수명이 그처럼 짧아진 주된 이유는 품종 개량을 위해 인위선택(selective breeding)을 거늪하고, 성장촉진제가 가득 들어 있는 사료를 먹여서[71] 자연 상태에서보다 두 배의 속도로 자라게 하기 때문이다. 그런 탓에 식용 가금류는 신체 구조가 여러 모로 변형되어 고통을 겪는다. 다리는 체중을 이기지 못해 곧잘 휘거나 부러진다. 만성 관절통 때문에 많이 움직이지도 못한다. 도축장으로 실려 갈 때는 수송용 닭장 가득히 마구 던져 넣는데다 그 장들을 첩첩이 쌓는 바람에 날개, 엉덩이, 다리가 부러지거나 탈구되고 내출혈에 시달리기도 한다.[72]

식용 가금류는 '브로일러 하우스'라고 불리는 메마른 사육장에서 짧은 일생을 보낸다. 보통 2만 마리 정도, 시설이 더 신형일 경우 이보다 훨씬 많은 개체를 수용하는[73] 사육장은 어찌나 빽빽하게 채워지는지 바닥이 거의 안 보일 정도다. 이런 환경에서는 모이를 찾아다니거나 홰에 오르는 등 타고난 행동 욕구를 전혀 채울 수 없다. 그래서 서로 깃털을 쪼고, 심지어 쪼아 죽이고 먹는 등 스트레스성이나 정신병적인 행동을 하게 된다. 이런 일을 막기 위해 태어나자마자 마취도 하지 않고 뜨겁게 달군 날로 부리 앞쪽을 끊어 버리는 일도 흔하다. 부리 자르기로 알려진 이 과정은 감염이나 신경종양을 일으킬 수 있을 뿐 아니라, 부리가 너무 많이 잘리면 물을 마시고 모이를 먹을 수가 없어 죽음에 이르기도 한다.[74]

브로일러 하우스에서 살아남은 가금은 도축장으로 보내진다. 가금류 도축장은 처리 속도의 기준이 다른 가축들의 경우보다 더 빨라서(시간당 평균 8,400마리),[75] 컨베이어 벨트에 던져져 온 것들을 작업자들이 때로는 여러 마리를 한꺼번에 잡아 거꾸로 족쇄에 매단다. 미국의

'인도적 도축법'은 가축을 죽이기 전에 의식이 없도록 만들어야 한다고 규정하고 있지만 가금류는 거기서 제외됐기 때문에 의식이 온전한 상태에서 도살된다. 손이나 기계로 목을 따고, 털을 뽑기 위해 아주 뜨거운 물에 집어넣는다. 죽지 않은 채로 그 물에 들어가는 것도 많다. 미국인도주의협회 이사인 조시 보크는 현직을 맡기 전인 2004년 퍼듀 닭 도축장(도계장)에 위장 취업을 한 적이 있는데, 그때의 경험을 내게 얘기해 주었다. 그는 자신이 보고 겪은 것을, 몰래 찍은 영상을 포함한 비디오로 만들어 발표했으며, 그 주요 주제 중 하나가 작업자들의 지속적인 동물 학대였다. 다음은 보크가 도축장에서 일하면서 쓴 일지의 일부다.[76)]

작업자들의 손에 잡히는 순간부터 작업 라인을 통과하는 내내 닭들은 하나같이 비명을 지르고 격한 반응을 보였다. 닭들의 비명과 필사적으로 날개를 퍼덕이는 소리가 얼마나 요란한지, 기껏해야 60cm 정도 떨어져 있는 바로 옆 작업자와 얘기할 때도 소리를 질러야 겨우 알아들을 수 있었다.

작업자가 바닥 환풍기를 가리고 있던 닭을 발로 차 버리는 걸 보았다. 작업장 여기저기로 닭들을 집어던지는 일은 예사다. …미식축구 얘기를 하던 어느 작업자는 마치 터치다운을 하는 것처럼 닭을 컨베이어 벨트에 찍어 누르기도 했다.

50마리 정도의 닭을 수송용 닭장에서 컨베이어 벨트로 쏟아 놓는 걸 보았다. 그 거리가 2.5m쯤 되는데, 한꺼번에 쏟아 버렸기 때문에 닭들이 서로 누르고 깔리고 했다. 그 과정 내내 닭들이 질러 대는 비명은 처절했다. 컨베이어 벨트 위를 보니 닭들의 다리와 날개가 부러져 이상한 각도로 비틀려 있는 것이 확실히 보였다.

작업반장이 오늘은 유난히 닭들에게 공격적인 편이었다. 심지어 닭들을 집어던질 때 욕까지 퍼부었다. 휴식 시간에 어느 작업자는 닭 한 마리를 들고는 라인이 다시 돌아갈 때까지 반복해서 머리를 때렸다.

닭을 거꾸로 매다는 작업장의 바닥에는 죽은 닭들이 어찌나 많은지 발을 뗄 때마다 밟혔다.

인간의 먹이가 될 운명인 다른 종들에 대해서도 그렇지만, 일반 대중은 연간 90여억 마리 닭의 삶과 죽음을 목격할 수 없게 되어 있다. 보크가 말했듯이 "그 현장에서 직접 비명 소리를 듣고 공기 속을 떠도는 죽음의 불쾌한 냄새를 맡는 것. 이는 대부분의 사람이 결코 경험할 수 없는 것이다."

그들도 고통을 느낄까?

18세기 철학자 제러미 벤담은 동물을 인도적으로 대할 것을 요구하면서 이렇게 주장했다. "질문해야 할 점은 '그들에게 이성이 있는가?'도 '그들이 말을 할 수 있는가?'도 아니고, '그들이 고통을 느낄 수 있는가?'이다." 감각성(sentience)—쾌락과 고통을 느낄 수 있는 능력—의 문제는 인간과 동물의 복지를 둘러싼 모든 논쟁의 중심에 있어 왔다.

역사적으로 볼 때, 취약한 종들은 고통에 대한 인내력이 더 높은 것으로 생각되어 왔다. 그들이 받는 고통을 정당화하기 위해 자주 끌어다 댄 가정이다. 예컨대 15세기 과학자들은 개를 판자 위에 누이고 네 발을 벌려 못을 박아 놓고는 의식이 있는 상태에서 배를 가르고 실험을 했다. 그들은 개의 울부짖음을 단순한 기계적 반응으로 치부했다. 시계 태엽을 건드렸을 때 나는 소리와 다를 바 없다고 생각한 것이다. 이와 비슷하게, 1980년대 초까지도 미국의 의사들은 영아들에게 진통제나 마취제를 놓지 않고 큰 수술을 했다. 아기의 울음은 단지 본능적인 반응이라고 설명됐다.[77] 흑인 노예들의 경우에도, 그들이 백인보다 고통을 적게 느낀다고 생각했기 때문에 노예제도의 잔인성을 정당화하기가 용이했다.

고통의 경험은 주관적이므로 다른 사람의 고통을 부정하기는 쉽다. 바꿔 말해 우리는 다른 사람의 몸에 들어갈 수 없기 때문에 그들이 무엇을 느끼고 있을지는 추정밖에 할 수 없는데, 그들이 고통스러워하지 않는다고 생각하는 편이 우리한테 유리하다면 그게 사실이라고 아주 쉽게 믿어 버린다. 우리의 가정들은 우리의 믿음에 뿌리를 두고 있으며, 타인에게 고통을 가하도록 허용하는 그 신념체계는 자기보존을 위해 적극적으로 노력한다. 그러므로 동물들에게 고통을 주는 육식주의의 관행을 놓고 우리가 잘못하는 건 아닌지 신중하게 고려하거나 이성적으로 생각하지 않는 게 하나도 놀랍지 않다.

예를 들어 살아 있는 바닷가재를 끓는 물에 집어넣었을 때 솥에서 빠져나오려고 버둥거리는 걸 보고 대개의 사람들은 '본능일 따름'이라고 생각한다. 그들이 고통을 느끼지 않는다고 믿을 이유가 전혀 없으며, 고통스럽기 때문에 끓는 물에서 도망치려 한다고 가정하는 편이 지극히 논리적인데도, 그리고 본능과 감각성은 공존할 수 있고 실제로 공존함에도 불구하고(양자는 서로를 배제하지 않는다), 대부분의 사람은 그 반대로 믿는 편을 택한다.

타자의 경험을 주관적으로만 인지하는 데 대처하는 방법 중 하나가 객관적인 연구다. 앞에서 든 사례를 가지고 말하면, 신생아의 신경회로가 고통을 느낄 수 있을 만큼 발달해 있음을 연구자들이 증명한 이후 아기들에게도 마취제를 사용하고 있다. 과학자들은 또 갑각류도 고통을 지각한다는 충분한 증거를 제시했으며, 따라서 일부 지자체에서는 바닷가재를 산 채로 삶는 일을 불법화했다.[78] 세계적인 유기농 및 자연 식품 소매점 체인인 홀 푸즈 마켓은 이제 산 바닷가재나 탈피 후 껍데기가 굳어지지 않은 게(연갑게)를 팔지 않는다. 그것들을 취급하는 일 자체가 비인도적이라는 이유에서다.[79]

인간은 닭들이 어떻게 느끼는지를 정확히 알 수 없다고 가금육 업계에서는 주장하지만, 그들도 고통을 느낄 뿐 아니라 통증을 없애기 위해 적극 노력한다는 걸 강력하게 시사하는 증거들이 나와 있다. 연구자들은 120마리의 닭을(그중 절반은 다리를 절었다) 상대로 두 가지 다른 모이, 즉 일반 모이와 항염증성 진통제가 포함된 모이를 주었다. 그러자 다리를 저는 닭들은 정상인 닭보다 약이 들어간 모이를 최고 50%나 더 먹었고, 그 결과 걷는 것이 나아졌다. 이와 비슷한 다른 연구에서는 닭의 다리 상태가 더 안 좋을수록 약물이 든 모이를 더 많이 먹었다는 사실이 밝혀졌다. 연구자들은 닭들이 자기치료를 한 것 같으며, 이는 그들도 고통을 느낄 수 있고 실제로 느끼고 있음을 보여 준다고 결론지었다.[80]

| 알 낳는 닭: 생산 또 생산 |

카드와 캘린더, 인터넷 게시물 등의 사진에 툭하면 등장하는 '귀여운' 동물들 중 으뜸가는 단골이 갓 부화한 병아리라는 점은 아이러니다. 해마다 수백 수천만의 병아리들이 우리가 상상조차 하기 어려운 방법으로 취급되고 있으니 말이다.

산란계(産卵鷄), 즉 알 낳는 닭은 기업적으로 운영되는 부화장의 산업용 인큐베이터에서 태어난다. 수평아리는 경제적 가치가 없으므로 태어나자마자 폐기한다. 거대한 분쇄기에 집어넣어 산 채로 갈아 버리거나, 가스로 죽이거나, 쓰레기통에 버려 질식이나 탈수로 죽게 둔다.[81] 공장식 농장 산란계의 80% 정도는 이른바 '배터리식 닭장(battery cage)' 즉 철사로 만든 작고 좁은 닭장들에 수용한다. 각각의 닭장은 크기가 파일링 캐비닛 정도이며 평균 여섯 마리가 들어간다.[82] (이런 닭장을 줄줄이 배열한 것이 마치 포대[砲臺, battery] 같다 해서 '배터리'라는 말이 붙었다고 한다. —옮긴이)

닭들은 날개 한 번 펼 수 없는 이 공간에서 먹고 자고 배설하며 평생을 보낸다.[83] 닭장 바닥 또한 닭똥이 밑으로 떨어질 수 있도록 철망으로 되어 있어서 닭의 다리가 곧잘 철망에 엉킨다. 닭장 측면과 천장의 철망에 깃털이 쓸리거나 뽑히고 멍이 들기도 하며, 어떤 닭은 신경증적으로 가슴을 철망에 문질러 살갗이 드러나고 피를 흘리기도 한다. 배터리식 닭장은 너무 잔인하다는 이유로 이미 여러 나라에서 금지되었는데, 그럼에도 미국에서는 캘리포니아, 매사추세츠 등 이런 닭장을 금

지한 몇 개 주를 제외하곤 아직 광범위하게 사용된다.[84]

이 닭들은 조상들보다 20~30배나 많은 알을 낳도록 유전자가 조작되었기 때문에[85] 뼈가 허약해서 부러지기 쉽다. 달걀 껍데기를 만드느라 뼈 속에 칼슘이 절대적으로 부족해지기 때문이다. 부자연스럽게 알을 많이 낳도록 하는 인공적 조작의 또 다른 결과는 자궁탈출 현상이다. 달걀이 자궁벽에 들러붙을 경우, 알을 낳을 때 자궁까지 같이 빠져나오는 것이다. 자궁을 몸 안으로 다시 넣어 주지 않으면 다른 닭들이 그걸 쪼아 결국 출혈이나 감염으로 죽는다. 이럴 경우 닭이 죽기까지 보통 이틀이 걸린다.[86]

알 생산 능력이 감퇴하여 수익성이 낮아진 닭은 닭장에서 끄집어내는데(한 번에 여러 마리를 움켜잡고 빼내기도 한다), 이럴 때 허약해진 다리가 철망에 걸려 찢어지는 수가 많다. 산란계는 만 한 살이 넘자마자 도축장으로 보내진다.[87]

목재 파쇄기와 '인도주의'

2003년 〈LA 타임스〉지는 샌디에이고에 있는 한 산란계 농장에서 일하는 인부가 "버둥거리는 닭들을 양동이에 담아 목재 파쇄기에 집어넣어 짓이긴 후 흙과 섞어서 여러 더미로 쌓아 놓았다"라고 보도했다. 기사에 따르면 미국수의사협회의 동물복지위원인 그레그 커틀러가 이 같은 처리 방법을 허가했다는 것이다.[88] 그 사건에 앞서 커틀러는 가금류 농장주 회의에 참석해 조류 바이러스로 인한 질병인 뉴캐슬병이 발생했을 때 닭들을 어떻게 처리해야 하는지를 논의했다고 한다.

커틀러는 〈LA 타임스〉에 이렇게 말했다. "아무리 극단적인 아이디어라 해도 배제할 여유가 없었습니다. 이 병에 대처할 방법을 찾는 일이 절박했지요." 그러나 샌디에이고에서 목재 파쇄기에 던져진 3만 마리의 닭은 뉴캐슬병에 감염된 게 아니라 단지 더이상 알을 낳지 못했을 뿐이다. 그럼에도, 한 농장주에 따르면, 커틀러 등 여러 수의사가 이런 조치를 허락했고, 그게 인도적이라고 강변했다는 것이다. 커틀러는 법적으로 고발되지 않았으며, 샌디에이고 지방검찰은 동물 학대 혐의를 밝히기 위해 문제의 농장을 조사한 뒤 농장주들이 범죄적 행위를 의도한 증거를 찾을 수 없다고 결론 내렸다. "단지 전문가의 조언을 따랐을 뿐"이라는 것이다.

| 젖소 : 짜고 또 짜고 |

대부분의 사람은 소를 해치지 않고도 우유를 얻을 수 있다고 믿기 때문에 유제품은 동물 학대와 무관하다고 자연스럽게 가정한다. 여기서 중요한 단어는 '자연스럽게'다. 왜냐하면 우리 시대의 모든 육식주의적 생산물이 그렇듯 우유 생산도 전혀 자연스러운 게 아니기 때문이다.

미국에서 많은 소는 일생을 '낙농(酪農)공장'에서 보낸다. 목에 사슬을 차고 외양간 속 촘촘히 나뉜 좁은 공간에 갇혀 살거나, 옥외라 해도 울타리를 친 과밀한 비육장에서 산다. 비육장의 소는 울타리를 따라 설치된 컨베이어 벨트에서 여물을 먹고 똥오줌이 뒤범벅된 콘크리트 바닥 위에 서 있거나 눕는다.[89]

우유 생산을 최대화하기 위해 젖소에게는 유전자 조작 성장호르몬 주사를 맞히고 해마다 인공적으로 임신을 시킨다.[90] 미국의 대부분 낙농장에서 젖소들은 임신 기간 9~10개월을 포함해 1년에 10개월 동안 기계로 젖을 짠다.[91] 지속적인 임신과 젖분비는 소의 몸에 극도의 스트레스를 주기 때문에 많은 소가 다리를 절게 되거나, 유선염(乳腺炎)에 걸려 유방이 크게 부어오르기도 한다. 소의 신체 시스템이 이처럼 과로하다 보면 정상적인 신진대사 과정으로는 감당하기가 어려우므로, 풀만 먹는 타고난 초식 습관을 곡물과 고단백의 육식성 사료(동물에게서 나온 혈액 제품, 젤라틴, 기름 따위로 만들어진다)로 보충해 준다.[92]

젖소들이 견뎌야 하는 신체적 스트레스가 심각하기는 해도 아마 가장 큰 고통은 해마다 출산 후에 겪는 정서적 트라우마가 아닐까 한다. 새끼가 수놈이면 송아지 고기를 생산하는 데 사용되고,[93] 암놈이면 유제품 생산에 쓰인다. 앞서 말했듯이 소들은 본디 길게는 1년까지 새끼에게 젖을 먹이면서 대단히 친밀하게 지낸다. 그러나 낙농공장에서는 송아지를 보통 생후 몇 시간 안에 어미에게서 떼어 놓는다. 젖을 인간의 몫으로 돌리기 위해서다. 송아지가 어미 소 눈앞에서 끌려갈 경우, 어미는 흥분하여 큰 소리로 울어 댄다. 그래서 어미를 자극하지 않기 위해 다른 장소로 데리고 가 젖을 짜고, 그 사이에 송아지를 끌어가기도 한다. 인간과 마찬가지로 어미 소도 새끼가 없어지면 격앙되고 안달을 한다. 여러 날 울부짖으며 미친 듯이 송아지를 찾으며, 때로는 폭력적이 되어 몸부림치다 일꾼들을 발로 차기도 한다. 심지어 새끼를 찾느라 우리를 탈출해 몇 킬로미터나 떨어진 다른 목장까지 가는 소들도 있다.[94]

소들의 타고난 수명은 대략 20년이지만 낙농공장에서는 4년만 지나면 용도 폐기가 되어 도축장으로 보내진다.[95] 미국에서 생산하는 분쇄육 중 상당 부분이 젖소 고기다.[96]

| 송아지 : '쓸모없는 부산물'의 운명 |

많은 사람이 아기에 대해서는 마음이 여려진다. 송아지에 대해서도 마찬가지다. 우리 대부분은 새로 태어난 송아지가 세상 앞에 서는 모습을 보면 가슴 한 구석이 찡하고, 그 순수성과 연약함에, 그리고 공격받기 쉬운 데 대해 동정심을 갖는다. 제대로 서지도 못해 휘청거리는 송아지는 어린이 책의 인기 소재이기도 하다. 그러니 낙농산업의 '쓸모 없는 부산물'인 매년 100만 마리 정도의 수송아지가 당하는 끔찍한 일들을 알게 될 때 많은 미국인이 받을 충격을 상상해 보라. 사실 낙농산업이 아니라면 송아지 고기 업계 자체가 존재하지 않을지도 모른다.[97]

젖소가 낳은 수송아지는 낙농업자에겐 아무 소용이 없기 때문에 기본적으로 버려진다. 출생한 지 며칠 뒤, 심지어 몇 시간 뒤에 이들은 트럭에 실린다. 제대로 걸을 수조차 없어 질질 끌려가는 송아지도 있는데, 미국 농무부에선 이제 이런 행위를 비인도적인 것으로 간주한다.[98] 이들은 경매에 부쳐져 송아지 고기 업자들한테 싸게는 마리당 50달러에까지 팔린다.[99] 문자 그대로 갓 태어난 새끼들이기 때문에 경매장의 송아지 중엔 아직 피부에 자궁의 끈적거리는 물질이 묻어 있거나 배꼽에 탯줄을 달고 있는 것이 드물지 않다.[100]

며칠 안에 도살되는 경우도 있지만 대부분의 송아지는 16주 내지 18주 동안 살아 있는데, 그 짧은 생애를 사슬이나 밧줄에 목이 묶인 채 돌아서지도 못하고 제대로 눕지도 못할 정도로 좁은 우리에 갇혀 지낸다.[101]* 송아지 고기의 특색인 연한 빛깔을 내기 위해 철분이 거의 없는 비정상적인 사료를 먹기 때문에 송아지들은 만성적 경계성 빈혈 상태에 놓이게 된다. 또 내내 움직이지 못하고 병적인 상태로 보내는 만큼, 극심한 스트레스에 시달리는 동물들이 흔히 보이는 신경증적 행동—비정상적으로 머리를 흔들거나 발로 차고, 문지르고 긁고 씹는 등의 행

---

* 미국의 일부 주들과 EU에서 이 같은 상자 모양 송아지 우리의 사용을 금지했다.[102]

동—을 하는 수가 많다.

송아지를 도살하는 방식은 일반 육우나 돼지의 경우와 마찬가지여서, 족쇄를 채워 거꾸로 달기 전에 먼저 기절시키게 되어 있다.[103] 그러나 여기서도 현실은 원칙과 거리가 멀다. 아이스니츠가 인터뷰한 어느 작업자는 그 과정의 일부분을 이렇게 묘사한다.

오전에는 송아지들이 시간을 많이 잡아먹었어요. … 작업을 빨리 해치우기 위해 우리는 한 번에 여덟아홉 마리를 노킹 박스에 처넣곤 해요. 들어가면 곧바로 [의식을 잃게 하는 볼트 총을 머리에] 쏘기 시작하는데, 송아지들은 펄쩍펄쩍 뛰면서 서로의 몸 위에 엎어지지요. 그러다 보니 어떤 놈을 쏘았고 어떤 놈을 빼먹었는지 알 수 없고, 아래쪽에 깔린 놈은 쏘는 것도 잊어버려요. 어쨌든 그놈들을 바로 족쇄에 매달면 버둥대고 비명을 지르면서 작업 라인을 따라 움직입니다. 나는 2주, 3주 밖에 안 된 아주 어린 것들은 죽이기가 안쓰러워서 그냥 지나가게 내버려 뒀지요.[104]

육식주의의 폭력이 어떤 극한점에 이르면 이 시스템의 가장 강력한 방어기제들조차도 무력해지곤 하는 모양이다.

| 물고기 등 수생동물 : 식품인가 생명인가 |

우리 대부분은 물고기를 비롯하여 흔히 먹는 바닷속 동물과의* 거리감이 워낙 커서 그들의 살은 고기로 생각하지도 않는다. 예를 들면, 어떤 사람이 채식주의자라는 사실을 알게 됐을 때 고기를 먹는 사람은** "그러면 생선만 먹습니까?" 하고 묻곤 한다. 우리가 수생동물의 살을 고기로 보지 않는 경향이 있는 것은 그들을 동물로 생각지 않기 때문이다. 식물도 광물도 아님을 알면서 말이다. 같은 맥락에서 우리는 이들에게 쾌락이나 고통, 자신의 생명에 대한 어떤 감각이나 지각이 있다고도 생각지 않는다. 그리하여 바다의 동물을 마치 특수한 형태의 식물처럼 여기면서 나무에서 사과를 따듯 별 생각 없이 바다에서 건져 올린다.

과연 수생동물은 우리 대부분이 가정하듯이 생각도 없고 감각도 없는 유기체일까? 신경생물학자, 동물행동학자를 비롯한 전 세계의 많은 과학자들에 따르면 그렇지 않다. 어류와 그 밖의 바다 동물에게도 지능과 고통을 느끼는 능력이 있음을 입증하는 연구 결과가 상당히 많

---

* '수생동물(aquatic animal)'이라는 말은 바다에서 사는 동물과 민물에서 사는 동물을 모두 포함한다. 그럼에도 나는 이 책에서 수생동물을 거론하면서 '바다'라는 말을 종종 썼는데, 그것은 수생동물의 압도적 다수가 바다에서 살고 있기 때문이며, 거추장스러운 용어를 가급적 덜 쓰고 싶기 때문이기도 하다.

** 제2장에서 언급했듯이, '고기 먹는 사람(meat eater, 육식자)'이라는 말은 육식주의적 소비 현상을 정확히 대변하지 못한다. 보다 적확한 용어는 '육식주의(적) 소비자(carnistic consumer)'일 것이다. 하지만 낯선 용어가 너무 많으면 독자들이 부담스러워할 터이므로 이 책에선 '육식자'라는 말을 주로 썼다.

다. 예를 들어, 수생동물의 지능에 관한 연구에서는 물고기가 자신이 경험하는 것을 금방 잊어버리기는커녕 최소한 3개월 동안 기억한다는 증거가 나와 있다.[105] 옥스퍼드 대학의 과학자 테리사 버트 데 페레라 박사는 물고기가 주변 상황에 대한 '머릿속 지도'를 만들어 환경의 변화를 기억하고 그에 맞춰 행동할 수 있음을 확인했다. 이는 햄스터의 인지 능력을 넘어서는 것이다. 이 같은 발견들 때문에 이탈리아의 몬차 시에서는 금붕어를 작은 어항에 가두어 키우는 일이 불법화됐다.[106] 한편 매사추세츠주 우즈홀에 있는 해양생물학연구소의 옐러 아테마 박사에 따르면, 사람보다 오래 살기도 하는 바닷가재는 더듬이에 400종류가 넘는 화학수용체가 있어서 이를 통해 다른 동물의 성별, 종, 심지어 기분까지 탐지해 내는 것으로 보인다고 한다.

앞에서 나는 일부 갑각류가 고통을 지각할 수 있음을 과학자들이 증명했고 그런 종들을 보호하는 법이 만들어지기도 했다는 사실을 언급한 바 있는데, 다른 수생동물들 역시 고통을 느낄 수 있다는 증거가 속속 나오고 있다. 예컨대 물고기는 자기 몸 여러 부분에 아픔을 느끼는 통각수용체를 갖고 있으며, 인간의 엔도르핀처럼 진통 작용을 하는 신경전달물질을 분비한다는 사실이 연구자들에 의해 밝혀졌다.[107] 로슬린 연구소와 에든버러 대학의 연구를 보자. 한 집단의 물고기 입에는 고통스러운 산성 물질을 주사하고, 다른 집단의 입에는 그냥 소금물을 주사했다. 산성 물질이 주입된 물고기들은 "스트레스를 받은 포유동물의 움직임과 아주 비슷한" 몸을 흔드는 동작을 보였다. 게다가 그들은 고통을 받고 있음이 뚜렷했다. 수조 바닥의 자갈이나 수조 벽에 입을 문질렀으며, 소금물을 주입한 집단보다 세 배나 긴 시간 동안 먹이를 먹지 않았다. (이 연구는 취미로 하는 낚시의 윤리에 대한 논쟁을 불러일으켰다. 동물권운동가들은 인간이 여가를 즐기기 위해 물고기의 입을 낚싯바늘로 꿰는 것은 일종의 동물 학대라고 주장했다.)

또 다른 연구에서는 수생동물들이 고통에 반응해 외상후 증상을 겪을 수도 있다고 했다. 퍼듀 대학과 노르웨이 수의학대학이 공동으로 진행한 획기적인 연구가 그것이다. 두 집단의 물고기에게 모두 포일 히터(foil heater), 즉 전기 가열용 요소들을 내장한 금속 포일을 부착한 뒤 그중 한 집단에게 모르핀을 투여하고는 포일의 온도를 높이면서 물고기의 반응을 관찰했다(이 실험으로 영구적인 피해를 입은 물고기는 없었다). 연구자들은 모르핀을 맞은 물고기가 더 높은 온도를 견디리라고 예상했다. 한데 실제로는 두 그룹의 물고기들이 같은 온도에서 꿈틀거리는 반응을 보였고, 따라서 연구자들은 꿈틀거림이 반사적 행동이지 고통을 나타내는 건 아니라고 결론지었다. 그러나 물고기들을 수조로 돌려보낸 후 모르핀이 투여되지 않은 집단은 불안감과 경계심을 시사하는 방어적 행동을 보였다. 연구자들은 물고기가 고통에 반응해 외상후 증상을 보인 것으로 판단했다. "우리와 마찬가지로 그들에게서도 고통이 두려움으로 이어진 것"이라는 얘기다.

그럼에도 불구하고 미국에서는 해마다 470억 마리의 수생동물이 살육되며, 그 많은 부분을 인간이 먹는다.[108] 이들을 잡고 기르고 죽이는 데는 두 가지 방법이 있다. 상업적인 고기잡이와 양식이다.[109] 두 가지 모두 해당 동물에게 극심한 고통을 주고 환경에도 막대한 해를 끼친다.

상업적인 고기잡이 때문에 전 세계 어류 자원, 정확히 말하면 국지개체군(局地個體群, subpopulation)의 90%가 고갈됐을 뿐 아니라[110] 다른 종의 바다 동물들에게도 심각한 해를 끼친다. 고기를 잡는 방법 중 하나가 바다 표면 아래를 긴 그물로 훑는 것인데, 여기에는 엄청난 양의 '부수어획종(bycatch)'—원래 목표한 것 외의 동물들—이 걸린다.[111] 추정에 의하면 새, 거북, 돌고래, 원치 않는 물고기 등 해마다 약 3,000만 톤의 바다 동물이 그물에 들었다가 죽은 채 또는 죽어 가면서 바다에 되던져진다고 한다. 바다에 버려진 그물도 위험해서, 멋모르고 접근한 바닷새와 그 밖의 동물들이 걸려들곤 한다.[112] 일부 어부들은 그물 대신 다이너마이트나 청산가리를 쓰기도 하는데 이런 방법들은 전체 생태계를 파괴할 수 있다.[113] 상업적 고기잡이는 해양의 생물다양성(biodiversity)을 이토록 위협하기 때문에 '바다 밑 완전벌채'로 불리기도 한다.

해양의 생물다양성을 보존하기 위해 포획된 물고기보다 양식된 물고기를 선택하는 사람들도 있다. 그러나 어류 양식에 쓰는 먹이의 대부분은 바다에서 나온다. 양식 연어(미국인들이 많이 먹는 물고기 중 3위) 1파운드(0.45kg)를 생산하는 데 많게는 5파운드(2.25kg 남짓)까지의 해양생물이 쓰인다는 통계도 있다. 어류를 키우는 양식장은 이를테면 바다 동물의 CAFO(동물밀집사육시설)로, 미국에서 소비되는 어류의 21%, 전 세계 소비 어류의 47%를 공급한다.[114] 이런 시설은 육지에—특히 환경을 통제하기 쉬운 실내에—만들 수도 있고 해안에 가까운 바다에 만들 수도 있다. 어느 쪽이든 한 곳당 수만 혹은 수십만의 물고기 및 다른 수생동물을 기생충과 질병이 만연하는 과밀한 우리에서 키운다. 질병을 통제하고 성장을 촉진하기 위해, 그리고 생식행동을 조절하기 위해 양식 동물들에게 항생제, 살충제, 호르몬을 투여하고 일부는 유전자를 변형시키기도 한다.[115] 화학물질들은 양식 동물에게 흡수되고 주변 환경으로 퍼져 나가 결국은 우리의 소화기관과 생태계로 들어온다. 물고기가 바다 우리에서 도망치는 일도 드물지 않은데 그럴 경우 질병을 퍼뜨리거나, 번식을 통해 유전자 풀을 오염할 수 있다.[116]

물고기는 여러 방법으로 도살된다.[117] 어선에서 잡아들인 것은 육지로 옮긴 다음 질식할 때까지 놔두는 수가 많다. 양식 물고기는 대개 우리에서 펌프로 거두어 도살 구역에 부려 놓는다. 그곳에서는 다양한 수단이 사용된다. 전기를 흘려 간질 같은 발작을 일으키고 죽게 하는가 하면, 곤봉으로 머리에 충격을 가해서 기절시키기도 하고, 얼음에 채워 산 채로 얼리기도 한다. 뇌에 대못이나 송곳 따위를 박아서 죽이는 방식도 있다.

바다에서 나오는 식품에 내재하는 이 같은 폭력에도 불구하고, 그 과정의 적어도 일부는 목격하게 마련인 많은 사람들이 그걸 아무렇지도 않게 생각한다. 따라서 육식주의 시스템의 주된 방어 수단인 비가시성은 수생동물의 처리와 관련해서는 역할이 훨씬 작다. 예를 들어 생선 죽이는 것을 보면서 대다수는 돼지의 도살을 목격할 경우와 같은 충격을 받지 않는다. 바다 동물이 인간과는 근본적으로 달라 보여서—너무나 이질적으로 느껴져서—거리감이 아주 크기 때문에 그들의 수난이

번연히 드러날 때도 알아보지를 못하는 듯하다.

| 동정적 육식주의: '인도적'인 고기와 알과 유제품 |

근년 들어 현대 축산업에 내재하는 폭력성에 대한 인식이 높아지면서 점점 더 많은 사람들이 이 산업을 연민과 정의라는 도덕적 핵심가치들을 거스르는 것으로 보고 지지를 유보하거나 철회하고 있다. 당연히 육식주의 산업 쪽에선 이런 추세를 막으려 드는데, 그 같은 시도 가운데 중요한 하나가 이른바 '인도적'인 고기와 알, 유제품을 생산하여 사람들에게 선택지로 제시하는 것이다. 그 동물들이 기꺼이 제 몸을 식용으로 내놓았다는 듯이.

'인도적으로' 사육되었다는 동물들도 대개는 많은 고통을 겪는다. 움직일 공간이 좀 더 있다고는 해도 여전히 마취 없이 거세되고(고기 생산의 경우), 새끼들이 분쇄기에 던져지거나(달걀 등 알 생산의 경우) 출산 후 몇 시간도 안 돼 분리되는(젖 생산의 경우) 고통스러운 일들을 당하는 게 보통이다. 그리고 거의 모두가 결국은 앞서 살펴본 것과 같은 도축장으로 간다.[118] 그러니 인도적인 육식주의 생산물이라는 개념 자체가 말이 안 되는 것이다.

육식주의의 바깥으로 나가지 않으면 '동정적 육식주의'가 얼마나 가당찮은 말인지를 제대로 이해하기가 어려울 수 있다. 그러니 이런 생각을 해 보라. 건강하고 즐겁게 살고 있는 골든리트리버를 그 허벅지 맛이 좋다는 이유만으로 잡아 죽이는 것을. 우리 대부분이 그건 너무 잔인한 짓이라고 여길 테다. 한데 똑같은 일을 다른 종의 개체들에게 행할 때는 그게 인도적이라고 생각하라는 것이다. 인도적인 고기와 알, 유제품, 다시 말해 동정적 육식주의는 그야말로 형용모순이다.

> ## "이 역겹고 악마적인 고문을 중단시켜야 … 우리 같은 사람들만이 도울 수 있다"
>
> 한국에서는 해마다 100만 마리 이상의 개가 식용으로 도살된다. 정부가 개고기 유통을 공식적으로 인가하지는 않았지만 그렇다고 비난하지도 않는다.
> 2002년, 영국의 일간지 〈텔레그래프〉는 식용으로 키워지는 개의 삶과 죽음을 보도한 바 있다.
>
> 서울 근교 모란 야시장의 한 식당. 악취가 진동하는 데다 개장 속의 개가 짖어 대는 통에 속이 울렁거릴 지경인데 주인 이 씨는 쾌활한 얼굴로 개고기 전골 냄비를 하얀 플라스틱 표면의 식탁들 위에 내려놓는다.
> 줄줄이 늘어선 가게 뒤쪽에는 먹기에 가장 좋은 나이로 치는 8개월짜리 강아지들이 서너 층으로 용접해 놓은 작은 개

장들 안에 그득 들어 있다.

　손님이 살아 있는 개 중에서 마음에 드는 것을 고르면 주인은 그 개를 가게 뒤쪽으로 데려간다. 얇은 커튼이나 여닫이문은 뒤에서 벌어지는 일을 눈에서 가려 줄 수는 있어도 소름 끼치는 죽음의 소리는 막아 주지 못한다. …

　식당들 뒤에 줄지어 선 으스스한 개장까지 도달하기 전에도 이 개들 대부분은 시골 마을 뒷산에 은밀히 자리 잡은 개 농장에서 비참한 생활을 견뎌야 한다. 살갗이 온통 헐고 진드기가 들끓는 강아지들이 우리 하나에 열 마리씩 담겨 사육되는 경우가 흔하다. …

　개들의 죽음도 사육 과정 못지않게 비인도적이다. 몽둥이로 두들겨 죽이는 경우가 특히 많은데, 이렇게 하면 한국 남자들이 정력에 좋다고 믿는 아드레날린이 많이 분비된다고 생각하기 때문이다.

　개가 죽거나 빈사 상태가 되면 끓는 물에 집어넣었다가 가죽을 벗기고는 고기 매다는 갈고리에 턱을 끼워서 걸어 놓는다. 그런 다음 조리사들이 용접용 토치램프로 사체 표면을 매끈하게 만드는 경우가 많다.[119]

한국의 개고기 사업은 동물보호 단체와 외국인들로부터 거센 항의를 받아 왔다. 그들 대부분은 돼지나 닭, 소의 고기를 일상적으로 먹는 사람들이다. 한국동물보호연합의 이원복 대표는 이렇게 말한다. "슈퍼마켓의 쇠고기와 햄 바로 옆에 개고기가 진열돼 있는 걸 상상하면 끔찍합니다."

미국동물학대방지협회(ASPCA)의 웹사이트에도 충격을 받은 블로거들의 글이 오르곤 한다. 이원복 씨의 정서에 동조하는 이 블로거들은 동물 학대의 현실을 깨닫게 됐을 때 많은 사람들이 느끼는 바를 대변하고 있다.*

양식 있는 사람에게는 이 문제를 직시하는 일조차 쉽지 않다. 식용이나 모피용 개와 고양이 등이 극동 지역에서 겪어야 하는 끔직한 공포를 생각한다면 말이다. 수백만 마리의 개와 고양이가 산 채로 껍질이 벗겨지거나 끓는 물에 넣어지고, 어떤 경우엔 이 두 가지를 다 당한다. 극동 지역 나라들은 이 세상이 일찍이 보지 못한 최악의, 가장 역겨운, 게다가 엄청난 규모의 동물 학대를 저지르고 있다.

---

* 다음에 인용한 말들은 웹사이트에 오른 논평(댓글)이다. 이를 올린 사람들도 분명 소나 닭, 돼지의 고기는 먹을 텐데, 그럼에도 개고기의 생산과 소비를 강하게 비난하고 있다. 이 말들을 소개하는 것은 육식주의 생산물의 소비자들이 자신의 믿음과 행동에 내재한 모순을 깨닫지 못한다는 일반적인 사실을 강조하기 위해서다.

대부분의 사람은 자기가 보고 듣고 싶은 것만 보고 듣기 때문에, 그리고 그 일이 여기 미국에서 일어나지 않는다고 해서 무시해 버리곤 하지만, 해외에서 일어난다고 그 일이 없는 일이 되는 건 아니다. 모래 속에 묻었던 머리를 쳐들고 이 동물들을 위해 나서야 한다.

먹히기 위해 도살되는 개들의 삶은, 그들에게 도대체 삶이랄 게 있다면, 더없는 고통의 연속일 따름이다. … 개들은 야생동물도 아니고 식용 가축도 아니다. … 전 세계 모든 사람이 바로 행동에 나서야 한다. 한국의 개들을 구하라. 구할 수 있다고 우리는 믿는다.

나는 전 세계 곳곳에서 자행되는 잔인함을 목격했지만 극동 지역의 동물에 대한 태도는 정말 충격적이다. 왜 그런가? 내 이론은 이렇다. 계몽된 서양에서는 일반적으로 개와 고양이가 당연히 받아야 할 대우를 해준다는 사실을 그들도 알고 있으나 후진적인 그들 사회에서는 그걸 본받고 싶어 하지 않는다.

많은 사람이 극동 지역에서 벌어지는 상황을 전혀 알지 못하는 것 같다. 솔직히 말해 그들을 나무라기도 어렵다. 양식 있는 사람들 중에 동물들이 그렇게 불필요하고 말도 안 되는 잔혹 행위를 당하리라고 상상이라도 할 수 있는 사람이 도대체 몇이나 되겠는가.

전 세계의 양식 있는 사람들이 이 문제에 대응해야 한다. 그러다 악몽을 꾸게 되더라도. …이 역겹고 악마적인 고문을 중단시켜야 하며, 우리 같은 사람들만이 그러는 걸 도울 수 있다.

| 도축장 벽이 유리라면 |

가수 폴 매카트니는 언젠가 도축장의 벽이 유리로 되어 있다면 모든 사람이 채식주의자가 될 거라고 말한 적이 있다. 우리가 식육 생산의 실상을 안다면 더이상 동물을 먹을 수 없으리라고 그는 믿었다.

그러나 어느 수준에서는 우리도 진실을 알고 있다. 육식주의적 생산이 깔끔하지도 유쾌하지도 않은 사업이라는 것을 안다. 다만, 그게 어느 정도인지는 알고 싶지 않다. 고기가 동물에게서 나오는 줄은 알지만 동물이 고기가 되기까지의 단계들에 대해서는 짚어 보려 하지 않는다. 그리고 동물을 먹으면서 그 행위가 선택의 결과라는 사실조차 생각하려 늘지 않는 수가 많다. 이처럼 우리가 어느 수준에서는 불편한 진실을 의식하지만 동시에 다른 수준에서는 의식을 못하는 일이 가능할 뿐 아니라 불가피하도록 조직되어 있는 게 바로 폭력적 이데올로기다. 알지 못하면서 *아는* 이 같은 현상은 모든 폭력적 이데올로기에서 공통적으로 볼 수 있다. 바로 이것이 육식주의의 요체다.

나쁜 것은 보지도, 듣지도, 말하지도 않는다는 생산자와 소비자 사이의 무언의 계약이 이런 폭력적 이데올로기들에 내재한다. 물론 육식주의 업계도 자기들의 비밀을 지키기 위해 전력을 다하지만, 그 일이 쉬워지도록 우리 스스로가 돕고 있다는 얘기다. 그들이 보지 말라고 하면 우리는 고개를 돌린다. 우리 눈에 보이지 않는 수십억 마리의 동물이 평화로운 농장의 야외에서 노닌다고 그들은 말하는데, 이는 앞뒤가 맞지 않는 소리임에도 우리는 의문을 제기하지 않는다. 우리가 이처럼 행동하는 까닭은 우리 대부분이 의식의 어느 차원에서는 정말 어떤 일이 벌어지고 있는지를 알고 싶어 하지 않기 때문이다.

그러나 동시에 우리는 충분한 정보에 근거하여 의사를 결정하기를 원한다. 자유롭게 생각하고자 하며, 스스로 정보를 찾아 나서는 적극적인 소비자가 되고자 한다. 우리에게는 그럴 자격이 있다. 한데, 애초에 우리가 선택을 하고 있다는 사실조차 모른다면 이런 자유는 불가능해질 게 뻔하다. 보이지 않는 이데올로기가 우리의 신념과 행동을 이끌 때, 우리는 스스로 생각하고 그에 따라 행동하는 자유를 빼앗아 버리는 시스템의 희생자가 된다.

우리가 진짜 현실은 어떠한지를 알게 될 때, 그 시스템의 작동 원리를 인식할 때, 오직 그때에만 자유로운 선택이 가능해진다. 시스템에 육식주의라는 이름을 붙이고 육식주의적 생산의 실상을 가려 온 신화를 깨뜨리는 일은 우리가 그 시스템을 꿰뚫어 보는 시발점이 될 수 있다. 이 점은 슐로서가 감동적으로 표현하고 있다. 우리가 먹는 동물들의 삶과 죽음을 추적한 여행의 끝을 묘사한 다음의 구절로 이 장을 마무리하는 것은 더없이 적절해 보인다.

울타리를 따라 걷는데 소 몇 마리가 내게 다가온다. 마치 쓰다듬어 주기를 바라는 개처럼 내 눈을 똑바로 쳐다보며 나로선 알 수 없는 어떤 충동에 의해 따라온다. 나는 잠시 멈춰 서서 주위의 정경을 찬찬히 둘러본다. 서늘한 바람, 소들, 부드러운 음매 소리, 구름 한 점 없는 하늘, 달빛 속에 [정육]공장에서 솟아오르는 증기. 그러다 나는 공장 건물에 그래도 창문이 하나 있다는 걸 발견한다. 2층의 작은 네모 불빛이다. 거대하고 꽉 막힌 외관 뒤에 숨겨진 것을 힐끗 보여 주는 창. 그 작은 창문 속에서 선홍색의 몸통들이 갈고리에 걸린 채 빙글빙글 돌아가고 있다.[120]

제4장

부수적 피해 :
육식주의의 또 다른 희생자들

무시한다고 해서 사실이 사라지지는 않는다.
—올더스 헉슬리(영국 작가)

제3장에서 우리는 미국에서 고기와 알과 유제품을 위해 가장 많이 사육되는 동물들의 삶과 죽음을 알아보았다. 이야기가 너무 길어지지 않도록 양, 염소, 오리같이 소비량이 덜한 동물은 거론하지 않았다. 육식주의에 피해를 보는 또 다른 중요한 동물 역시 언급하지 않았는데, 그들은 축산업의 '부수적 피해자'로서 거의 주목을 받지 못하는 동물이다.

우리가 논의한 돼지나 다른 종들처럼 이 동물—미국에만 3억 이상—의 대부분은 상품으로, 그리고 목적을 위한 수단으로 취급된다. 다른 동물들과 마찬가지로 그들의 복지는 이윤을 내는 데 방해가 된다. 다른 동물들과 마찬가지로 법적 보호도 거의 받지 못한다.

　그들은 육식주의적 생산에 관한 논의에서 거의 도외시된다. 그들 역시 보이지 않는 희생자다. 눈에 보이지 않아서가 아니라, 인정받지 못해서 그렇다. 그들은 인간이라는 동물이다. 식육을 생산하는 공장의 일꾼들, 오염원을 배출하는 동물밀집사육시설 부근의 주민들, 육식주의 소비자, 납세자들이다. 바로 당신과 나다. *우리가* 바로 육식주의의 부수적 피해자다. 우리는 건강과 환경과 세금—미국의 경우 1년에 132억 달러의 농장 보조금—으로 육식주의의 비용을 댄다. [121]*

　정육공장(meatpacking plant, 대개는 도축, 가공, 포장 등 모든 작업을 한 공장 내에서 한다.-옮긴이)의 작업자들은** 깨어 있는 시간의 사실상 전부를 붐비는 공장의 피와 기름으로 범벅이 된 바닥 위에서 보낸다. [124] 가축을 해체하는 라인의 무자비한 속도 때문에 그들은 심각한 부상의, 심지어 죽음의 위험에 끊임없이 시달린다. [125] 한편 동물밀집사육시설의 작업자들은 축적된 오물에서 나오는 유독성 가스에 노출되어 심각한 호흡기 질병, 생식기능 장애, 신경 변성, 발작 등을, 심하면 혼수(昏睡)까지도 겪을 수 있다. [126]

　이처럼 혼잡하고 위험한 작업환경에서는 그 밖의 많은 질병도 생길

---

* 육식주의 생산자들은 미국 농업법에 따라 직접적인 재정 지원을 받지 않으나 긴급 및 재난 지원금은 받을 수 있으며, 이에 의거해 1995년부터 2016년까지 98억 달러가 지급되었다. [122] 이와 비슷하게 유럽연합(EU)에서도 약 300억 유로의 보조금이 육식주의 생산자들에게 가는데, 이는 EU 1년 예산의 19%에 이르는 액수다. [123]

** 유제품이나 달걀 등 알을 생산하는 시설의 여건도 정육공장과 비슷하다.

수 있지만,[127] 작업자들이 의사의 치료를 받는 경우는 거의 없다. 그들의 건강을 돌봐 주는 것보다는 아픈 사람은 언제건 그만두도록 놔두는 편이 비용이 덜 들기 때문이다. 그에 더해, 지시를 따르지 않는 동물들은 전기 충격을 주어 가며 작업장에 들여보내듯이 이런 '동물 공장'의 작업자들도 회사의 요구에 부응하지 않을 경우 육체적, 정신적으로 괴롭힘을 당한다.[128]

밀집사육시설 부근에 사는 주민들은 아황산염과 질산염을 포함한 공장 폐기물에 중독돼 왔다. 이런 독소들은 공기와 식수를 오염하여 만성 천식과 눈병, 기관지염, 설사, 극심한 두통, 메스꺼움, 유산, 아기의 선천성 결함, 영아 사망, 바이러스나 박테리아에 의한 질병 등을 유발할 수 있다.[129]

그리고 고기와 알, 유제품의 소비자들—미국의 경우 3억 1,700만 명 이상—도 알지 못하는 사이에 각종 오염물질을 먹어 왔다. 우리가 먹는 육식주의 식품 중엔 합성 호르몬이 들어가 있는 게 흔한데, 그런 호르몬의 일부는 각종 암의 유발과 연관이 있어서 유럽연합에서는 동물과 인간 모두에게 사용이 금지되어 있다.[130] 또 과다한 양의 항생제, 발암물질로 확인된 독성 살충제와 제초제 및 살진균제, 치명적일 수 있는 박테리아나 바이러스, 석유, 독극물을 먹은 쥐의 시체, 흙, 털, 똥 따위 온갖 물질이 고기 속에 들어가곤 한다.[131]

『패스트푸드의 제국』에서 에릭 슐로서는 육식주의의 부수적 피해의 요체를 정확히 집어낸다: "고기에는 똥(shit)이 들어 있다." 슐로서는 구체적으로 분변을 지적했지만, 이 장의 주제는 그 외에도 많은 것을 포함한다('shit'은 배설물로서의 똥뿐 아니라 비유로서의 똥, 즉 '쓸모없는 것, 나쁘거나 보잘 나위 없는 것, 엉터리, 거짓말' 등도 뜻한다. 저자는 슐로서의 인용문에 나오는 'shit'에 이 같은 비유적 의미를 부여하고 있다. –옮긴이). 부패부터 질병까지 우리가 먹는 고기와 알, 유제품을 더럽히는 모든 요소, 병든 시스템이 낳는 쓰레기들 말이다.

우리가 먹는 고기에 이런 요소들이 들어가는 방식에 관한 이야기는 육식주의를 비롯한 폭력적 이데올로기들의 핵심적 특성 중 하나에 관한 이야기다. 그 특성이란, 이런 시스템은 *간접적 피해자들*을 기반으로 하여 유지된다는 점이다. 간접적 피해자는 시스템이 낳는 부정적 결과의 영향을 받으면서도 자기도 모르게 스스로를 피해자로 만드는 데 참여함으로써 시스템을 돕는 사람이다. 시스템은 실상과는 다른 모습을 내보임으로써 우리가 위험에 처했는데도 안전하다고 착각게 하고, 강제와 억압을 받으면서도 자유롭다고 느끼게 하면서 이런 피해자들을 만들어 낸다. 똥이 어떻게 고기에 들어가는지에 관한 이야기는 육식주의에 희생되는 인간들에 관한 이야기인 것이다.

| 우리는 얼마나 안전한가? |

1906년에 작가 업턴 싱클레어는 식육산업의 실태를 폭로한 유명한 소설『정글』을 발표했다.『정글』은 이 업계의 부패상, 정육공장과 도축장의 특징인 더럽고 위험한 환경 등을 생생하게 기록했다. 싱클레어는 깊이가 1cm를 넘는 핏물 속에 서서 일하는 작업자들과 쥐가 들끓는 작업장(산 쥐도 있고 죽은 쥐도 있으며, 그중 일부는 가공되는 고기에 섞여 든다)을 묘사했다. 작업자들은 언제 손가락이 잘려 나갈지 모르며, 돼지의 지방조직을 끓어서 라드 즉 돼지기름을 만드는 큰 통에 빠질 위험도 상존했다. 이 통에 빠졌는데 아무도 모르는 채 며칠이 지나면 그 노동자는 "뼈를 제외한 신체 전부가 '더럼 퓨어 리프 라드' 제품의 일부가 되어 전 세계로 팔려 나갔다!"[132] 『정글』이 폭로한 환경이 어찌나 끔찍하고 역겨웠던지 일반 시민과 정책 입안자 모두가 분노했으며, 그 결과 식육검사법과 순정식품의약품법이 제정돼 도축장과 정육공장에 대한 정기적 검사를 의무화했다.

　『정글』이라는 책과 그것이 식육 생산 규제법에 미친 영향은 널리 알려져 있다. 그러나 이 법들이 실은 거의 집행되지 않았으며 『정글』이 발표된 뒤에도 오랜 세월 동안 공장 상황은 개선되지 않았다는 사실을 아는 사람은 많지 않다. 사실, 여러 면에서 오늘의 상황은 오히려 더 나쁘다. 공장이 훨씬 커지고 기술 발달로 처리 속도가 한층 빨라진 데다 연방 검사관의 수도 부족하기 때문에, 작업자들의 부담이 증가했을 뿐 아니라 작업장도 더 혼잡해졌고, 단속 또한 그만큼 어려워졌다.

| 정육공장 검사를 누가 한다고? |

검사는 현장 조사와 원격 통제, 두 수준으로 실시된다.

1906년 제정된 식육검사법은 연방 농무부의 검사원들이 현장에 나가서 조사할 것을 규정했었다. 동물들의 장기나 신체 부위 어디에 질병은 없는지, 작업 장비에 병원균은 없는지, 도살 과정을 거친 몸통에 오염의 조기 징후나 벌레는 없는지, 공장 곳곳의 위생 상태는 어떤지 등을 확인하게 되어 있었다.

그러나 1980년대에 통과된 새 법에 따라 품질관리의 책임이 정부에서 공장 자체로 옮겨졌다.[133] (게다가 최근 트럼프 행정부가, 조사 대상 공장에 투입하게 되어 있는 연방정부 검사원 숫자를 절반 가까이 줄이는 바람에 상황이 더욱 악화됐다.)[134] 연방정부 검사원 대신 해당 회사의 고용인이 현장 조사의 일차적 책임을 맡게 됐다는 얘기다. 한데 회사들은 이 일을 맡기는 직원들에게 조사에 관한 정식 교육을 거의 하지 않기 때문에 오염과 질병의 징후를 제대로 알아볼 능력이 없으며, 설사 뭔가 발견했다 하더라도 그걸 적절히 전달할 만한 영어 실력이 없는 경우도 많다.[135] 새 법안이 통과된 이후 몇몇 공장에서 실시된 조사에 따르면 회사 소속 검사원들은 고기에 달린 연방 농무부의 꼬리표가 불량 판정을 의미한다는 것을 몰랐고, 홍역 증세도 알아보지 못했다.[136] 이들은 또 농양에서 고름이 줄줄 흐르기 전에는 감염 여부조차 알아채지 못했다.

실제로 미국의 정육공장에서는 오염된 고기가 예외가 아니라 기본인 것으로 보인다. 최근의 한 연구에서 소매점 육류 샘플들을 모아 대장균(*Escherichia coli*, 약칭 *E. coli*) 검사를 해 본 결과 칠면조 분쇄육의 76.7%, 닭고기의 63.4%, 쇠고기 분쇄육의 47.3%, 포크 춉의 33.8%가 대장균에 오염된 것으로 나타났다(특히 'O157:H7'이라는 병원성 대장균은 치명적일 수 있다.─옮긴이).[137] 물고기의 경우도 비슷해서, 식품안전 관련 학술지인 《식품보호저널》에 발표된 최근의 연구 결과를 보면 소매점과 인터넷에서 구매한 생선 필레 즉 살토막의 85%에서 분변 오염이 발견되었다고 한다.[138] 세계보건기구(WHO)는 독성이 강한 조류독감 바이러스가 감염된 새들의 분변을 통해 확산될 수도 있다고 경고한 바 있다.[139]

설령 작업자가 오염된 부분을 발견할 수 있다 해도 식품의 품질 기준이 워낙 낮기 때문에 결함이 많은 고기들이 여전히 검사를 통과할 터이다.[140] 영국의 일간지 〈가디언〉과 비영리 언론 매체인 탐사보도국 (TBIJ)이 공동으로 미국 정부의 미공개 기록들을 취재한 결과 드러난 사례 몇 가지를 보자. "설비가 고장 나는 바람에 도살된 돼지들의 몸통이 공장 바닥에 쌓여 기름이나 피, 다른 불결한 물질들에 오염되었다. 인간이 먹게 될 고기에 분변이 온통 묻어 있고 여러 군데의 농양에 고름이 가득한 것이 발견되었다. … 고기 조각과 기타 부스러기들 때문에 배수관이 막혀서 작업장 바닥이 더러운 물에 잠겼다. 똥이 묻거나 바닥에 떨어져서 더러워진 닭을 염소 희석액으로 닦은 후 생산 라인에 다시 올려놓았다."[141] 그리고 〈시카고 트리뷴〉지의 2007년 폭로 기사에 따르면 농무부에서는 대장균에 감염된 고기라 해도 정육업자들이

'반드시 익혀 먹을 것'이라는 딱지를 붙이고, 미리 조리되는 육류 제품에만 쓰인다면 판매가 가능하다고 본다는 것이었다(학교 급식에 들어가는 육류도 미리 조리된 것들이다).[142]

공장 건물과 기계, 설비의 비위생적인 상태도 사람들의 건강에 위협이 될 수 있다.[143] 앞서 언급한 〈가디언〉과 TBIJ의 공동 보도를 다시 인용하자면, "병든 고기―인간의 먹이사슬에 들어가서는 안 된다고 판정된 고기―가 먹을 수 있는 제품들을 두는 통 속에 놓인 경우도 있다. 분변으로 더럽혀진 고기에 관한 기록도 있는데, 관련 검사원은 이렇게 썼다. '… 간을 넣어 두는 통에서 가금류의 창자를 보았음. 창자 길이는 16cm 남짓이었고, 양쪽 끝에서 똥이 흘러나온 게 보였음.' 이 때문에 그 통에 들었던 간은 모두 불량 처리가 되었다. 돼지머리 하나가 배수구 일부를 막아서 '피로 물든 폐수가 그 일대의 바닥을 채우고 있었다'. 검사원들은 또 손을 씻는 스테인리스 스틸 싱크가 '막혀서 지방과 고기 조각들이 섞인 핏빛의 고인 물이 싱크의 4분의 1가량을 채우고 있는 걸 발견했다'. 이 싱크는 생산 작업자들이 손과 장갑을 씻는 곳이었다. …"

농무부의 일부 검사원들은 정육공장의 불결한 환경에 대해 심각한 우려를 표명했다. 그러나 그들에겐 변화를 불러올 만한 힘이 없다.[144] 현재의 검사 시스템이 턱없이 부적절하다는 사실은 2007년 〈시카고 트리뷴〉의 또 다른 기사에서도 지적됐다. 워싱턴 D.C.에 본부를 둔 식품안전 시민단체 푸드 앤드 워터 워치의 선임 정책분석가 펠리시아 네스터는 〈트리뷴〉에 이렇게 말했다. "검사원들은 … 가공 공장에 하루 종일 가 있는 게 아니에요. … 대부분의 경우 검사원은 공장을 순찰할 뿐이죠. 여러 공장을 동시에 관리한다는 얘깁니다."[145] 연방정부의 관계자들도 검사 목표가 여러 해 동안 달성되지 않았다고 보고했다. 업무가 너무 과중해서 회사의 기록을 겉핥기로만 체크할 뿐, 고기를 직접 검사하지는 않는다는 것이다. 검사원들의 시간은 정육회사가 세운 위험요소 분석 계획을 모니터하는 데 다 들어가고, 농무부의 검사 규정을 실제로 적용할 여유는 없다. 한 검사원은 〈트리뷴〉 기자에게 이렇게 말했다. "그들[정육회사들]이 스스로 계획을 세우지요. 자기네 일에 대한 평가 등 모든 걸 직접 다 하고요. 우리는 그것을 '모니터'하고 있을 뿐입니다. 사실 말도 안 되는 상황이지요. 우리가 하는 일이라곤 거의가 서류 점검 정도인데, 서류에야 그럴듯한 말을 뭐는 못 쓰겠습니까?"

상황을 종합해 보면 결국 회사들에게 스스로를 감시토록 하고는 방치하는 셈이다. 한데 기업의 주목적은 이윤 폭의 확대 아닌가. 그러니 여우에게 닭장을 맡긴 격이다. 우리가 먹는 고기에 똥이 들어가는 것도 놀랄 일이 아니다.

| 도축장의 인간 동물 |

오랜 세월 고기는 마음대로 착취할 수 있는 자유를 상징해 왔다.
—닉 피데스(영국의 사회인류학자), 『고기: 자연적 상징물』에서

미국의 정육공장에서 일하는 사람 중에는 중남미나 아시아 출신의 미등록 이민자가 많다. 이들은 훈련을 전혀 받지 않거나 형식적으로만 받는다.[146] 슐로서가 인터뷰한 어느 일꾼은 이렇게 말했다. "아무도 훈련을 시키지 않았어요. 칼을 어떻게 써야 하는지 배운 적이 없습니다. …내 양쪽에서 일하는 사람들이 어떻게 하는지를 보고 나도 따라 했지요."[147] 이들은 전혀 준비가 되지 않은 일을 해야 할 뿐 아니라, 착취적이고 위험하고 비위생적이며 폭력적인 환경에서 작업한다. 그들은 죽음이 가득하고 스트레스가 엄청난 환경에서 끊임없이 일하며, 그 때문에 고통을 받는다. 2~3초에 한 번씩 칼질을 하는 걸 상상해 보라. 하루 작업 시간 중 약 1만 번을 찌르는 것이다.[148] 진보적인 잡지 《마더 존스》와의 인터뷰에서 슐로서는 생산라인의 가차 없는 속도에 대해 이렇게 말했다.

정육공장의 황금률은 '컨베이어는 멈추지 않는다'입니다. …그 무엇도 생산을 방해하지 못합니다. 기계가 오작동하거나 정지해도, 사고가 생겨도, 지게차가 충돌해도, 전기톱이 과열돼도, 작업자가 칼을 떨어뜨리거나 칼에 베어도, 심지어 작업자가 쓰러져 의식을 잃고 바닥에 누워 있는 위로 피가 뚝뚝 떨어지는 동물의 몸통이 지나가도, 컨베이어

는 계속 움직이지요. …어느 작업자는 내게 이렇게 말했습니다. "출혈이 심한 사람을 가끔 봐요. 정맥이 잘려 피가 펑펑 쏟아지면 거의 의식을 잃은 상태가 되는데, 늘 바삐 오가는 작업지원 담당자는 표백제를 들고 와서 바닥의 피를 닦아 내고 있고, 그러는 사이에도 컨베이어는 멈추지 않지요. 절대로 멈추지 않아요"라고요.[149]

그러니 정육공장의 작업은 미국에서 가장 위험하고 가장 폭력적인 노동일 수밖에 없다.[150] 예컨대 의식이 남아 있는 동물이 컨베이어에 끌려가면서 발로 차곤 하는데, 그럴 때 이가 박살 나는 일이 없도록 하키 선수용 마스크를 써야 한다.[151] 노동부 산하 기관인 직업안전위생관리국(OSHA)에서 작성한 사고 보고서의 제목들을 보면 이 업계의 환경이 얼마나 위험한지가 한눈에 드러난다. 「날아온 칼날에 목이 열상(裂傷)을 입어 입원한 종업원」, 「고기 거는 갈고리에 맞아 눈을 다친 종업원」, 「연육기(軟肉機)에 걸려 팔이 절단된 종업원」, 「가죽 벗기는 기계의 체인에 걸려 목이 잘린 종업원」, 「가죽에서 지방·근육을 떼내는 기계에 머리가 깨져 죽은 종업원」, 「내장을 익히는 기계에 걸려들어 죽은 종업원」 등등.[152] 2005년 국제 인권운동 단체인 휴먼 라이츠 워치는 식육산업의 작업환경이 너무나 열악해 기본적 인권을 침해하고 있다고 비판하는 보고서를 냈다. 이 단체가 단일 산업에 대해 인권보고서를 낸 것은 이게 처음이었다.[153]

〈정육공장에서의 작업상 위험 요소들〉

작업의 종류	장비/물질	사고/부상
기절시키기	기절시키는 총	심한 충격, 몸의 부상
가죽 벗기기, 앞다리 자르기	펜치·집게류	지체절단, 눈 부상, 자상(刺傷), 넘어짐
몸통을 세로로 양분하기	절단용 톱	눈 부상, 수근관(손목터널) 증후군, 지체절단, 자상, 넘어짐
뇌 제거	두개골 절단기	자상, 지체절단, 눈 부상, 넘어짐
제품 수송	스크루 컨베이어, 나사송곳	골절, 자상, 지체절단, 넘어짐
절단, 다듬기, 뼈 발라내기	손칼, 톱, 둥근톱, 띠톱	자상, 눈 부상, 수근관 증후근, 넘어짐
턱뼈와 주둥이 제거	턱뼈와 주둥이를 뽑는 도구 (풀러)	지체절단, 넘어짐
베이컨용 고기 사전처리	베이컨/뱃살 프레스	지체절단, 넘어짐
고기 부드럽게 만들기	전기 연육기	심한 쇼크, 지체절단, 자상, 눈 부상
장비 세척	안전 절차 LOTO (로크아웃-태그아웃)	지체절단, 자상
매달기와 족쇄 채우기	체인/돌리 어셈블리	넘어짐, 동물 몸통 낙하
고기 포장	밀봉포장접착기, PVC(폴리염화비닐), 고기	유독물질 노출, 팔과 손의 심한 화상, 넘어짐
고기 운반	동물 몸통	등·어깨의 심한 부상, 넘어짐
냉장과 보존처리, 세척, 포장	암모니아, 이산화탄소, 일산화탄소, PVC	상기도 자극과 손상

(출처: 미 노동부 직업안전위생관리국 간행물)

| 조건반사적 킬러 |

육식주의적 생산 과정의 잔인함을 보면 동물을 죽이는 게 직업인 사람들은 가학적이거나 다른 어떤 심리적 장애가 있는 사람이리라고 생각하기 쉽다. 그러나 장기간 폭력에 노출된 *결과*로서 심리적 장애가—심지어 사디즘까지도—생길 수는 있겠지만, 심리적 장애가 죽이는 일을 직업으로 택하는 *원인*으로 반드시 작용하는 것은 아니다. 폭력적 이데올로기 아래서 죽이는 일을 맡은 사람들도 처음부터 그렇게 무감하고 닳아 있는 게 아니라 폭력을 불안해하고 불편해하다가 점차 익숙해지는 경우가 많을 터이다. 이런 순응 과정은 방어기제의 하나인 '일상화(routinization)'에 의한 것이다. 이는 어떤 행동을 일상적으로 거듭하다 보면 민감성이 소실되어 무감각해지는 현상을 가리킨다. 예컨대, 앞에서 언급한 인도적 농장을 위한 협회 조사원 게일 아이스니츠에게 어느 도축장 일꾼은 이렇게 말했다.

신체적 위험보다 더 나쁜 최악의 것은 정서적으로 치르는 대가예요. 스티커(sticker, 도살장에서 칼로 가축의 경동맥과 경정맥을 끊는 사람–옮긴이)로 얼마 동안 일하다 보면 아무렇지도 않게 동물을 죽일 수 있게 됩니다. 피구덩이에서 돼지랑 있다가 그놈 눈을 들여다보고는 '아이구 이 녀석 귀엽게 생겼네'라고 생각하기도 하고, 그러다 보면 쓰다듬고 싶어질 수도 있지요. 도살대 앞에서도 돼지들이 다가와 강아지처럼 코를 문질러 대기도 했어요. 그러고 2분 뒤에 나는 그것들을 죽여야 했습니다. 쇠 파이프로 두들겨 패서 말이지요. 어쩔 수 없는 거지요."[154]

무감각해지면 해질수록―'어쩔 수 없다'고 생각할수록―정신적 스
트레스도 더 쌓인다. 대부분의 사람은 어느 수준을 넘는 폭력을 경험
하면 그로 인해 심적 외상을 입게 마련이다. 가령 퇴역한 전투병에 대한
연구들에서는 폭력이 정신에 미치는 심각한 영향이 거듭 확인돼 왔다.
그 폭력에 직접 관여한 사람의 경우에는 더욱 그렇다.[155] 도축장에서도
마찬가지여서, 심적 외상을 겪은 작업자는 동물과 사람 모두에게 더욱
더 폭력적이 되고, 자신의 긴장과 고통을 마비시키기 위해 중독적 행동
을 하게 된다. 아이스니츠가 인터뷰한 작업자는 "작업반장을 컨베이어
에 거꾸로 매달고 찌르는 생각을 한 적도 있어요."라면서[156] 이렇게 덧붙
였다.

> 대부분의 스티커들이 폭행죄로 체포된 경험이 있어요. 알코올 중독
> 도 많고. 술을 마시지 않을 도리가 없지요. 펄펄 살아 있는 동물들을
> 하루 종일 죽여야 하는데 안 마시고 어떡하겠소. … 많은 이들이 … 술
> 을 마시고 마약을 하면서 그 일들을 잊으려 해요. 어떤 친구들은 자기
> 감정을 처리하지 못해서 배우자 학대까지 하게 돼요. 아무튼 그런 기
> 분으로 퇴근해서는 다 잊어버리려고 술집으로 가는데, 문제는 뭐냐 하
> 면 술로 다 씻어 버리려 해도 술이 깼을 때 그놈의 기분이 여전히 남아
> 있다는 거요.[157]

또 다른 작업자의 말을 듣자.

나도 일에서 오는 스트레스와 좌절감을 동물들한테 풀었어요. …
한번은 작업대 앞 구덩이에 살아 있는 돼지가 한 마리 있더라고요. 잘
못 한 게 하나도 없었고, 뛰어다니지도 않았어요. 그저 살아 있을 뿐이
었지. 그런데 나는 1m 가까운 파이프를 집어 들고는 말 그대로 돼지
를 때려죽였어요. 대가리가 으스러져서, 아마 5cm 넘는 뼛조각은 하
나도 남아 있지 않았을 거요. 일반인들이 하는 말로, 대가리를 박살낸
거지. 일단 패기 시작하니까 도저히 멈출 수가 없더라고요. 그러다 드
디어 멈췄을 때는 모든 힘과 좌절감을 소진한 뒤였지요. 그 순간 생각
했어요. 아니 도대체 내가 무슨 짓을 한 거지?[158]

'동물에 대한 윤리적 대우를 추구하는 사람들(PETA)'이라는 인도주
의 단체에서 몰래 찍은 비디오에는 작업자들이 새끼 돼지를 바닥에 패
대기치고, 암퇘지 사타구니를 몽둥이로 찌른 일을 자랑스레 떠벌리며,
쇠막대기로 돼지들을 때리는 등의 장면이 녹화돼 있다. 암퇘지를 쇠
막대기로 때리면서 한 일꾼은 이렇게 소리친다. "지겨운 놈들. 이 (욕
설 생략) 것들은 맞아도 싸. 맞아야 한다구! 맞아라! 맞아! 맞아! 맞
아! …이놈들한테 화풀이를 하자고."[159]
이들의 행동이 극단적이고 이성을 잃은 것으로 보이지만 그것은 극
단적이고 비이성적인 시스템의 최전선에서 일하는 데서 생긴 불가피한

결과다.* 자신이 충격과 고통을 겪고는 그 심적 외상을 다시 다른 대상에게 가하는 작업자들, 그들은 육식주의라는 폭력적 이데올로기의 또 다른 희생자다. 말 그대로 폭력이 폭력을 낳는 것이다.

더럽혀져서 상대할 수 없는 사람들

고기를 먹든 안 먹든 대부분의 사람은 동물 도살에 대해 동일한 태도를 보인다. 그 과정이 양식을 거스르는 혐오스러운 것이라고 생각한다. 어떤 요리에 우리가 혐오하는 고기 종류가 들어가 있으면 그 요리 전체를 역겨워하듯이(개고기를 골라낸 스튜를 계속 먹겠는가?), 도살 과정은 그 일을 수행하는 사람들까지 오염시키는 것 같다.[160]

어느 시대에든 다양한 문화에서 직업적인 도살자 즉 백정은 부정(不淨)한 존재로, 동물을 죽이는 부도덕한 일을 떠맡음으로써 다른 사람들이 도덕적으로 오염되지 않도록 해 주는 자로 간주돼 왔다. 흔히 한 집단에는 도살을 맡도록 지정

---

* 물론 도축장 노동자 중 일부는 들어올 때부터 '소시오패스(sociopath, 반사회적 인격장애자)'였을 수 있다. 소시오패스는 반사회적이며—의학적 소견으로도 '양심이 결여'돼 있으며—타인에게 고통을 주기를 즐기곤 한다. 그렇다 해도, 한 산업이 극단적인 공격성과 냉혹성, 폭력 등 반사회적인 행태를 용인하고 심지어는 그걸 요구까지 하는 데 대해 우리는 경악하지 않을 수 없다.

된 개인(들)이 있으며, 그들은 다른 사람과 만나기 전에 '도덕적으로 정화하는' 의례를 거치거나 아예 따로 살게 된다. 일례로, 북로디지아(지금의 잠비아)의 벰바에서 백정으로 지정된 사람은 도살을 한 후에 정화의식을 했고, 고대부터 카나리아 제도에서 살았던 관체족의 백정은 다른 사람들 집에 들어가거나 백정 아닌 사람과 교유하는 일이 허락되지 않았다. 한 사회집단 전체에 도살 임무가 주어지는 경우도 있다. 예컨대 일본에서는 '에타(穢多)'라고 불리는 최하층 집단이 백정 일을 했으며, 일반인과 만나는 게 금지돼 있었다. 인도에서는 영적으로 열등하다고 여겨진 불가촉천민들에게 도살이나 가죽 다루는 일 등 '영혼을 더럽히는' 일이 맡겨졌다. 티베트에서도 직업적 도살자들은 살생을 금하는 불교 교리를 어긴다는 이유로 가장 낮은 계급에 속해 왔다.[161]

| 우리 행성, 우리 자신 |

육식주의 산업에 종사하지 않거나 육류를 먹지 않는다고 하더라도 지구에서 함께 사는 이상 그 산업이 빚어내는 결과들을 피해 갈 수는 없다. 육식주의적 생산은 모든 심각한 형태의 환경피괴—공기와 물의 오염, 생물다양성 훼손, 토양 침식, 삼림 파괴, 온실가스 배출, 담수(민물) 고갈 등—에서 주요 원인 노릇을 한다. [162]

산업화된 세계에서 육식주의적 생산이 불러오는 가장 직접적인 환경 문제는 동물밀집사육시설(CAFO)에 의한 오염이다. [163] 이런 공장식 농장에서 나오는 엄청난 폐기물은 화학물질과 질병의 덩어리로, 땅속과 수로에 스며들고 대기 중으로 증발하여 환경을 오염하며 인근에 사는 사람들을 병들게 한다. CAFO에서 지표면으로 유출되는 물(주로 빗물이나 눈 녹은 물—옮긴이)은 호흡기의 이상, 심한 두통, 소화기 장애를 포함한 몇 가지 질병과 연관이 있다. CAFO의 폐기물은 또한 유산, 태어나는 아기의 선천성 결함, 영아 사망, 질병의 창궐과도 관련된다. 이처럼 인간의 건강에 많은 해독을 끼치기 때문에 공중보건 전문가들의 국제적 조직인 미국공중보건협회(APHA)는 예방적 차원에서 CAFO의 신설과 확장을 일단 중지하라고 촉구했다. [164]

그러나 축산업계는 그들의 관행을 부단히 지속해 왔다. 그러는 게 가능하기 때문이다. 환경과 그 안에 살고 있는 사람들을 체계적으로 파괴하고 있지만, 그것이 꼭 위법은 아니라는 얘기다. 우리가 착취당하고 악용당하지 않도록 보호하기 위해 만들어진 법률제도가 오히려 우리를 악용하고 착취하는 바로 그 산업을 보호하다니 어찌 된 일인가. 도대체 민주주의에 무슨 일이 일어난 건가.

육류의 환경비용[165]

- 2006년 국제연합은 축산 부문을 "각 지역에서부터 전 세계에 이르기까지 모든 차원에서, 가장 심각한 환경 문제들의 가장 큰 원인이 되는 2대 혹은 3대 부문의 하나"라고 선언하고 "그 영향이 너무나 심각하므로 긴급히 대처하지 않으면 안 된다"라고 경고했다.[166]

- 2019년, 1만 1,000명의 과학자들로 구성된 한 국제위원회에서는 지구적 차원의 환경 재앙을 막기 위해서는 전 세계인이 식단을 식물 위주로 (대체로 비건처럼) 바꿔야 한다고 선언했다.[167]

- 축산업은 3대 수질오염원 중 하나다. 주된 오염물질은 항생제와 호르몬, 가죽 무두질 공장에서 나오는 화학물질, 가축의 폐기물, 침식된 초지의 침전물, 사료작물 재배에 사용되는 비료와 농약 등이다.[168]

- 전에 삼림이었던 아마존 유역의 75%는 이제 축산농장 동물들을 먹이기 위한 목초지로 전환됐다.[169]

- 미국에서 쓰이는 모든 살충제의 37%와 항생제의 50%가 축산업에서 사용된다.[170]

- 한 사람이 일 년 동안 먹을 육식주의 제품을 생산하려면

농장 동물들이 900kg의 곡물을 먹어야 한다. 그러나 동물을 거치지 않고 사람이 직접 곡물을 먹을 경우, 일인당 연간 180 kg이면 된다.[171]

• 축산업에서 연간 배출하는 이산화탄소의 양은 자동차 4억 대가 내뿜는 것보다도 많다.[172]

| 인민이 지배하는가 고기가 지배하는가 |

관료 기구들은 집단학살이 비현실적으로 보이게 만드는 것을 돕는다.
그것은…그 학살에 대한 정서적, 지적 반응을
[가해자와 방관자의 경우는 물론이고 피해자들에게서까지] 감퇴시킨다. …
존재하는 것은 사건의 도도한 흐름뿐으로, 대부분의 사람은 거기에…
이의 없이 순응한다. …대량 살인은 도처에 있으나 동시에 어디에도 없다.
—로버트 제이 리프턴(미국의 정신의학자), 『나치 의사들』에서

폭력적 이데올로기에는 그들만의 언어가 있다. 그들은 우리 삶에서 핵심적인 개념들을 시스템 유지용으로 번역해서 사용한다. 겉보기엔 여전히 대중을 위한 개념 같지만 말이다. 예컨대 육식주의 아래에서 민주주의는 '중독될 위험 없이 음식을 먹고 공기를 마실 자유'가 아니라 '우리 몸을 병들게 하고 지구를 오염하는 상품들 중에서 선택할 자유'를 지니는 것으로 사실상 정의되었다. 폭력적 이데올로기는 본래 비민

주적이다. 기만과 비밀, 권력 집중, 강제 등 자유로운 사회와는 양립할 수 없는 관행들에 의존하기 때문이다. 국가와 같은 더 큰 체제는 민주적으로 보일 수 있겠지만 그 안의 폭력적 시스템은 민주주의와 거리가 멀다. 사회에 엄존하는 폭력적 이데올로기들을 우리가 알아보지 못하는 것은 바로 이런 괴리 때문이기도 하다. 민주적으로 보이는 큰 체제 속에서 폭력적 이데올로기 같은 걸 찾을 생각조차 하지 않는 것이다.

민주주의 사회에서 정부의 주된 역할은 사회 구성원들의 이익에 가장 잘 부합하는 정책과 법을 만들고 집행하는 것이다. 그러므로 우리는 식탁에 올라오는 식품이 우리를 병들게 하거나 죽이지 않을 거라고 생각한다. 그 근거는 정부에서 일하는 사람들이 우리를 위해, 그들에게 월급을 주는 우리를 위해 일한다고 믿기 때문이다. 민주적인 절차들이 우리에게 해를 입힐 수 있는 사람들을 막아 주리라고 생각한다.

그러나 한 산업에서 소수에게 힘이 지나치게 집중될 때 민주주의는 부패한다. 육식주의와 관련해서 바로 그런 사례를 본다. 매출액 1,950억 달러 규모인 미국 축산업을 단 몇 개의 대기업이 지배한다. 이들의 힘이 그처럼 막강한 것은 모든 관련 업체들을 지속적으로 합병했기 때문이다.[173] 살충제, 비료, 종자와 그 밖의 제품들을 생산하는 농화학 회사와 종자회사, 가축을 사서 고기로 만드는 가공회사, 고기와 알, 유제품을 냉동 즉석식품 같은 특정 상품으로 만드는 식품 제조회사, 슈퍼마켓과 식당 체인 같은 식품 소매업체, 철도와 해운 회사를 포함한 운송 시스템, 제약회사, 트랙터와 관개용 차 등의 농기계 회사, 심지어 재무관리 회사까지 사들였다. 경제학자들은 어떤 산업이든 상위 4개 이하의 회사가 해당 시장의 40% 이상을 점유하는 집중률(이를 'four-firm concentration ratio', 줄여서 CR4가 40% 이상이라고 말한다. 이처럼 CRn은 해당 업계 상위 n개 회사의 시장 점유율의 합이다.-옮긴이)을 보일 경우 시장의 경쟁도가 낮아져 심각한 문제들이—특히 소비자 보호 분야에서—발생한다고 경고한다. 거대 복합기업들이 가격과 품질 등 모든 것을 마음대로 결정할 수 있게 된다는 얘기다. 육식주의 산업은 CR4의 기준을 훨씬 상회해서, 예를 들어 4개의 쇠고기 정육회사가 쇠고기 시장의 83.5%를 장악하고 있다. 축산업계가 얼마나 막강한가 하면, 그들과 정부가 서로 얽히고설켜 있는 바람에 사리의 추구와 공익을 위한 행정업무 간의 경계가 흐려질 지경이다.[174]

공공부문과 민간부문이 서로 얽히도록 만든 것 중 하나가 이른바 '회전문(revolving door)' 인사다. 이는 기업 경영자와 정부 관리가 마치 회전문으로 빙빙 돌며 드나들듯이 서로 자리를 바꿔 가면서 네트워크를 강화하는 행태를 말한다. 2004년의 예를 보면, 농무부 산하 기구이며 가축과 육류, 곡물 등 농산물의 마케팅을 촉진하고 감독하는 곡물 검사 및 정육업·사육장 관리청(GIPSA)의 전·현직 청장은 정육업계의 이익단체들과 함께 일한 바 있다.[175] 당시 농무부 장관이던 앤 베너먼과 다른 고위 관리들도 이전에 농축산업계와—게다가 각기 감독하도록 되어 있는 분야들과—긴밀한 관계에 있었던 사람들이다. 베너먼의 비서실장 데일 무어는 미국축산협회(NCBA)의 입법 담당 전무이사였고, 부장관(한국의 차관에 해당-옮긴이)인 제임스 모즐리는 한 CAFO의 공동 소유자, 의회 담당 차관보 메리 워터스는 미국의 대표적 정육회사

중 하나인 콘애그라의 입법 고문이자 고위 이사였다.[176]

회전문 인사 행태는 이후에도 바뀌지 않았다. 2017년의 경우, 농무부 산하 농업마케팅지원청(AMS)의 가축·가금 및 종자 프로그램 부책임자를 13년간 지낸 크레이그 모리스가 AMS 유관 기구인 미국돈육사업단(NPB)의 국제 마케팅 담당 부단장으로 갔다.[177] 같은 해에, 농무부 식품안전검사청(FSIS)에서 근 40년을 근무한 앨프리드 알만자는 미국과 캐나다에서 손꼽히는 우유 및 돈육 가공회사이자 미국과 멕시코 제2의 가금육 업체인 JBS USA의 식품안전 및 품질보증 전 세계 책임자로 임명됐다.[178]

공공부문과 민간부문이 이처럼 뒤엉켜 있는 것은 육식주의 산업의 대규모 정치자금 제공과 로비 활동 때문이기도 하다. 예컨대 2018년에 축산업계는 600만 달러가 넘는 돈을 의회 의원 후보자들에게 헌금했다. (농축산업 거대기업들이 내는 헌금의 많은 부분은 상하원 농업위원회 소속 의원들에게 가곤 한다.)[179] 로비스트들은 자기네 고객의 요구사항이 관철되도록 의원들을 설득한다. 그 같은 노력의 성공 여부는 의원 및 정부 관리들과 로비스트의 관계가 얼마나 돈독한가에 주로 달려 있다. 로비스트가 호화판 휴가에서부터 훗날의 좋은 자리 보장까지 다양한 선물을 적절히 제공할 수 있다면 그 관계는 더욱 긴밀해지게 마련이다.

간단히 말해서 육식주의 산업은 자신들에게는 이익이 되지만 우리에게는 엄청난 피해를 주는 법안의 통과에 영향력을 행사할 수 있다. 예를 들어 보자. 축산업계에서 내다 버리는 폐기물 때문에 발생하는 문제들의 적어도 일부는 그 업계 스스로 해결하도록 법으로 정해져 있다. 하지만 이 수십 수백억 달러짜리 회사들이 그 비용을 직접 물도록 규정하고 있지는 않다. 환경개선장려계획(EQIP)이라는, 표면상으로는 농장과 거기서 일하는 사람들의 환경을 개선하고 환경 친화적 생산 방식을 권장하기 위해 만들어진 연방 프로그램이 기업들의 폐기물 문제 해결 비용을 대준다. 폐기물 중화 작업을 지원하느라 지출한 돈이 1억 1,300만 달러(EQIP 자금의 11%)다.[180] 다시 말해서 콘애그라 같은 거대기업이 초래한 피해의 복구 비용을 우리가 치른다는 얘기다(콘애그라의 CEO는 2019년에 1,440만 달러를 받았다).[181] 축산업 보조금은 진보와 보수를 막론한 모든 성향의 정치인들에게서 미국 역사상 가장 어처구니없는 '기업복지 프로그램'의 하나라는 비판을 받았다.

그뿐 아니다. 2002년 미국인의 건강을 위협했던 대장균 사태에 농무부가 얼마나 잘못 대응했는지를 생각해 보라. 오염된 햄버거를 먹은 어린이들이 이 박테리아에 감염됐다(당시 문제가 된 것은 병원성 대장균 O157:H7이었다. ─옮긴이). 감염의 증상은 발열, 구토, 혈변, 멍, 코와 입의 출혈, 혈압 상승, 손과 얼굴의 부기 등이며 결국에는 신부전(콩팥 기능 부족)으로 이어진다. 전해진 바로는 문제의 쇠고기를 판 콘애그라는 물론 농무부도 고기가 오염됐다는 사실을 이미 알고 있었다고 한다. 그럼에도 아무 조치도 취하지 않다가 2년 후 발병 사태가 본격화하고 나서야 전국에 유통된 860만kg의 고기를 리콜했다.[182]

당신의 자녀가 오염된 쇠고기를 먹고 병에 걸린 아이들 중 하나였다면 당신은 다른 이들에게 그 고기가 안전치 못하다고 경고하려 했을 터이다. 그런 행동은 효과적일 수도 있다. 다만, 오프라 윈프리처럼 동시에 너무나 많은 사람들에게 알리는 실수는 하지 않는 게 낫겠다. 1997년 일군의 텍사스주 쇠고기 생산업자들은 윈프리가 쇠고기의 명예를 훼손했다며 1,000만 달러 이상의 배상을 요구하는 소송을 제기했다. 그 전해, 영국에서 광우병 공포가 정점에 달했던 시기에 오염된 쇠고기로 믿어지는 것을 먹고 20명이 사망하자 윈프리가 방송에서 다시는 햄버거를 먹지 않겠다고 선언했기 때문이다. 이 일에 앞서 농축산업체들의 후원 아래 미국 일부 주에서 제정된 식품의 명예훼손에 관한 법률들에 따르면 특정 식품을 '합당한' 과학적 증거의 제시 없이 비판하는 일은 위법이다. 그러니 육식주의 산업을 공개적으로 비판하려 할 때는 다소간의 제약이 가해질 수 있음을 알게 된다. 특히 미국 헌법 수정 조항 제1조에 명기된 언론의 자유에.

축산업계가 너무도 막강해져서 법 위에 존재할 뿐 아니라 법 그 자체가 되었다면, 법을 따르기보다 만드는 존재가 되었다면, 우리는 민주주의 즉 인민의 지배가 '고기의 지배'로 바뀌었다고 무리 없이 말할 수 있을 것이다.

| 공중위생국장의 경고: 육식주의 식품의 섭취는 건강에 해로울 수 있습니다 |

동네 편의점에서 파는 시가(엽궐련)의 포장지에는 흡연이 야기할 수 있는 위험에 대한 경고문이 박혀 있다. 그러나 연구들에 따르면 시가의 위험은 피우는 양이 보통 이상은 되어야 발생한다는데, 그런 정도로 시가를 피우는 사람은 성인 인구의 1%도 안 된다.[183] 그에 비해 미국 성인의 97% 이상이[184] 육식주의 식품을 먹는다. 육식주의 식품의 섭취와 질병 사이의 연관성을 밝힌 많은 연구에도 불구하고 그런 위험에 대한 경고는 어디에도 없다.

> 세계보건기구, 미국 국립보건원, 세계은행 등 많은 기구들이 참여한 국제적 공동사업인 '질병통제 우선순위 지정 프로젝트(DCPP)'에서 펴낸 연구 보고서에 따르면, 식물 위주의 (즉 비건 같은) 식사를 비롯하여 건강에 좋은 몇 가지 생활 습관을 실천하면 제2형 당뇨병의 90% 이상과 관상동맥 질환의 80%, 뇌졸중의 70%, 대장암의 70%를 예방할 수 있으리라고 한다.[185]

이번엔 같은 편의점에 핫도그를 사러 들어갔다고 가정하자. 그리고 상상하자. 미국 보건복지부 공중위생국에서 하버드 공중보건대학원 등 주요 연구기관들의 보고서를 두루 검토한 끝에 담배처럼 육식주의 식품에도 경고문을 붙이기로 했다고. 그 경고문의 문구는 아마 다음과 같은 식이 되지 않을까.

공중위생국장의 경고: 가공되지 않은 적색육을 매일 일인분씩만 먹어도 제2형 당뇨병의 발병 위험이 12% 증가할 수 있고, 가공된 적색육을 매일 일인분 먹을 경우엔 그 위험이 32% 증가할 수 있습니다. 매일 28g 넘게 어류를 먹어도 제2형 당뇨병의 위험이 32% 증가할 수 있습니다. [186]

공중위생국장의 경고: 달걀을 주당 다섯 개 넘게 먹으면 대장암 발병 위험이 42% 증가할 수 있으며, 주당 두 개 반 넘게 먹으면 전립선암 발병 위험이 81% 이상 증가할 수 있습니다. [187]

공중위생국장의 경고: 가금육을 먹으면 적색육 섭취와 비슷하게 콜레스테롤 수치가 높아져 심장 질환과 뇌졸중의 위험이 증가합니다. [188]

공중위생국장의 경고: 전립선암 진단을 받은 사람이 하루에 세 번 넘게 유제품 일인분씩을 섭취할 경우 그 병으로 사망할 가능성이 141% 높아질 수 있습니다. [189]

공중위생국장의 경고: 당신이 먹는 고기가 된 동물은 살아 있을 때 안락사시킨 고양이나 개의 고기를 사료로 먹었을 수 있으며, 정제된 깃털, 발굽, 털, 가죽, 피, 내장, 또는 차에 치여 죽은 동물, 동물성 거름, 죽은 소의 위에 들어 있던 플라스틱 조각들, 그리고 같은 종 동물의 사체 등을 사료로 먹었을 수도 있습니다.

공중위생국장의 경고: 이 식품은 살충제, 비소, 항생제 및 호르몬을 위험한 수준으로 포함했을 수 있습니다.

공중위생국장의 경고: 이 식품에는 질병이나 죽음을 초래할 수 있는 미생물체가 들어 있을지도 모릅니다. [190]

공중위생국장의 경고: 이 식품의 생산은 심각한 환경 악화와 동물 학대 및 인권 침해에 일조했습니다.

공중위생국장의 경고: 당신이 먹는 고기에는 똥이 들어 있습니다.

물론 육식주의 제품에 이런 유의 경고는 붙어 있지 않다. 미국에서만 수억 명이 일상적으로 먹고 있는데도 그렇다. 폭력적 이데올로기는 자체의 논리, 그 시스템을 받쳐 주는 논리를 따르게 마련이다. 복잡하게 뒤얽힌 논리지만, 그 역시 이름을 올바로 붙여 실체를 드러내면 극복이 가능해진다.

우리가 살펴본 것처럼, 모든 폭력적 이데올로기의 가장 두드러진 특징은 비가시성이다. 상징적으로도 그렇고(이름이 붙지 않았으므로 보이지 않는다), 물리적으로도 그렇다(그 폭력이 사람들의 눈에 띄지 않게 만든다). 그래서 내가 육식주의의 숨겨진 측면들을 조명함으로써 고기와 알, 유제품의 생산에 관한 진실과 그 시스템이 눈에 띄지 않으려고 그토록 노력하는 이유를 알려 주려 하는 것이다.

그러나 비가시성의 보호막에는 한계가 있다. 진실을 넌지시 일깨우는 힌트가 우리 주변에 널려 있다. 식료품 가게에서 파는 '동물 학대 없이 만든' 베지버거(veggie burger, 식물성 단백질로 만든 인조육을 넣은 햄버거나 샌드위치—옮긴이), 닭다리를 뜯다가 문득 눈에 들어와 살아 있는 닭을 떠올리게 만드는 질깃한 핏줄, 뉴스에 가끔 등장하는 정육공장의 스냅 사진, 디너파티에 온 비건, 차이나타운 시장의 쇼윈도에 걸려 있는 죽은 아기 돼지, 회사 바비큐 파티 때 쇠꼬챙이에 꽂혀서 불 위를 빙빙 도는 돼지, 그리고 어딜 가든 눈에 들어오는, 고기 형태로 끝없이 공급되는 죽은 동물들…. 그리하여 비가시성이 불가피하게 비틀거릴 때, 우리는 기댈 수 있는 다른 무엇이 필요하다. 진실로부터 우리를 보호하고 우리가 문득 육식주의의 불편한 현실을 눈치 채기 시작할 때 재빨리 우리의 평정을 회복시켜 줄 무언가가 필요하다. 우리를 위협하는 것, 즉 동물을 먹는 일의 *진실*을 동물을 먹는 일에 관한 *신화*로 대체해야 하는 것이다.

제5장
동물을 먹는 것에 관한 신화 : 육식주의를 정당화하기

부조리한 것들을 믿으면 우리는 잔혹한 일들을 저지르게 될 것이다.
—볼테르(프랑스의 철학자, 작가)

권위에 대한 무분별한 존경은 진실의 가장 큰 적이다.
—알베르트 아인슈타인(독일 출신 미국 과학자)

어느 화창한 오후, 동네 식료품 가게 밖의 동물 우리에는 늘 그렇듯 사람들이 붐빈다(이런 시설을 '페팅 동물원[petting zoo]'이라고 하는데, 가축과 순한 야생동물을 수용해 관람객, 특히 어린이들이 직접 쓰다듬거나 먹이를 줄 수 있도록 한 곳이다. 큰 동물원의 한 부분이거나 독립된 시설일 수도 있고, 가족용 식당이나 가게에서 만든 소형 우리일 수도 있다. —옮긴이). 어린아이들과 부모들이 나직한 나무 울타리에 바짝 붙어 섰고, 몇몇은 울타리 너머로 팔을 뻗치고 있다. 나는 준비해 온 당근을 하나 꺼내 아기 돼지에게 내밀면서 그 녀석이 당근에 끌려 내가 쓰다듬을 수 있을 만큼 가까이 오기를 바랐다. 왠지 나는 항상 동물들과 신체적으로 접촉하고 싶어 한다. 그들을 만지고 싶고 쓰다듬고 싶은 욕구가 거의 본능적인 듯하다.

나만 그런 게 아니다. 천진난만한 아이들은 자기가 주는 걸 아기 돼지가 받아먹어서 그 애의 뺨이나 머리를 잠깐 쓰다듬을 수 있게라도 되면 기뻐서 소리를 지른다. 이 어린 동물이 주위에서 아우성치는 작은 손들에 개의치 않고 먹이를 냠냠 삼키는 것을 보면서 어른들도 정겹게 웃는다. 한 마리 있는 소도 인기가 높아 사방에서 이리 오라고 부른다. 소가 무슨 이유에선지 내 손의 풀을 선택하자 마음이 따뜻해진다. 내가 벨벳처럼 부드러운 소의 코를 쓰다듬는 동안 다른 사람들은 소의 머리와 목을 만져 보려고 내 주위로 몰려든다.

사람들은 심지어 닭에게도 관심을 가지고 흥겨워한다. 아이들은 울타리 틈새로 빵 부스러기를 던져 주려고 쪼그려 앉는다. 닭들이 바닥의 모이를 쪼다가 가끔 고개를 들어 사람들을 쳐다보면 아이들은 입을 함박같이 벌리고 웃는다. 털이 보송보송한 병아리들이 삐약삐약 이리저리 뛰어다니는 모습에는 누구나 귀엽다는 탄성이 절로 나온다.

정말 아름다운 광경이다. 아이들은 킥킥거리며 박수를 치고 엄마 아빠들도 애정 어린 얼굴로 빙긋거린다. 모든 사람이 돼지와 소와 닭을 만지고 그들이 다가오게 하고 싶어 안달이 난 것 같다. 한데, 동물과의 접촉을 그렇게도 절실히 원하는 사람들이—어릴 적 아마도 『샬롯의 거미줄』(돼지 윌버와 그의 목숨을 구해 주는 거미 샬롯의 이야기를 그린 E. B. 화이트의 소설—옮긴이)을 읽으며 눈물을 흘렸고, 돼지나 송아지 봉제인형을 끌어안고 잠들었을 바로 그 사람들이—이제 곧 동물 우리 옆 식료품점에 가서는 쇠고기, 햄, 닭고기, 또는 치즈를 사 들고 나올 것이다. 헛간 앞마당의 동물이 고통받고 있다면 당장 달려가 도움을 줄 게 틀림없는 이 사람들이, 자신들이 하는 짓에 아무런 책임도 지지 않는 한 업계의 울타리 안에서 해마다 100억 마리의 동물이 불필요하게 고통받고 죽어 가는 데 대해서는 어쩐 일인지 전혀 *분노하지* 않는다.

우리의 동정심, 우리의 공감 능력은 도대체 어디로 갔는가?

| 정당화의 세 가지 N |

불과 몇 분 전에 우리가 껴안고 어루만졌던 바로 그런 동물들의 고기와 알, 유제품을 먹으려면, 자신이 하고 있는 일을 의식조차 하지 않을 만큼 확고하게 동물을 먹는 일의 정당성을 믿어야 한다. 그래서 우리는 육식주의 시스템을 떠받쳐 주는 일련의 신화들을 받아들이도록, 또한 우리가 스스로에게 되뇌는 말들이 얼마나 앞뒤가 안 맞는지를 무시하도록 배워 왔다. 폭력적 이데올로기는 허구를 사실로 내세움으로써, 그리고 진실을 드러낼 우려가 있는 모든 비판적 사고를 방해함으로써 유지되는 것이다.

동물을 먹는 것에 관한 방대한 신화들이 있지만 그 모두는 내가 '정당화의 3N'이라고 부르는 것과 어떤 방식으로든 연관되어 있다. 동물을 먹는 일은 '*정상적이며(normal), 자연스럽고(natural), 필요하다*

(necessary)'는 논리 말이다. 3N은 아프리카인들의 노예화에서부터 나치의 유대인 대학살에 이르기까지 거의 모든 착취적인 시스템을 정당화하는 데 이용돼 왔다. 어떤 이데올로기가 전성기에 있을 때는 이런 신화들이 면밀하게 검토되는 일이 거의 없다. 그러나 시스템이 마침내 붕괴하면 그 3N이 말도 안 되는 것이었음을 알게 된다. 예컨대 미국에서 여성에게 투표권을 주지 않으면서 내세운 이유들을 생각해 보라. 남성만 투표를 하는 것은 "선조들이 정해 놓은" 일이며, 여자들이 투표를 하게 되면 "국가에⋯돌이킬 수 없는 손상을" 입히고 "재앙과 파멸이 온 나라를 덮칠" 거라고 하지 않았는가.[191]

3N은 우리의 사회의식에 아주 깊숙이 뿌리 내려, 우리가 그것을 전혀 떠올리지 않아도 그에 따라 행동하게 된다. 그게 우리를 대신해 생각하는 셈이다. 우리는 3N을 완전히 내면화하여, 그게 단지 널리 퍼진 견해가 아니라 보편적 진리인 듯이 그 신조에 맞추어 산다. 비유컨대 운전과 마찬가지다. 운전도 일단 익히고 나면 차를 몰 때 세부적인 동작 하나하나를 생각할 필요가 없지 않은가. 그러나 3N의 정당화는 단순히 행위를 이끄는 일 이상의 역할을 한다. 고기를 먹을 때 느낄 수도 있는 도덕적 불편함을 완화해 주는 것이다. 우리가 저지르는 일에 대해 그럴듯한 변명을 할 수 있다면 우리는 그 행위에 죄책감을 덜 느낄 터이다. 3N의 본질적인 임무는 동물에 대한 우리의 믿음과 행동에 내재하는 모순을 감추고 우리가 어쩌다 그걸 알아채게 되면 그럴싸하게 해명하고 넘어가는 정신적이고 정서적인 눈가리개 역할이다.

| 신화를 만드는 사람들 |

거짓된 논리로 심리적이고 정서적인 안전망을 짜 놓았음에도 불구하고, 진실을 억누르는 데는 적잖은 힘이 들게 마련이다. 바로 코앞에 놓인 사실에 눈감고, 명명백백한 모순을 인지하지 않고, 우리의 진정한 느낌이 표출되는 것을 막으려면 지속적인 노력이 필요하다. 진실을 이미 깨닫고 있는 자신의 일부를 무시하는 일에 능숙해졌다 하더라도, 그 깨달음과 동물들에 대한 공감 사이의 단절을 유지하기 위해서는 끊임없이 지침을 받아야 한다.

여기에 신화 제작자, 즉 사회적 통념을 만들어 내는 사람들이 역할이 있다. 그들은 사회의 모든 부문을 점거하고 있어서, 어디를 가든 우리에게 주어지는 정보는 3N을 강화하는 것들이다. 신화 제작자란 해당 시스템(체제)의 기둥 노릇을 하는 기관들과 그 대변자들을 두루 이른다. 한 시스템이 확고히 자리 잡으면 의료계에서 교육계에 이르기까지 사회의 주요 기관과 제도가 모두 그것을 받쳐 주게 된다. 의사나 교사가 사람들에게 '동물을 먹는 것이 정상적이며 자연스럽고 필요한 건지' 따져 보라고 격려하겠는가? 그럴 리 없을 테다. 부모도, 교회의 사제도, 선출직 공무원도 마찬가지다. 우리가 익히 신뢰해 온 이들 기관과 전문직업인만큼 우리에게 영향력을 행사할 수 있는 자가 어디 있겠는가. 권위가 인정되는 위치에 있는 사람들보다 누가 더 우리에게 확신을 줄 수 있겠는가.

사실 전문직업인들은 폭력적 이데올로기를 유지하는 데 핵심적인 역할을 한다. 그 한 가지가 해당 이데올로기가 내세우는 신조의 틀을 짜는 것이다. 육식주의의 경우, 전문직업인들은 그들의 정책이나 방침과 제안 사항―그리고 스스로의 행동―을 통해 우리가 동물에게 취하는 태도와 관행의 틀을 만든다. 일례로, 미국수의사협회(AVMA)가―이는 '수의사들의 대변자'를 자임하는 조직인데―돼지들이 새끼를 밴 기간 중 갇혀 있는 폭 60cm의 비좁은 임신용 우리에 관해 중립적 입장을 취했음을 생각해 보자.[192] 내가 제3장에서 언급했듯이 이 상자는 너무나 비인도적이어서 여러 주와 국가에서 이미 금지되었고, 심지어 맥도날드 같은 회사도 그것에 반대한다. 대부분의 수의사가 동물의 고기를 먹고 동물로 만든 옷과 구두를 입고 신는다는 사실은 또 어떤가.

전문직업인이 육식주의 신조의 틀을 짜는 또 다른 방식은 동물들이 어떻게 취급되어야 하는지에 관한 논쟁에서 '이성의 목소리'로, '합리적인 온건파'로 행동하는 것이다.[193] 이들을 '사회화된 비판자'라고도 하는데,[194] 그것은 이들이 육식주의의 일부 관행에 반대하면서도 전반적으로는 그 이데올로기를 지지함으로써 육식주의 시스템에 신뢰성을 부여하기 때문이다. 전문직업인들의 이 같은 '합리적이고 온건한' 입장 앞에서 시스템에 도전하는 사람들은 '비이성적인 극단주의자'로 비치게 된다. 합리적 온건파의 비근한 예가 어떤 사람인가 하면, 공장식 농장의 이런저런 관행에는 반대하면서도 일상적으로 육식을 하는 수의사들이다.

전문직업인이 폭력적 이데올로기의 유지를 돕는 또 다른 방식은 체제를 지지하지 않는 사람을 환자로 취급하거나 방해하는 것이다. 젊은 여자가 동물을 먹는 걸 거부하면 섭식장애 증상이라고 생각하는 심리학자, 숱한 반대 증거에도 불구하고 비건류의 식사는 위험하다고 경고하는 의사들처럼. 그러나 육식주의를 유지하는 데 전문직업인들의 지지가 필수적이긴 해도, 일반적으로 보아 전문직업인들 스스로가 의식적으로 그 이데올로기를 받쳐 주는 건 아니다. 그들은 단지 자기 일을 할 따름이다. 문제는 그들이 현재의 시스템 안에서 자랐으며, 따라서 다른 사람들과 마찬가지로 육식주의의 렌즈를 통해 세계를 본다는 점이다.

그렇다고 신화를 만드는 사람 모두가 자신이 하는 일의 의미를 의식 못하는 것은 아니다. 축산 기업들과 그 경영진은 각종 기관과 전문직업인에게 영향력을 행사하여 정책과 여론을 움직이게 함으로써 육식주의의 신화를 적극적으로 유지해 간다. 예컨대 미국영양·식이요법학회(AND)와 전미유제품협의회(NDC)의 제휴 관계를 보자.[195] 영양·식이요법학회는 미국 영양사들의 조직 중 가장 큰 것으로, 대학에서 영양학 학위 코스를 운영하려면 이곳에서 주관하는 인가를 받아야 한다. 여기서 인가한 교육기관을 졸업해야 공인 영양사로 등록될 수 있다는 얘기다. (따라서 영양학을 공부한다는 건 사실 육식주의 영양학을 공부하는 것이다).

한편 전미유제품협의회는 미국영양·식이요법학회의 주요 후원자 중 하나다. 이 학회에 따르면 그들의 '후원 기업 프로그램'은 기업들이 "식품·영양 관련 시장에서 영향력이 큰 인사들, 사람들의 생각을 선도하는 이들, 의사결정권을 가진 사람들과 접촉하는 데" 도움을 준다고 한다. 학회는 또 후원 기업들이 "제공된 편의를 활용하여 마케팅 목표를 달성할 수 있을 것이며…중요한 구매 결정에 직간접으로 간여하는 식품·영양 분야의 지도자들에게 접근할 수 있고…[학회가 제공하는] 매우 바람직한 마케팅 표적 집단에서 브랜드 연관성을 구축할 수 있다"라고 공언한다.[196] 다시 말하면 전미유제품협의회처럼 권력을 가진 조직이 미국영양·식이요법학회 같은 전문직업인들의 조직을 '후원'하는 것이다. 이런 관계를 알고 나면 다음과 같은 일도 어렵잖게 설명된다. 유제품을 많이 섭취하면 심혈관 질환과 각종 암 및 당뇨병에 걸릴 위험이 커질 수 있다는 증거에도 불구하고 우유를 하루 세 컵은 마시라고 전문가들이 공식적으로 권장하는 것 말이다.[197]

그런데, 신화를 만드는 사람들이 진실을 왜곡한다 할지라도 그들의 기본적 역할은 새로운 신화의 창조보다는 기존의 신화가 계속 건재하도록 보장하는 데에 있다. 따라서 그들은 대체로 신화를 전하는 '사자(使者)'의 기능을 수행한다. 육식주의 신화의 다수는 세대를 이어 가며 전승돼 왔다. 시스템이란 본디 그 부분들의 합보다 크기 때문에 자연적으로 소멸하지 않고 무기한으로 존속한다. 시스템은 벌집과 같다. 개개의 벌은 죽어도 벌의 무리는 살아남는다. 그래서 신화 제작자들은 육식주의의 신화들을 경우에 따라서는 시대의 흐름에 걸맞도록 손질하면서 재순환시킨다.

권위에 도전하기

사회심리학자 스탠리 밀그램의 이제는 고전이 된 연구서 『권위에 대한 복종(Obedience to Authority)』은 우리가 권위에 얼마나 취약한지를 뚜렷이 보여 준다. 1960년대 초에 밀그램은 남자 40명을 모집해서는 그들에게 학습에서 체벌이 지니는 효과에 관한 실험에서 '교사' 역할을 맡아 달라고 했다. 이들 각자가 실험 장소에 도착하면 '학습자' 즉 학생 역할을 할 사람과 일대일로 짝지어졌다. 그들은 몰랐지만 사실 이 학습자들은 밀그램의 협조자로, 실험의 목적을 알고 있었다. 우선 교사와 학습자가 한 방에 넣어지고, 학습자는 의자에 끈으로 묶인 뒤 전극(電極)으로 보이는 것에 연결되었다. 전기의자에 앉은 셈이다.

실험자는 두 사람에게 다음과 같이 설명한다. 교사가 학습자에게 단어 여러 쌍을 불러 주고 외우게 하는데, 이후 문답에서 학생이 단어 쌍을 제대로 기억하지 못하면 교사는 전기 충격을 가한다(기본적인 문답 방식은, 외우라고 한 단어 쌍 중 하나의 앞 단어를 불러 주고 뒤의 단어가 무엇인지를 사지선다로 맞추게 하는 것이다. 학습자는 버튼을 눌러 자신의 답을 알리며, 답이 맞으면 교사는 다음 단어 쌍으로 넘어간다.-옮긴이) 실수가 거듭될 때마다 충격의 강도를 높일 것이다. 설명이 끝나면 교사는 학습자에게 연결되었다는 전극들을 제어할 계기판이 있는 다른 방으로 안내됐다. 계기판에는 충격도를 나타내는 볼트 수치가 15에서 450까지 있고, 가장 높은 숫자 옆에는 '위험—극심한 충격'이라는 경고문이 붙어 있었다.

실험의 초기 단계에서는 학습자가 단어 쌍을 정확하게 외웠다. 그러다 점차 실수를 하기 시작했다. 처음 몇 차례의 충격을 받으면서 학습자는 신음을 비롯해 불편함을 드러내는 소리들을 냈다. 강도가 150볼트로 오르자 고통스럽다며 실험에서 빼 달라고 강하게 요구했다. 285볼트에는 비명을 질렀다. 이러는 내내 밀그램은 교사들에게 계속하라고 지시했으며, 대부분은 그 지시를 따랐다. 40명의 실험 대상 중 놀랍게도 34명이나 되는 사람이 학습자가 실험에서 빼달라고 요구한 후에도 계속 충격을 가했다. 그중 26명은 최강도의 충격인 450볼트에 이르기까지 멈추지 않았다. 교사들 역시 괴로워하는 게 분명했다. 진땀을 흘리며 머리를 부여잡고 불평을 했다. 그러면서도 손을 떼지 않았다. 밀그램은 대상과 맥락을 바꾸어가면서 실험을 반복했는데 결과는 매번 똑같았다. 그래서 그는 결론 내렸다. 권위에 대한 복종은 개인적 양심에 우선한다고.

밀그램의 결론은 으스스하지만 놀랍지는 않다. 역사를 돌아보면 정의롭지 못한 전쟁에서부터 집단학살에 이르기까지 잔학한 행위의 사례가 가득한데, 그 모든 일은 지도자의 명령을 따르는 수백 수천만의 사람이 있었기에 가능했다. 그들의 양심은 권위 있는 자리를 차지한 사람들에 의해 무력화되었던 것이다.

그런 가운데도 밀그램은 권위에 대한 인간의 복종에 두 개의 완화 요인이 있음을 발견했다. 권위 주체의 정당성을 의심하는 능력이 그 하나고, 권위 주체와의 거리가 또 하나다. 예를 들어 밀그램이 '평범해 보이는 사람' 즉 연구원이 아닌 듯해 보이는 사람으로 하여금 충격을 가하라는 명령을 내리게 했을 때는 복종률이 3분의 2나 하락했다. 실험 대상자가 그 사람을 권위 있는 사람으로 보기보다는 자기와 동등한 상대로 간주했기 때문이다. 또한 연구원이 교사와 같은 방에 있지 않을 때도 복종률은 3분의 2가 떨어졌다. 교사들이 속이곤 한 것이다.

밀그램은 우리가 양심에 반하는 행동을 하는 까닭을 다음과 같이 분석한다. 합법적인 권위를 지녔다고 우리가 인지한 사람이 명령을 내리고 우리가 그에 따라 행동했을 때, 우리는 그 행동의 책임을 자신이 전적으로 져야 한다고 생각지 않는다. 그리고 그 사람과 우리의 거리가 가까울수록—식사에 관해 조언하는 의사든, 거실 텔레비전 화면에서 "우유는 몸에 좋습니다"라고 말하는 저명인사든—그 사람의 권위가 우리 자신의 권위를 누를 가능성이 크다. 따라서 외부의 권위를 의심하고 우리 자신의 권위, 내적 권위를 인정하는 것을 배우지 못하면 우리는 현상을 유지하고자 하는 세력의 명령을 따르며 살 수밖에 없을 터이다.*

---

* 권위에 대한 복종을 주제로 하여 밀그램 자신이나 다른 학자들이 실시한 여타 연구들을 보면, 실험 대상의 성별은 별다른 반응 차이를 낳지 않는 듯하다.[198]

| 공식적인 승인: 합법화 |

[나치가 행한] 파괴의 과정에는 독일 사회 모든 부문의 협력이 필요했다.
관료들은 과업을 규정하고 법령을 만들어 시행했으며, 교회는 아리아인 혈통에 관한
증거들을 제시했고, 우편 당국은 추방 메시지들을 전달했고, 기업들은 유대인 직원을
해고하고… 재산을 빼앗았으며, 철도는 희생자들을 처형 장소로 수송했다. …
이 작업은 독일 제국의 주요한 사회적, 정치적, 종교적 기관들의
빠짐없는 참여를 요구했고, 그 요구는 받아들여졌다.
—리처드 루빈스틴(미국의 신학자)

신화의 실천적인 목표는 시스템을 *합법화*하는 것이다. 어떤 이데올로기가 합법화되면 그 신조들은 사회 제도와 기관들에 의해 두루 승인되고, 앞에서 언급한 3N(normal, natural, necessary)의 정당화가 모든 사회적 소통 경로를 통해 전파된다. 그 이데올로기에 따라 행동하는 것은 합법적이 되며, 나아가 합리적이자 윤리적이라고 간주된다. 그 결과, 경쟁하는 이데올로기들은 합법적이 *아닌* 것으로 간주된다. 예컨대 비건들이 축산업자들을 동물 학살죄로 고발할 수 없는 것은 이 때문이다.

이데올로기의 합법화에는 사회의 모든 제도와 기관이 참여하지만, 그중 두 가지가 특히 중요한 역할을 한다. 법률제도와 뉴스 미디어다. 이데올로기의 신조들이 법제화되면 사회 전반이 그 시스템에 순응하지 않을 수 없다. 예를 들어, 동물들의 법적 지위가 지속적인 육식주의 생산을 어떻게 보장하는지 살펴보자. 미국의 법률상 한 존재의 법적 지위는 *인격*(법률 용어로는 '인(人)'이며 자연인과 법인을 포괄한다. 옮긴이)

이 아니면 *재산* 즉 소유물이다. 법적 인격(법인격)은 타인에게 신체적 침해를 당하지 않고 살 수 있는 권리를 필두로 하여 일련의 기본적 권리들을 지닌다. 그에 반해 법률상 재산으로 규정된 것은 아무런 권리도 없다. 그 재산을 소유하는 법적 인격만이 권리를 갖는다. 당신의 차를 누가 망가뜨리면 차 주인인 당신은 그 사람을 고소할 수 있지만 망가진 당사자인 차는 고소 같은 걸 할 수 없다. 오늘날, 모든 인간은 법적 인격이고 모든 동물은 법적 재산이다(비록 미국의 첫 연방헌법은 노예가 5분의 3만 인간이고 5분의 2는 재산이라고 규정했었지만). (1787년 헌법에서 인구 수를 셀 때 노예 한 명을 자유인 즉 백인의 5분의 3으로 친다고 규정한 것을 말한다. ─옮긴이) 그리고 인간인 주인이 자신의 사유재산인 동물을 마음대로 처분할 권리를 갖는다. 예외는 거의 없다. 그래서 우리는 동물을 사고팔고, 먹고 입고 신는다. 동물의 몸은 워낙 다양한 상품에 사용되기 때문에 그 시스템을 따르지 않기가 사실상 불가능하다. 동물의 부산물은 테니스공이나 벽지, 반창고, 필름처럼 전혀 예상치 못한 상품에까지 들어간다.

우리가 정보를 얻는 주요 원천인 뉴스 미디어는 이데올로기와 소비자 사이의 직접적인 통로 구실을 함으로써 육식주의를 뒷받침한다. 육식주의에 관한 한 이들 미디어는 시스템에 별로 도전하지 않고 육식주의의 방어를 지원한다. 시스템의 비가시성을 유지시키며, 동물을 먹는 일의 정당화를 강화해 주는 것이다. (다행스럽게도 이런 상황은 변화를 맞고 있다. 미디어 종사자 중 점점 더 많은 사람이 비건들 편에 서서, 육식주의에 대한 지지가 아니라 도전에 자신들의 힘을 보태고 있다.)

미디어가 육식주의의 비가시성을 지켜 주는 방법의 하나가 '누락', 즉 빠뜨리기다. 인간이 소비하기 위해 죽여 없애는 연간 100억 마리의 동물과 현대 축산업의 관행이 낳는 온갖 끔찍한 결과에 관한 이야기들은 보도와 공공 담론에서 놀라우리만큼 제외된다. 농장 사육동물들의 폭력적 처우나 육식주의 산업의 부패한 관행에 대한 폭로 기사를 미디어에서 몇 번이나 보았는가? 그 미미한 보도량을 휘발유 값의 기복이나 할리우드 스타들의 패션 실수에 관한 기사의 양과 비교해 보라. 우리 대부분은 수십억 마리의 동물과 수백만 명의 인간, 그리고 전체 생태계가 불필요한 폭력을 통해 이익을 올리는 산업에 의해 체계적으로 착취당한다는 사실보다 휘발유 1갤런에 5센트를 더 지불해야 한다는 소식에 더 분노한다. 또한 우리 대부분은 일상적으로 먹는 동물에 대해서보다 아카데미상 시상식에 스타들이 무엇을 입고 갔는지를 더 잘 알고 있다.

미디어는 또한 '금지'를 통하여, 즉 반(反)육식주의적인 정보가 소비자에게 전해지는 것을 적극 막음으로써 시스템의 비가시성을 유지해 준다. 한 예로, 2004년 미국의 CBS 방송은 동물권운동 단체인 PETA(동물에 대한 윤리적 대우를 추구하는 사람들)에서 슈퍼볼 경기 중 내보내 달라고 한 200만 달러짜리 반육식주의 광고를 거부했다. 특정한 사회·정치적 견해를 담은 이른바 '주창(主唱)광고('옹호광고'라고도 한다.-옮긴이)는 내보낼 수 없다는 거였다. 하지만 CBS는 그 경기 중에 금연운동 광고를 방송했으며, 평소에도 육식주의적 소비를 권장하는 광고는 자주 내보낸다.

가끔 육식주의 생산의 문제점이 미디어의 주목을 받을 때도 있다. 그러나 이런 경우에도 그 문제점은 육식주의 산업에서 일상적이며 표준적인 게 아니라 일부 빗나간 사례에 불과한 것처럼 다루어지곤 한다. 예컨대 우리가 제3장에서 언급한 미국인도주의협회(HSUS)의 폭로 내용, 즉 병든 소를 가공해 학교 급식용 고기에 포함시킨 정육공장의 행태를 보도한 언론 기사들은 이 공장이 HSUS에서 당초 *무작위*로 골라 조사한 곳이었다는 사실을 언급하지 않았으며, 육식주의 업체들 사이에 이런 관행이 광범위하게 퍼져 있을 가능성에 대한 논의도 하지 않았다. 그리하여 대중의 분노는 오직 한 회사에 집중되었고, 시스템 자체에는 이의가 제기되지 않았다.

사실 미디어가 육식주의의 신조를 하나의 견해가 아니라 사실로 제시하는 한, 그리고 육식주의 지지자를 편견에 물들어 신화를 퍼뜨리는 사람이 아니라 객관적으로 진실을 전하는 사람으로 소개하는 한, 시스템은 도전받지 않고 유지될 수 있다. 가령 주요 미디어들이 때만 되면 내보내는 명절 즐기기 기사나 프로그램을 보라. 추수감사절의 전통인 칠면조 요리는 이렇게 해야 더 맛있다, 독립기념일의 야외 바비큐 파티는 저렇게 하면 더 즐겁다 하면서 고기 먹는 일을 위주로 구성하지 않는가. 미디어에 출연하는 의사와 영양사들도 흔히 육식주의를 옹호한다. 지방은 몸에 안 좋으니 기름기 없는 고기를 먹으라고 권하는 식의 '합리적이고 온건한' 입장을 취하면서.

뉴스 미디어는 육식이 '원래 그런 것'일 뿐 아니라 당연히 그래야 하는 정상적인 것, 그리하도록 되어 있는 자연스러운 것, 그럴 수밖에 없는 필요한 것이라는 식으로 설명하면서 육식주의를 우리 앞에 대령한다. 다시 말해 '정당화의 3N'으로 설득해 오는 것이다.

| 동물을 먹는 것은 정상적이다 |

아무리 잔혹한 일이라도 그게 관습이라면 사람들은 용인하게 마련이다.
—조지 버나드 쇼(영국의 극작가)

우리가 어떤 이데올로기의 신조들을 이상하게 보지 않는다는 것은 그 이데올로기가 '정상화'했고(정상적, 표준적인 것으로 인정받았다는 의미—옮긴이) 그 신조가 '사회적 규범'이 됐음을 의미한다. 사회적 규범은 단순히 기술적(記述的)인 게 아니다. 즉, 대다수의 사람이 어떻게 행동하는지를 설명하는 데 그치지 않는다. 그것은 우리가 어떻게 행동해야 하는지를 지시하는, 말 그대로 규범적인 것이기도 하다. 규범은 사회적으로 구성된다. 우리가 선천적으로 타고나는 게 아니고 신에게서 주어지는 것도 아니다(우리 중 일부는 다르게 배웠을지 모르지만). 규범은 사람들에 의해 만들어지고 유지된다. 그것은 사회체제가 온전히 유지되도록 우리를 통제하는 역할도 한다.

규범은 우리가 따라야 할 길들을 알려 주고 사회에 잘 적응하려면 어떻해야 하는지를 가르침으로써 우리가 탈선하지 않도록 다잡는다. 규범의 길은 저항이 가장 적은 길이다.[199] 그것은 우리가 비행기나 배의 자동조종 모드 같은 상태에서 무의식적으로 선택하는 경로로, 우리는 자신이 의식적인 선택 없이 행동하고 있다는 사실조차 깨닫지 못한다.

동물을 먹는 사람 대부분은 자기가 육식주의 시스템의 신조에 따라 행동하고 있으며 자신의 가치관과 선호, 행동양식의 상당 부분이 그 시스템에 의해 결정되었다는 생각을 꿈에도 하지 않는다. 그들이 '자유로운 선택'이라고 하는 것은 사실 외부에서 주어진 아주 좁은 범위의 선택지들을 놓고 고른 결과일 따름이다. 조금만 더 따져 보자. 그들이 자신도 모르게 학습해 온 것은, 인간의 생명이 다른 종들의 생명보다 훨씬 귀중하기 때문에 인간의 입맛을 다른 몇몇 종의 생존 욕구에 우선시키는 게 당연하다고 보는 사고방식이다. 규범은 가장 저항이 적은 길을 훤하게 닦아 놓음으로써 다른 길들은 눈에 안 띄게 만들어서, 사람들은 갈 수 있는 길 즉 존재하는 방식이 단지 하나만 있는 듯이 생각하게 된다. 그래서 2장에서 얘기한 것처럼 동물을 먹는 것은 선택 사항이 아니라 이미 정해진 일로 여겨진다.

규범이 우리를 다스리는 또 다른 방법은 순응하는 자에게는 상을 주고 일탈하는 자에게는 벌을 주는 것이다. 편의상으로나 사회적 관계의 측면에서나 동물을 먹는 편이 안 먹기보다 쉽다. 육식주의 생산품들은 손쉽게 구할 수 있는 반면 비건용 식품은 적극적으로 찾아 나서야 하며, 그래도 구하기가 어려울 수 있다(요즘은 비건 식품 구하기가 점점 더 용이해지고 있지만). 대부분의 식당 메뉴에는 비건을 위한 음식이 올라 있지 않으며, 비건들의 기본 음식에 속하는 콩이나 쌀 따위도 흔히 돼지기름이나 닭고기 육수로 조리해서 준다. 비건들은 늘 자신의 선택에 대해 설명해야 하고, 먹는 음식을 옹호해야 하며, 다른 사람이 불편해하는 데 대해 사과해야 한다. 사람들은 고정관념으로 그들을 보면서 급진주의자나 섭식장애자로 규정하는가 하면, 심지어 반인간적인 사람으로 여기기도 한다. 비건이 가죽 제품을 걸치면 위선자 소리를 듣고, 일절 착용하지 않으면 결벽주의자나 극단주의자로 치부된다. 이처럼 그들의 깊은 감수성은 육식주의 세상의 온갖 편견과 도발에 끊임없이 부대끼고 상처받는다. 육식주의에 순응하여 가장 저항이 적은 길로 가기를 거부하고 소수자로 사는 일은 무척이나 힘들다.

규범은 일상의 행동뿐 아니라 관습과 전통에도 반영된다. 어떤 행동이 관습이나 전통에 속할 경우, 세월을 이겨 낸 생명력과 시스템 유지에서 해온 역할 때문에 의문이 별로 제기되지 않고 정당화하기가 훨씬 쉽다. 예컨대 많은 사람에게 칠면조 요리가 없는 추수감사절은 상상조차 하기 어렵다. 명절 음식의 그 같은 선택이 과연 옳은지를 따져 보는 사람은 거의 없는 것이다.

| 동물을 먹는 것은 자연스럽다 |

> 자연선택은…문명의 발전에 많은 기여를 했[습니다.]… 보다 문명화된 이른바 코카서스 인종은 생존투쟁에서 터키인들에게 완전히 승리했습니다. 그리 멀지 않은 미래의 세계를 내다본다면, 세계의 모든 곳에서 얼마나 많은 열등 인종들이 문명화된 고등 인종들에 의해 제거되어 있을지요.
> —찰스 다윈(1881년의 한 편지에서)

우리 대부분은 동물을 먹는 일이 자연스럽다고 믿는다. 인류가 태곳적부터 동물을 사냥해서 먹어 왔기 때문이다. 적어도 200만 년 동안 잡식성 식사의 일부분으로 고기를 먹어 온 게 사실이다(물론 이 기간의 대부분은 채식 위주로 살았다). 그러나 이런 식으로 따지자면 영아 살해나 살인, 강간, 식인 풍습도 최소한 육식만큼 오래됐으니 그 또한 '자연스럽다'고 주장할 수 있을 터이다. 그럼에도 우리는 이런 짓들을 정당화하려고 역사의 장구함을 끌어대지는 않는다. 다른 폭력적 행위의 경우와 마찬가지로 동물을 먹는 것을 이야기할 때도 우리는 자연스럽다는 것과 정당화할 수 있다는 것을 구분해야 한다.

'자연스럽다'가 '정당화할 수 있다'와 같은 의미가 되는 것은 '자연화(naturalization)'라는 과정을 통해서다. 자연화와 진정한 자연스러움의 관계는 정상화와 진정한 정상성의 관계나 마찬가지다. 한 이데올로기가 자연화된다는 것은 그 신조들이 자연의 법칙(신념체계가 과학이 아니라 종교에 뿌리를 둔 사람에게는 신의 법일 텐데, 신의 법이 곧 자연의 법칙이라고 생각하는 이들도 많을 테다)과 일치하는 것으로 생각된다는 얘기다. 자연화는 사물이 *의당 어떠해야 하는가*에 대한 믿음을 반영한다. 이를테면 육식은 단지 사물의 자연적 질서를 따르는 일로 받아들여진다. 자연화는 주로 생물학적인 논리로 이데올로기에 근거를 제공함으로써 그것이 유지되게 한다.

규범이 그렇듯 자연화된 행동 양식도 대부분 사회적으로 구성되는 만큼, 그게 스스로를 '자연적 위계질서'의 맨 꼭대기에 놓는 사람들에 의해 만들어진다는 사실은 놀랍지 않다. 특정한 인간 집단의 생물학적 우월성에 대한 믿음은 폭력을 정당화하는 데 여러 세기 동안 이용돼 왔다. 아프리카인은 '천성적으로(즉 자연적으로)' 노예 생활에 적합하다느니, 유대인은 '천성적으로' 사악하기 때문에 박멸하지 않으면 독일을 파괴할 것이라느니, 여자는 '본래부터(즉 자연적으로)' 남자의 소유물로 만들어졌다느니 하는 믿음이 그런 예다. 같은 맥락에서 동물은 '본래' 인간에게 먹히게끔 되어 있다고 믿는다. 우리가 식용 동물들을 뭐라고 부르는지 생각해 보라. 애초부터 인간이 먹기 위해 생겨난 존재라는 식의 이름들이다. 'farmed animal(농장에서 기르는 동물)'이 아니라 'farm animal(농장동물)'이라고 하나의 자연적인 범주처럼 부르는 게 그것인데, 'broiler chicken(구이용 닭)', 'dairy cow(젖소)', 'layer hen(산란계)', 'veal calf(고기용 송아지)' 따위도 마찬가지다('가축'이라는 말도 그렇다.—옮긴이). 위대한 철학자이며 논리학자였던 아리스토텔레스조차 생물학을 빌려 당대의 규범에 맞게 논리를 왜곡했다. 남자는 자연적으로 여자보다 우월하고, 노예는 생물학적 구조 자체가 자유인들에게 봉사하도록 되어 있다고 주장한 것이다. 또, 육식주의를 정당화하는 핵심 논리 중 하나인 이른바 먹이사슬의 자연적 질서라는 걸 생각해 보라. 인간은 먹이사슬의 '꼭대기'에 있다고 흔히 얘기된다. 그러나 본디 사슬에는 꼭대기가 없다. 설사 있다 쳐도 거기는 육식동물이 차지하지 인간 같은 잡식동물이 넘볼 수는 없을 것이다.

자연화를 이론적으로 지원하는 주요 분야는 역사학, 종교, 그리고 과학이다. 역사학은 해당 이데올로기가 항상 존재해 왔음을 입증하기 위해 역사적 초점과 '사실'들을 선별하여 제시한다. 원래부터 늘 그러했으며 따라서 앞으로도 언제까지나 그러할 듯이 보이게 만듦으로써 역사의 렌즈는 이데올로기에 '영원성'을 부여한다. 종교는 그 이데올로기를 신이 정해 준 것처럼 떠받들며, 과학은 이데올로기에 생물학적 근거를 제공한다. 이데올로기의 자연화에서 종교와 과학이 지니는 중요성을 보면, 한 집단이 스스로를 태생적으로 우월하다고 규정하는 기준으로 왜 흔히 영성과 지성을 내세우는지 이해할 수 있다. 가령 과학계에서 동물 실험이 보편화되기 전에 수학자이자 철학자인 르네 데카르트는 자기 아내의 개를 판자에 뉘어 네 발을 못으로 박아 놓고는 산 채로 해부했다. 인간 아닌 모든 동물과 마찬가지로 개는 영혼이 없는 '기계'이며, 그것이 지르는 비명은 시계의 태엽이나 톱니바퀴들이 분해될 때 나는 소리와 다를 바 없음을 증명하기 위해서였다. 한편 찰스 다윈은 수컷은 생래적으로 암컷보다 추론하고 판단하는 능력이 크기 때문에 진화를 거치면서 남자가 여자보다 우월해졌다고 주장했다. 요컨대 이데올로기는 '자연화'를 통해 역사적, 종교적, 생물학적으로 반박할 수 없는 게 되어 버린다.

| 동물을 먹는 것은 필요하다 |

우리 남부 사람들은 우리의 제도들을 포기하지 않을 것이며 그럴 수도 없다.
두 인종[백인과 흑인] 사이의 현 관계를 유지하는 일은 …
양측의 평화와 행복을 위해 필요 불가결하다.
—존 C. 캘훈(19세기 초 미국의 부통령)

동물을 먹는 것이 꼭 필요하다는 믿음은 그러는 게 자연스럽다는 믿음과 밀접하게 연결돼 있다. 동물을 먹는 일이 생물학적 필수 요건이라면 (인간) 종의 생존을 위해 그것은 불가피하다. 모든 폭력적 이데올로기에서 그렇듯이 이러한 믿음은 시스템의 핵심에 놓인 역설, 즉 더 큰 선(善)을 위해 살상이 필요하며 한 집단의 생존이 다른 집단을 죽이는 데 의존한다는 역설을 반영한다.[200] 동물을 먹는 일이 꼭 필요하다고 믿게 되면 육식주의 시스템은 불가피해 보이게 마련이다. 동물을 먹지 않고는 살 수 없다면 육식주의를 없애는 건 자살행위일 테니까. 하지만 우리는 동물을 먹지 않고도 생존할 수 있음을 안다. 그런데도 시스템은 육식주의가 필수적이라는 신화가 진실인 듯이 가동하는데, 이 신화는 암묵적이고 맹목적인 가정을 반영하는 것으로, 흔히 그렇듯이 이의가 제기될 때에만 그게 단지 가정이었음이 드러난다.

이와 연관된 또 하나의 신화는 동물을 먹는 일이 우리의 건강을 위해 필요하다는 것이다. 이 신화 역시 압도적인 반대 증거들에도 불구하고 끈질기게 버티고 있다. 관련 연구들을 보면 동물을 먹는 것은 오히려 건강에 *해롭다*고 봐야 한다. 산업사회의 주요 질병 중 몇몇이 육식주의 식사와 관계 있음이 드러났기 때문이다.

단백질 신화

"그럼 단백질은 어떻게 섭취하지요?"

비건인 사람이 자신의 식생활 원칙을 밝혔을 때 상대방이 흔히 보이는 첫 반응이다. 이런 질문을 어찌나 많이들 하는지, 전 세계의 비건들이 늘 주고받는 우스갯소리의 하나가 됐을 정도다. '우스갯소리'라고 한 것은 이 물음이 육식주의의 가장 보편적이고 비현실적인 신화, 즉 고기가 (그리고 어느 정도는 동물의 알과 유제품도) 단백질의 필수 원천이라는 신화를 반영하기 때문이다. 이 잘못된 생각을 비건들은 '단백질 신화'라고 부른다.

단백질 부족에 대한 두려움은 특히 남자들 사이에 흔하다. (동물) 단백질이 전통적으로 근육 및 힘을 키우는 것과 결부되어 왔기 때문이다. 고기는 힘과 능력, 생식력을 나타내면서 오랜 세월 사내다움의 한 상징 노릇을 해왔다. 반대로 식물성 음식은 여성적인 것으로 여겨져 흔히 수동성과 나약함을 상징하게 됐다('couch potato'나 'veg out' 같은 말의 의미를 생각해 보라). (카우치 포테이토는 소파에서 종일 텔레비전이나 보며 빈둥거리는 사람을 감자에 비유한 말이며, '베지 아웃'은 아무 것도 하지 않고 쉬는 상태를 식물에 비유한 표현으로, 여기서 'veg'는 동사 'vegetate'의 준말이다.─옮긴이) 사내다움, 즉 남성성의 의미가 대체로 지배와 통제, 그리고 폭력을 축으로 구성되어 개인과 사회에 해를 끼치게 된 데에 관한 연구 결과들이 점점 늘어나고 있다. 그러고 보면 동물을 소비하는(그리고 때로는 죽이는) 게 남성의 주요 특징이 된 것도 놀랄 일이 아니다.[201]

육식주의의 다른 신화들과 마찬가지로 단백질 신화 역시 오래되고 널리 알려졌으며 실체적인 반대 증거들을 무시하며 버티고 있다. 그것은 지속적인 육식주의적 소비를 정당화하고 육식주의 패러다임을 지탱하는 역할을 한다. 하지만 그것은 말 그대로 신화일 따름이다. 의사들의 말을 들어 보자.

1900년대 초에 미국인들은 하루에 100g을 훨씬 넘는 단백질을 섭취해야 한다고 들었다. 더 가깝게 1950년대에만 해도 건강을 생각한다면 단백질 섭취를 늘려야 한다고 전문가들은 조언했다. 오늘날…많은 미국인은 필요량의 두 배나 되는 단백질을 섭취한다. …과다한 단백질 섭취는 골다공증, 신장 질환, 요로결석, 그리고 일부 암과 연관이 있는 것으로 알려졌다.

사람들의 근육과 기타 체단백질은 아미노산으로 만들어지고, 아미노산은 그들이 먹는 단백질에서 나온다. 콩, 렌즈콩(렌틸콩), 곡류 및 채소를 골고루 먹으면 필수 아미노산을 모두 얻을 수 있다. 한때는 단백질의 효과를 제대로 보려면 여러 종류의 식물성 음식을 함께 먹어야 한다고 생각한 적도 있었다. 그러나 최신 연구 결과를 보면 그렇지 않다고 한다.

단백질을 충분하되 과다하지는 않게 섭취하는 방법은 간단하다. 육식주의 식품을 끊고 곡류, 채소, 콩류(완두콩, 콩, 렌즈콩)와 과일을 먹으면 된다. 다양한 식물성 음식을 체중 유지에 필요한 만큼 먹는 한 단백질을 충분히 확보할 수 있는 것이다.[202]

육식의 필요성에 관한 신화들 중 특히 놀라운 예는 지금 동물 먹기를 중단하면 세상이 돼지와 닭, 소들로 뒤덮일 것이기 때문에 계속해서 그들을 먹어야 한다는 믿음이다. 그 엄청난 수의 동물들을 어찌하느냐는 얘기다. 답은 간단하다. 우리가 육식주의 식품 먹기를 중단하면 동물을 식용으로 번식시키고 키워 내는 일이 중단될 터이다. 그러니 사육 동물 숫자의 급증은 걱정할 필요가 없다. 이 신화 안에는 또 하나의 신화가 있다. 모든 폭력적 이데올로기의 핵심에 놓인 역설, 즉 이미 저질러진 모든 살육을 정당화하기 위해 살육은 지속되어야 한다는 역설이 그것이다.[203] 폭력의 운동량이랄까 추진력이 어느 수준에 이르면 되돌리는 일은 불가능해 보인다.

동물을 먹는 것의 필요성에 관한 또 다른 신화는 동물의 도살이 경제적으로 긴요하다는 것이다. 실제로 경제적 동기가 폭력적 이데올로기를 부추긴 경우가 숱하지만—신대륙 아메리카의 경제는 대체로 노예제도에 의해 지탱됐으며, 독일의 전쟁 기구에 든 비용 중 상당 부분은 나치의 희생자들에게서 약탈한 금과 기타 재산, 그들의 무임금 노동으로 충당됐다—도살을 중단한다고 해서 경제 자체가 붕괴하지는 않는다. 다만 경제의 현 상태는 무너질 가능성이 크다. 육식주의가 폐지되면 시민들이 아니라 육식주의 기업들의 권력구조가 치명타를 입을 테니까.

설령 경제가 육식주의에 의존한다 할지라도 그러한 의존이 폭력의 지속을 정당화할 수 있는지 생각해 봐야 한다. 대부분의 사람은 아니라고 할 것이다. 역사를 돌아보면 사람들은 어떤 이데올로기의 폭력성을 깨달았을 때 항상 변화를 요구했음을 알 수 있다. 육식주의의 잔혹한 행위들이 감춰져야 하고 육식주의의 신화가 보존되어야 하는 까닭이 바로 여기에 있다. 우리가 스스로를 민주주의 체제 안에서 자유의지에 따라 행동하는 의식 있는 소비자이자 자주적인 주체로 믿어야 하는 이유 또한 여기에 있다.

| 자유의지라는 신화 |

폭력적 이데올로기는 자발적인 참여자가 필요하다. 그러나 대부분의 사람은 자진해서 동물을 해치려 들지는 않는다. 따라서 시스템은 사람들에게 지지를 강제해야 한다. 한데 강제는 그 대상에게 의식되지 않아야 효력이 있다. 동물의 신체를 사서 먹을 때 우리는 전적으로 자신의 의지에 따라 행동한다고 믿어야 한다. '자유의지의 신화'를 믿어야 한다는 얘기다.

물론 아무도 우리 머리에 총을 겨누고 동물을 먹게 하지는 않는다. 그럴 필요가 없다. 젖을 떼는 순간부터 우리는 동물을 먹었다. 예컨대 거버 사 제품인 칠면조와 쌀이 든 이유식을 당신의 의지로 선택했는가? 어릴 적 맥도날드에서 해피밀을 사 먹을 때는 어땠는가? 의사와 부모와 교사가 우유를 마시면 튼튼해진다고 했을 때 의문을 제기한 적이 있는가? 파스타에 얹힌 미트볼을 보고 이건 뭐로 어떻게 만들었을까 생각해 본 적이 있는가? 혹 그런 의문을 가졌었다면, 주위의 사람들은 당신에게 진실을 찾아 의식의 빈 부분을 채우라고 격려했는가? 아니면 얼른 원래의 무감각 상태로 되돌려 놓으며 동물을 먹는 건 좋은 일이라고 안심시켜 주었는가?

아마도 육식주의 식품과 관련된 당신의 행동 양식은 말을 배우기도 전에 틀이 잡혀서 평생 그대로 지속돼 왔을 것이다. 이처럼 하나의 행위가 아무런 변화 없이 오랜 세월 반복되는 걸 보면서 우리는 육식주의가 자유의지를 얼마나 무력화하는지를 알게 된다. 우리가 자유로운 주체로 행동할 수 있기 훨씬 전에 형성된 생각과 행동의 패턴은 우리 정신의 피륙에 짜여 들어가 마치 보이지 않는 손처럼 선택을 유도한다. 그리고 육식주의 식품에 대한 우리의 습관적 태도를 무언가가 교란하면—예컨대 도살 과정을 일부나마 목격한다든지 하면—육식주의의 정교한 방어망이 우리를 재빨리 제자리로 돌려놓는다. 즉, 육식주의는 의

식의 교란을 차단한다.

우리가 시스템 안에서 움직이는 한, 자유의지를 행사하기는 불가능하다. 자유의지는 깨어 있는 의식을 요구하는데, 우리의 뇌리에 깊숙이 배어들어 자리 잡은 사고의 패턴은 무의식적이다. 그것은 의식 바깥에 놓여 있고, 따라서 통제할 수 없다. 시스템 안에 남아 있는 동안에는 육식주의의 눈으로 세상을 보게 마련이다. 자신의 것이 아닌 눈을 통해 세상을 보는 한 우리는 스스로 선택한 게 아닌 진리에 맞추어 살게 된다. 잃어버린 공감 능력을 되찾고, 우리가 느끼고 믿게끔 학습된 것 말고 우리가 진정으로 느끼고 믿는 바를 반영하는 선택을 하려면, 우리는 시스템 밖으로 나와야 한다.

제6장

육식주의의 거울 속으로 : 내면화된 육식주의

지식의 가장 큰 적은 무지가 아니라 안다는 환상이다.
—스티븐 호킹(영국의 물리학자)

　상상해 보라. 당신의 현실을 구성하는 모든 것이—집과 일과 가족, 당신의 삶 자체가—환상이라고. 인간의 통제에서 벗어난 인공지능 기계들이 만들어 내고, 당신을 포함한 모든 인간의 뇌가 접속된 매트릭스에 의해 직조된 가상현실에 지나지 않는다고. 이 매트릭스는 스스로 살아 있기 위해 우리를 배터리로 삼아 에너지를 빨아들이지만, 눈에 보이지 않게 존재하기 때문에 우리는 자유롭다는 환상 속에서 만들어진 현실에 안주한다. 이것이 수천만 관객에게서 강력한 반향을 얻어 현대의 고전 반열에 오른 영화 〈매트릭스〉의 테마다. 어떤 분야에서든 고전으로 불리는 작품은 인간 경험의 핵심적 주제들을 다루면서, 쉽게 포착되지 않기에 잘 언급되지 않는 진실들을 그려낸다. 〈매트릭스〉는 우리에게 의심하라고 부추긴다. 우리가 보고 있는 것에 대해, 보이는 걸 우리가 이해하고 그것과 관계 맺는 방식에 대해 의문을 제기하라고 한다. 또한 우리가 무엇을 생각하는지, 지금처럼 생각하는 이유는 무엇인지 관심을 갖고 따져 보라고 촉구한다. 영화의 주요 인물 중 하나인 모피어스는 주인공 네오에게 이렇게 설명한다.

매트릭스는 어디에나 있어. 우리를 에워싸고 있지. 지금 이 순간, 바로 이 방에서도 말이야. 창밖을 내다볼 때도, 텔레비전을 켰을 때도 볼 수 있어. 일하러 가서도… 교회에 가도… 세금을 낼 때도 느낄 수 있지. 매트릭스는 네가 진실을 보지 못하도록 눈에 둘러씌워진 세계야. … [그것은] 정신을 가두는 감옥이지.

네오의 정신은 매트릭스에 갇혔다. 매트릭스의 시스템은 그를 철저히 장악해 스스로 생각할 능력을 사실상 빼앗아 버렸다. 나아가, 매트릭스의 환상을 현실로 받아들임으로써 네오는 그 시스템이 진짜 현실 노릇을 하는 데 도움을 준다. 그는 갇힌 자이자 가두는 자이고, 희생자이자 가해자다.

이와 마찬가지로 육식주의라는 매트릭스는 우리에게 스스로를 억압하는 일에 참여하라고, 시스템의 일을 대신 하라고 강요한다. 그래서 우리는 육식주의의 존재를 부정하고 회피하며, 그럼으로써 그것을 정당화한다. 정신이 육식주의에 갇히면 우리는 세계와 우리 자신을 시스템의 눈을 통해 보게 된다. 그 결과 실존하는 우리로서 행동하지 않고 시스템이 원하는 모습의 우리로서 행동한다. 우리는 능동적인 시민이 아니라 수동적인 소비자다. 육식주의 시스템의 메커니즘이 이 정도로 의식에 뿌리를 내렸다면 우리는 육식주의를 *내면화*한 것이다.

| 인식의 트리오 |

육식주의는 현실을 왜곡한다. 우리가 먹는 동물을 직접 보지 않는다고 해서 그들이 존재하지 않는 것은 아니다. 시스템에 이름이 없다고 해서 그게 현실이 아닐 수도 없다. 아무리 널리 퍼지고 아무리 깊이 침투했다 해도 동물을 먹는 일에 관한 신화가 동물을 먹는 일에 관한 사실이 될 수는 없다.

내면화된 육식주의는 현실에 대한 우리의 인식을 왜곡한다. 동물은 살아 있는 생명체임에도 우리는 그들을 살아 있는 물건으로 본다. 또한 그들이 각기 독립된 개체임에도 불구하고 추상적으로 뭉뚱그려서 인식한다. '한 무리의 물건'이라는 식이다. 그리고 아무런 객관적 근거도 없이, 그들은 자연이 정한 식용 동물이므로 우리가 그들을 먹는 일은 타당하지 않겠냐는 식으로 생각한다. 예컨대, 시스템이 그토록 숨기려고 노력하는데도 불구하고 곧 고기로 바뀔 돼지 한 마리가 어쩌다 눈에 들어올 경우, 우리는 그 돼지를 쾌락과 고통을 느낄 줄 아는 생명체로, 혹은 뚜렷한 개성과 선호를 지닌 존재로 인식하지 않는다. 우리가 떠올리는 것은 그 돼지의 '돼지다움(더러움, 게으름 등)'과 '먹을 수 있다는 점'뿐이다. 이런 방식으로 동물을 보는 데는 내가 '인식의 트리오(Cognitive Trio)'라고 부르는 세 가지 방어기제가 개입한다.

인식의 트리오란 '대상화와 몰개성화, 이분화'를 말한다. 이 방어기제들은 본디 정상적인 심리 과정이지만 과도하게 사용될 경우 방어적 왜곡을 낳는데, 육식주의를 지키자면 과도한 사용을 피할 수 없다. 그리고 여타의 몇몇 방어기제와 달리 이것들은 보다 내면적이고 덜 의식적, 의도적이다. 무엇을 생각하느냐보다는 *어떻게* 생각하느냐와 더 연관된다. 세 방어기제는 동물에 대한 우리 인식에 각기 고유의 효과를 미치지만, 이들의 진짜 강점은 셋이 서로 조화를 이루며 작용한다는 데에 있다. 음악의 삼중주가 그렇듯이 전체는 부분의 총합보다 큰 것이다.

| 대상화: 동물을 물건으로 본다 |

머리가 잘린 양들을 보면 볼수록 그게 동물로 보이기보다는
내가 만들고 있는 생산품으로 생각돼요.
—31세 미트커터(고기를 자르고 다듬는 일꾼)*

'대상화(objectification, 사물화)'는 살아 있는 존재를 생명이 없는 물체, 하나의 물건으로 보게 되는 과정이다. 동물은 여러 가지 방법으로

---

* 이 장의 인용구들은 내가 육식의 심리에 관한 박사 논문을 준비하며 인터뷰했던 사람들의 말이다.

대상화되는데, 아마도 가장 두드러진 방법은 언어를 통한 것일 테다. 대상화하는 언어는 거리두기의 강력한 메커니즘이다. 도축장 작업자들이 자기가 죽이려는 동물을 소니 돼지니 하는 산 동물의 이름으로 지칭하지 않고 그들을 가지고 만들 제품의 이름으로 부르는 것을 생각해 보라. 닭은 '브로일러(broiler)'로, 돼지는 '래셔(rasher)' 즉 얇게 저민 베이컨으로, 소는 '비프(beef)'로 부른다. 그런가 하면 농무부는 암소를 '젖통(udder)'으로, 동물들을 '단위(unit)'로 지칭하고, 육식주의 업계에서는 '대체용 수돼지(replacement boar)'와 '대체 송아지(replacement calf)' 같은 용어를 쓴다. 우리가 흔히 쓰는 '생물(living thing)'이라는 말도 따지고 보면 '살아 있는 물건'이란 얘기이니 형용모순이라는 점, 게다가 그걸 깨닫는 사람이 별로 없다는 점도 생각해 보라. 육식주의를 위해서는 우리가 이처럼 대상화하는 언어를 쓰는 게 필요하다. 가령 식당 유리창 안의 회전구이 통닭을 가리키며 '무엇'이냐 묻지 않고 '누구'냐고 묻고, 횟집 수조에서 헤엄치고 있는 문어를 '그것' 대신 '그'나 '그녀'라 부른다고 생각해 보라. 어떤 느낌이 들겠는가?

대상화는 언어를 통해서만이 아니라 제도와 법률, 정책에 의해서도 정당화된다. 예를 들어, 제5장에서 얘기했듯이 법에서는 동물을 재산으로 분류한다. 우리가 누군가를 마치 중고차처럼―심지어는 중고차의 부품처럼―사고팔고 교환할 수 있다면 우리는 그들을 문자 그대로 '살아 있는 재산'(가축 즉 'livestock'이란 말의 앞뒤 부분을 나누어 보면 이런 뜻이 된다.―옮긴이)으로 만들어 버린 게 된다. 우리가 동물을 물건으로 보면 그들의 신체도 물건으로 취급할 수 있다. 생명체로 볼 경우에 느낄지 모를 도덕적인 불편함 없이 말이다.

| 몰개성화: 동물을 추상적으로 본다 |

> 아니요[사육된 동물을 독립적인 개체로 생각하지 않는다는 말].
> 그들을 그렇게 사적으로 대하게 되면 내 일을 할 수가 없지요.
> …개체라고 하면 특정한 사람 같은 것, 자기만의 이름과 특징이 있고
> 나름대로 이렇게 저렇게 노는 방식도 있는 각각의 녀석들을 말하는 거잖아요. 그렇죠?
> 근데 난 정말 그런 건 상관 안 했으면 좋겠어요.
> 그것들이 분명히 그런 무엇을 갖고는 있겠지만 알고 싶지 않아요.
> ─31세 미트커터

'몰개성화(deindividualization)'란 개체를 집단 정체성의 차원에서만 보면서 그 집단의 다른 모든 개체와 똑같은 특성을 지녔다고 생각하는 것을 말한다. 우리가 우리와 다른 한 무리의 사람들을 대했을 때 그들을, 적어도 어떤 측면에서는, 하나의 집단으로 뭉뚱그려 생각하는 것은 자연스러운 일이다. 그 집단이 크면 클수록 개별적 부분보다 전체를 우선시하기가 쉽다. 가령 어느 나라에 대해 생각할 때 우리는 일차적으로 그 주민들을 우리가 생각하는 바 이런저런 공통의 특성을 지닌 한 집단의 구성원으로 생각할 터이다. 그러나 몰개성화는 다른 개체들을 오로지 한 집단의 구성원으로만 생각한다. 전체를 구성하는 각 부분의 개별성을 제대로 인식하지 못하는 것이다. 우리가 먹는 동물에 대한 인식이 바로 그런 경우다.

예컨대 앞에서도 얘기했듯이, 고기를 위해 사육된 돼지들을 생각할 때 아마 당신은 그들이 각기 개성과 선호를 지닌 개체들이라고 생각하지 않을 것이다. 그저 추상적으로, 하나의 집단으로만 생각한다. 폭력적 이데올로기에 희생된 다른 집단들이 그랬듯이 고기를 위해 키운 돼지는 이름 대신 번호가 붙어 있기 쉬우며, 각기 개성이 있는 존재로 간주되지도 않을 것이다. 돼지는 돼지일 따름, 이놈이나 저놈이나 마찬가지라는 식이다. 그러나 상상해 보자. 당신이 산 핫도그용 소시지의 라벨에 그 고기가 된 돼지의 사진과 이름, 어떤 돼지였나 하는 설명이 쓰여 있다면 무슨 느낌이 들까? 당신의 먹을거리가 될 돼지 중 한 마리와 우연히 친해졌다면? 내 강의를 들은 학생 중 아주 많은 사람이, 그리고 내가 인터뷰한 육식자들과 정육공장 작업자들까지도, 개별적인 사육동물과 알게 된 뒤엔 그 개체의 고기를 먹을 수 없으리라 느꼈다고 말했다. 일부는 심지어 같은 종의 고기를 계속 먹는 것도 불편하게 느껴졌다고 했다. 30세의 한 미트커터, 즉 고기 자르고 다듬는 일꾼은 내게 이렇게 말했다. "내가 만약 돼지 하나를 반려동물로 키우고 있다면 아마 모든 돼지들을 지금과는 달리 보았겠지요. … 누가 돼지 갈비니 뭐니를 식재료용으로 손질하는 걸 볼 때마다 내가 키우는 돼지를 떠올렸을 겁니다."

친근한 동물을 소비한다는(또는 그 고기를 손질한다는) 생각에 대한 부정적 반응은 세계 어디서나 마찬가지이며, 그 정도가 꽤 격렬할 수도 있다. 가령 에콰도르의 키토 지역 인디언 여성들의 닭에 대한 애착은 개나 고양이에 대한 미국인들의 애착과 다를 바 없다. 사정상 어쩔 수 없이 닭을 식용으로 팔게 되면 눈물을 흘리며 울부짖는다.[204] 나는 인터뷰한 사람들에게 자신이 잘 알게 된 사육동물을 먹는 일에 어떻게 반응할지를 묻곤 했는데, 35세의 한 육식자는 이렇게 답했다. "그걸[그 고기를] 먹는 게 잘못이라고 느끼겠죠. … 그러니까, 마치 내가 그걸 살해한 듯한 느낌이 들겠지요. 직접 죽인 것처럼 말이에요. 왜 그런 짓을 하겠어요? 무슨 말인지 알죠? 생각조차 못할 겁니다. 반려동물이라면 말도 안 돼요. 그렇잖아요? 죽으면 묻어 주기까지 하는데. 가족이나 마찬가지니까요."

58세 푸줏간 주인의 생각도 같았다. "굶어 죽게 된 상황이 아니라면 내 반려동물[돼지]을 먹을 수는 없지요. … 일단 아주 잘 알게 되면, 친구를 먹는다는 불쾌한 생각을 할 수 있겠어요?" 그런데 돼지를 잡고 가공하는 자신의 일에 대해서는 왜 그렇게 느끼지 않느냐고 묻자 그는 이렇게 답했다. "그 돼지들은 전부 식품으로 봐야 하겠죠. 누군가가 반려동물로 기르는 거라면 얘기가 다르지만요."

31세의 한 육식자는 자기 고향인 짐바브웨에서 직접 동물을 키우고 잡았다면서 이렇게 말했다. "이름까지 지어 준 동물은 먹지 않아야죠. … 내게 친구나 마찬가지니까요. 친하게 지낸 동물을 먹는 게 되잖아요."

28세의 또 다른 육식자는 굳이 동물과 개인적으로 친해지지 않더라도 그들 각자의 개체성을 생각하면 마음이 불편해진다고 말했다. "우리에 갇혀 있는 수백 마리의 동물 하나하나도 그런 식으로[즉 각기 구별되는 개체임을] 생각하면 가족이 키우는 반려동물과 같은 선상에 있는 거나 마찬가지예요. 가족의 반려동물을 죽일 수 있나요? 그렇다면 우리 속 수백 마리 돼지 하나하나는 또 어떻게 죽이겠습니까?"

대상의 개체성을 인정하는 것은 몰개성화의 과정을 방해하고, 그에 따라 그들에게 해를 끼치는 데 필요한 심리적, 감정적 거리를 유지하기가 더 어려워진다.

숫자와 감각마비

심리학자 폴 슬로빅은 극도로 충격적인 상황의 희생자 숫자와 그들의 수난을 목격한 사람들의 반응 사이의 관계를 조사했다.[205] 그 결과, 희생자의 숫자가 많을수록 목격자가 개인들을 구별하지 않는, 즉 몰개성화하는 정도가 심해지고 관심과 우려도 덜해지는 경향이 있음을 발견했다. 게다가 이런 현상은 희생자가 단 두 명일 때부터 이미 시작되는 것으로 보였다. 슬로빅은 이 같은 둔감화 혹은 감각마비가 숫자와 비례한다고 주장한다. 이게 무슨 의미인가 하면, 인간이건 아니건 간에 집단적 희생자들보다는 개별적인 희생자가 우리의 동정을 살 가능성이 훨씬 크다는 얘기다.

2005년 네덜란드의 도미노 경기장에 날아든 참새의 경우를 보자. 이 참새는 2만 3,000개의 도미노 패를 쓰러뜨리고 결국

총에 맞아 죽었다. 그러자 이 참새를 기리는 웹사이트가 개설되고, 엄청난 수의 방문자가 접속했다. 2001년 영국에서 구제역에 노출됐다고 판단한 소 수백만 마리를 살처분했을 때도 같은 현상이 보인다. 동물권운동가들의 반대에도 불구하고 정부에선 살처분 정책을 견지하다가, 신문에 피닉스라는 이름의 어린 송아지 사진이 실리자 정책 수정에 동의했다. 작가 애니 딜라드가 일곱 살짜리 딸에게 방글라데시에서 13만 8,000명이 익사한 일을 자신은 상상조차 하기 어렵다고 했을 때 딸은 이렇게 대답했다고 한다. "아니, 쉬워. 푸른 물에 점을 많이 많이 찍으면 돼."

마더 테레사는 숫자와 둔감화의 비례 현상에 아주 익숙했던 모양이다. "집단 전체를 보면 절대로 행동하지 못한다"라고 말한 걸 보면.

| 이분화: 동물을 범주로 가른다 |

글쎄, 어쩌면 순전히 [식용으로] 사육된 동물을 먹는 일이 더 쉬울지 모르지요. …
뒷마당에서 뛰놀던 다람쥐를 저녁 식탁에 올리는 일은 뭐랄까 좀 끔찍하잖아요.
…밖에서 뛰어다니는 동물들을 두 종류로 나누는 거라고나 할까요.
그들[다람쥐 같은 동물]은 사람에게 잡아먹힐 염려가 없는 거지요.
—22세 육식자

'이분화(dichotomization)'는 다른 존재들을 두 개의 종종 대립되는 범주로 나누는 것이다. 이는 그들에 관한 우리의 생각과 믿음에 바탕을 둔다. 대상을 이런저런 집단으로 나누는 일 자체에는 아무런 문제도 없다. 제1장에서 이야기했듯이 머릿속에서 사물을 분류하는 것은 정보의 정리를 돕는 자연스러운 과정이다. 문제는 이분법이 단순한 분류가 아니라는 점이다. 그것은 이원론적이어서 현실을 흑과 백으로만 그려 낸다. 그 결과, 흔히 빈약하거나 부정확한 정보에 근거해 세계를 경직되고 가치가 실린 범주들로 나누게 된다. 그리하여 이분화는 우리로 하여금 머릿속에서 개체들을 이런저런 집단으로 갈라 놓고 각각에 대해 매우 다른 감정을 품게 만든다.

육식주의와 관련해서 우리가 동물에게 적용하는 두 개의 주된 범주는 먹을 수 있는 것과 먹을 수 없는 것이다. 이 이분법 안에는 또 다른 범주 쌍들이 있다. 예컨대 우리는 야생동물보다는 가축을 먹고, 육식동물이나 잡식동물보다는 초식동물을 먹는다. 대부분의 사람은 (돌고래처럼) 지적이라고 생각하는 동물은 먹지 않지만, (참치처럼) 그다지 영리하지 않아 보이는 동물은 일상적으로 먹는다. 많은 사람들은 그들이 귀엽다고 여기는 (토끼 같은) 동물은 먹지 않고 (칠면조처럼) 못생겼다고 생각하는 동물을 먹는다.

우리가 동물들을 분류하는 범주들이 실제로 정확한지 아닌지는 그리 중요하지 않다. 더 중요한 것은 정확하다는 *믿음*이다. 이분화의 목적은 단지 고기를 먹는 데 대한 불편감에서 놓여나는 데 있기 때문이다. 동물에 대한 우리의 인식을 가치판단이 실린 범주들로 여과하면, 예컨대 개를 안고 쓰다듬으며 스테이크를 먹으면서도 그러한 행위의 선택이 함축하는 바를 전혀 모를 수 있다. 이렇게 이분화는 정당화를 지원한다. 우리가 동물을 먹으면서도 괜찮다고 느끼게 만들어 준다는 얘기다. 왜 괜찮으냐고? 영리하지 않으니까, 반려동물이 아니니까, 귀엽지 않으니까—그래서 먹어도 되니까.

물론 먹을 수 있는 모든 동물이 우리가 배정한 범주들에 꼭 맞아떨어지지는 않는다. 아무튼 육식주의를 현재대로 유지하기 위해 우리는 우리가 먹는 동물들에 대한 잘못된 가정을 견지하면서 계속 그들을 먹을 수 있는 것으로 분류한다. 영리한 돼지와 닭을 멍청한 동물로, 멋지게 생긴 칠면조는 못생긴 동물로 치부한다는 얘기다.

그러나 우리의 가정들을 면밀히 뜯어보면 이분화가 얼마나 자의적이고 비합리적인지가 뚜렷이 드러난다. 그 한 예로, 육식을 하면서도 양고기는 먹지 않는 43세 난 사람에게 내가 이유를 묻자 그가 혼란스러워하며 대답한 내용을 보자.

[양은] 온순한 동물이지요. … 그들을 죽이고 먹는 건 사실 좀 부끄

러운 일이에요. 우리가 먹는 다른 것들 중에도 온순한 게 많지요. … 소도 온순한데 먹고… 어떻게 설명해야 할지 모르겠네. 아무튼 소는 안 먹는 사람이 없는 것 같아요. 값이 싸서 부담 없이 먹을 수 있고, 또 워낙 숫자가 많잖아요. 하지만 양은 사뭇 다르죠. 작고, 껴안고 싶고. 뭐랄까, 소를 귀엽다고 껴안지는 않잖아요, 어쩐지 소는 먹어도 될 것 같은데 양은 안 그래요. … 암튼 뭔가 기묘한 차이가 있어요.

| 테크놀로지는 왜곡하고 격리한다 |

[농장에서 사육된 동물은] 추상적으로 생각하기가 더 쉽지요. …이런 말이 생각나네요. "한 사람의 죽음은 비극이다. 한 집단의 죽음은 통계자료다."
―33세 육식자

인식의 트리오를 이야기하면서 심리적 왜곡과 거리두기에서 테크놀로지가 하는 역할을 언급하지 않고 넘어갈 수는 없다. 테크놀로지는 우리가 특정 동물들을 물건처럼, 그리고 추상적 개념처럼 취급할 수 있게 해줌으로써 인식의 트리오를 강화한다. 물건이라 한 것은 그들이 도축장의 동물 해체 라인에서 말 그대로 '생산 단위'가 되기 때문이며, 추상적 개념이라 한 것은 육식주의하에서 엄청난 수가 도살되는 가운데 동물들은 불가피하게 몰개성화되기 때문이다.

사실 지금과 같은 대규모의 육식주의 생산은 순전히 테크놀로지 덕에 가능해졌다. 현대 기술에 힘입어 우리는 동물들이 식품으로 만들어

시는 과성을 일절 녹격하지 않으면서 해마다 수십억 마리의 동물을 먹을 수 있다. 고기와 알, 유제품이 이처럼 대량으로 생산되는 한편 그 과정이 우리에게서 격리돼 있음으로 해서 우리는 동물에 대해 그 어느 때보다도 더 폭력적이자 덜 폭력적이게 되었다. 더 많은 동물을 죽일 수 있게 된 동시에 그들을 죽인다는 사실에 대해 덜 둔감해졌고 덜 편안해졌다는 뜻이다. 테크놀로지는 우리 행동과 가치관 사이의 간격을 더 벌려 놓았고, 그럼으로써 시스템이 그렇게도 숨기려고 애쓰는 도덕적 부조화를 한층 강화했다.

하지만 말할 필요도 없이, 테크놀로지가 육식주의 생산의 모든 흔적을 없애지는 못하는 수도 많다. 그럴 경우 우리는 거북스럽게도 고기가 살아 있던 존재에서 나왔다는 사실을 새삼 떠올리게 된다. 22세의 육식자 한 사람은 자기네 시골 시장에서 파는 돼지 족발과 통돼지 같은 건 먹지 않는다면서 그 이유를 이렇게 말했다. "부분적으로는, 그걸 보면 내가 그냥 하늘에서 떨어진 고깃덩어리를 먹는 게 아니라는 사실을 새삼 깨닫게 되기 때문일 거예요. 그런 형태의 고기는 그 동물 자체를 떠올리게 하니까. …그걸 단지 잘 가공된 저녁 식사용의 무엇이 아니라 …온전한 동물로 생각할 수밖에 없다는 거지요."

| 동일시와 공감에서 혐오감으로 |

닭의 심장은 먹기 싫어요. …닭 심장을 보면 정말 너무나 작잖아요.
그래서 그런 게 아닌가 싶네요. [그걸 먹는다면] 속이 울렁거릴 거예요. …
심장이라 하면 우리가 연상하는 무엇이 있잖아요. 간이니 뭐니도 마찬가지고…
누군가의 심장과 간―그러니까, 사람들을 떠올리게 만든다는 얘기죠.
―27세 육식자

인식의 트리오는 동물에 대한 우리의 인식을 왜곡함으로써 우리가
그들과 동일시하는 것을 막는다. 타자와의 동일시란 그들에게서 자신
의 어떤 면을 보고, 자신에게서 그들의 어떤 면을 보는 것이다. 그 어떤
면이 단지 고통받고 싶지 않다는 바람일 뿐이라도 말이다. 동일시는
인식 과정의 하나인데, 우리가 동물을 물건으로, 또는 추상적 개념으
로 보거나 고정된 범주들로 분류되는 품목 정도로만 생각할 때 동일시
의 과정은 약화된다. 그리고 생각은 감정에 영향을 미치기 때문에 동일
시가 적을수록 그들에 대한 공감도 줄어든다. 이런 현상을 심리학에서
는 '유사성의 원리(similarity principle)'로 설명한다. 우리와 비슷해 보
이는 대상에게 더 공감을 느낀다는 얘기다. 가령 비행기 사고가 났을
때 탑승자 중 아는 사람이 전혀 없다 해도 대개 자기 도시 사람의 죽음
이 다른 사람들의 죽음보다 더 마음이 아프다. 동일시와 관련된 또 하
나의 사례는 내가 인터뷰했던 58세 난 푸줏간 주인의 말에 나온다.

하루는 아들을 데리고 [정육점에] 갔어요. 여덟 살 난 아이지요. 거
기 양 한 마리가 있었는데, 양을 좋아하는 이 아이가 그걸 보고는 "저

게 뭐예요?" 하데요. 그래서 "양이지" 했지요.

별일도 아니었잖아요? 한데 며칠 뒤에 내가 "맛있는 양고기 스테이크 먹을래?" 했더니 아이가 "아니요" 하면서 이러더라고요. "양고기는 생각 없어요. 그때 그 양을 쳐다봤을 때…양이 나를 마주봤거든요."

누군가와 동일시하는 정도가 그들에게 공감하는 정도를 결정하듯이, 대체로 공감의 정도는 그 대상을 먹는다는 생각에 대한 혐오감의 정도를 결정한다.* (예외라고 할 만한 동물들, 즉 공감이 없어도 먹는 데 혐오감을 느끼는 몇몇 대상을 들자면, 살아 있을 때도 우리가 혐오 대상으로 분류하는 뱀이나 곤충, 그리고 쥐나 비둘기처럼 '더럽다'고 여기는 특정 종들이 있다.)

이처럼 혐오감의 밑바탕에 동일시와 공감이 있다는 사실을 알고 나면, 혐오스러운 대상의 대부분이 동물에 근원한 것임을 연구자들이 확인했다는 데에도 고개를 끄덕일 법하다(동물에 근원하지 않은 혐오 대상 역시 동물이 만들어 내는 물질과 닮았을 경우가 많다. 오크라 꼬투리의 끈적거리는 점액질처럼).

---

* 혐오감은 우리가 해로운 물질, 예컨대 똥이나 썩은 채소 따위를 먹는 것을 막기 위한 선천적 반응일 경우도 있지만, 순전히 관념적 또는 심리적 자극에 대한 반응일 수도 있다. 관념적 혐오감은 이 책의 핵심 주제다.

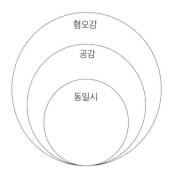

위의 그림은 동일시와 공감과 혐오감의 상관관계를 나타낸다.

공감과 혐오감이 이렇게 밀접하게 연관되는 것은 공감이 우리 도덕 감각에 큰 영향을 미치고, 혐오감은 도덕*감정*이기 때문이다. 일반적으로, 우리의 공감 정도가 큰 동물일수록 그것을 먹는 일을 더 부도덕하게—그래서 혐오스럽게—느끼게 된다. 도덕성과 혐오감의 연관성은 여러 연구에서 확인되었다. 사람들은 도덕적으로 불쾌하게 느껴지는, 다시 말해 옳고 그름에 관한 자신의 감각에 위배되는 생산물을 소비하는 일에 혐오감을 느낀다는 게 대체적인 결론이다.[206] 고기를 즐겨 먹지만 송아지 고기를 먹는 일은 윤리적 차원에서 반대한다는 34세 육식자의 말을 들어보자. "내가 당신 집에 갔다고 합시다. … 당신이 방금 송아지 고기를 먹었다고 하면 난 아마 토할 겁니다. … 마치 내 몸에서 그 고기를 말끔히 씻어 내려는 듯이 말이죠."

불의에 대한 혐오는 본능인가

　토론토 대학에서 실시한 흥미로운 연구에 따르면, 인간은 도덕적으로 받아들일 수 없는 일에 대해서는 혐오감을 느끼도록 만들어졌을지도 모른다.[207] 연구자들은 실험 참가자 20명의 얼굴에 안면 움직임의 변화를 기록할 전극을 연결하고는 그들을 세 가지 다른 조건에 차례로 처하게 했다. 즉, '구역질 나는' 맛의 액체를 마시라고 주었으며, 더러운 화장실이나 상처 따위를 찍은 혐오감 주는 사진을 보게 했고, 실험용 게임에서 불공정하게 취급받도록 했다. 연구자들은 이 세 가지 상황에서 피험자들 얼굴의 자동적인 움직임이 똑같다는 사실을 발견했다. 즉, 윗입술을 올리고 코를 찡그리는 근육인 상순거근(上脣擧筋, 윗입술올림근)이 수축했는데, 이는 혐오 반응을 나타내는 것이다. 연구자들이 내린 결론은 다음과 같다. '도덕적 혐오감'은 상했거나 오염된 음식을 먹지 않도록 우리를 보호하는 원초적이며 태곳적부터 있어 온 혐오 반응과 밀접하게 연관돼 있을지도 모른다는 것이다. 다른 연구들도 비슷한 결과를 보였다.

| 심리적 피해 대책: 혐오감과 합리화 |

이런저런 이유에서 우리는 이른바 먹을 수 있는 동물의 고기나 알, 유제품—이것들은 일반적으로 혐오감을 일으키지 않는다고 여겨지는 데—에 혐오감을 느낄 수 있다. 혐오감이 우리를 마비시키는 방어기제를 뚫고 나오는 그 같은 경우, 우리에겐 안전망 노릇을 할 예비용 방어 수단이 필요하다. 불합리를 합리화하는 것 말이다.

'합리화(rationalization)'란 합리적이 아닌 무언가에 합리적 설명을 제공하는 방어기제다. 다른 방어기제들과 마찬가지로 합리화는 시스템을 온전하게 유지하는 역할을 한다. 육식주의의 거리두기 과정이 교란되어 혐오감이 생겨날 경우, 그 도덕적 불편함을 외면하기 위해 우리는 문제의 혐오감을 생명체를 먹는다는 사실이 아닌 뭔가 다른 이유 탓으로 돌릴 수 있다. 예를 들어, 본디의 동물을 상기시키는 고기를 보고 혐오감을 느꼈을 때 우리는 고기 육질이 안 좋아서, 또는 건강에 나쁠 것 같아서 그런 느낌이 들었다는 식으로 설명한다. 내가 인터뷰한 어떤 이는 이렇게 말했다. "난 베이컨이 먹기 싫어요. 왜냐하면…베이컨은 뭐랄까, 기분이 나쁘거든요. …지방 덩어리잖아요. 몸에 좋다는 생각을 할 수가 없어요. …그렇게 기름기가 많은 걸 보고 나면 설사 맛이 좋다고 해도 역겨운 느낌이 들지 않겠어요?" 내가 감자튀김 따위의 다른 기름기 많은 음식에 대해서도 그렇게 느끼느냐고 묻자 그녀는 이렇게 대답했다. "비슷해요. 하지만 요리할 때 날고기를 보는 건 뭔가 좀 달라요. …감자를 조리할 때는 그 정도는 아니거든. …[고기가] 무언가의 한 조각이라는 그 어떤 연관성 때문이지 싶어요, 그냥 땅에서 나온 게 아니라는 점 말이죠."

또 다른 사람은 이렇게 말했다. "난 완전 날것이나 반쯤 날것은 안 먹어요. …피를 보는 건 정말—. 피를 안 좋아하니 먹는 음식에서 피가 흐르는 게 결코 좋을 리 없지요." 피가 흥건한 고기를 보면 어떤 느낌이 드느냐고 묻자 그는 이렇게 답했다. "혐오스럽지요. 건강에도 안 좋아 보여요. 완전히 익힌 고기보다 덜 익힌 고기가 아마 건강에 더 나은 거로 알지만."

이성을 지닌 인간들로 구성된 사회 전체가 자기들의 논리에 숭숭 뚫린 구멍들을 알아차리지 못한 채 그토록 비합리적인 사고 패턴을 고수하는 걸 보면 정말 놀랍다. 그러나 이 역설도 육식주의에 대한 이해를 바탕으로 보면 쉽게 설명된다. 육식주의 시스템은 현실을 있는 그대로 전하지 않고 왜곡함으로써 작동하기 때문에 본질적으로 비합리적이다. 그리고 우리가 시스템을 보는 자리가 시스템의 내부—시스템을 반영하는 스키마 즉 도식의 내부—이기 때문에 우리는 시스템의 논리를 자신의 것으로 받아들인다.

감정이 결정한다

어떤 문화에서 특정 동물들의 고기를 먹지 않는 데에는 합리적인 이유가 있다고 흔히들 믿는다. 그 사회의 자기보호 목적에서 비롯된 관습이라는 것이다. 예컨대 건강에 해로운 동물(하수구에 사는 쥐 따위)이나 유용한 동물(밭을 가는 소 등), 또는 사육과 도살에 경제성이 없는 동물(다루기에 위험한 육식동물)을 먹는 일은 권장하지 않으리라고 생각한다. 그러나 특정한 종의 동물을 먹는 데 대한 문화적 금기에 정말로 논리적 이유가 있는 경우도 있지만, 연구자들에 따르면 그 반대가 진실인 경우가 더 많다고 한다. 먹고 안 먹는 동물에 관한 비합리적 선택을 합리화하는 방법으로 방금 본 유용성 때문이니 건강 때문이니 하는 식의 설명을 갖다 붙인다는 얘기다.

우리가 '먹을 수 있다'고 규정한 동물을 먹을 수 없는 것으로 보는 문화가 무수하게 많다. 어떤 동물을 음식으로 보는지는 논리보다 문화적 편견에 의해 결정된다는 것을 강력하게 시사하는 사실이다. 예를 들자면, 브라질의 원주민 남비콰라 부족은 인간이 먹기에 적당하다고 여겨질 가축들을 기르면서도 그들을 반려동물처럼 취급한다. 미국인들이 개나 고양이를 대하듯이 대하며, 가령 닭을 길러도 달걀을 먹는 일조차 없다.[208] 또 생각해 보면, 일부지만 프랑스인은 먹는 말고기를 미국인이라고 먹지 못할 이유가 없다. 일부 아시아인들이 먹는 바퀴벌레, 어디서든 넘쳐나고 이집트에선 잘들 먹는 비둘기도 마찬가지다. 캘리포니아 사람들은 자기 집 정원에 득시글대는 달팽이를 잡아서 에스카르고 요리에 써도 될 텐데 꼭 수입한 달팽이만 찾는다. 똑같은 종인데도 그렇다.[209] 말에 크게 의존했던 아시아의 기마민족들도 말고기를 먹는 데 아무런 제약이 없다. 어떤 종의 동물을 먹을지 결정하는 문제에 있어서는 감정이 이성을 이기는 것 같다.

| 개고기 골라내기 : 혐오감의 번짐 |

혐오감에는 심리학자들이 '오염성'이라고 부르는 특징이 있다. 혐오감의 대상과 접촉하는 것은 무엇이든 그 또한 혐오스러워질 수 있다는 뜻이다. 한 예로, 우리 대부분은 파리가 빠진 수프를 먹지 않을 것이다. 파리를 얼른 끄집어내고 그 주변의 국물을 넉넉히 떠내서 파리의 흔적이 전혀 남지 않았다 해도 마찬가지다. 수프는 회복할 수 없게 오염됐다. 수프 자체는 혐오스럽지 않았으나 혐오스러운 무엇이—여기서는 파리가—그 아주 작은 부분이나마 건드렸다는 *생각* 때문에 먹을 수 없는 게 되어 버렸다.

　제1장에서 내가 여러분에게 상상해 보라고 한 장면에 이 같은 혐오감의 오염성이 예시돼 있었다. 그 시나리오를 돌아보자. 당신은 초대받은 저녁식사에 나온 맛있는 스튜의 재료가 개고기라는 말을 듣고 충격을 받았다. 그때 내가 묻기를 스튜에서 개고기만 골라내고 남은 채소를 먹을 수 있겠느냐고 했다. 개고기가 혐오스럽다면 개고기에 닿았던 것은 뭐든 혐오스럽게 느낄 확률이 크다. 그냥 *싫어하는 것*—어떤 식품의 맛을 안 좋아하는 것—과 달리 혐오감은 흔히 *관념적인 것*이다. 문제의 음식이 실제로 무엇인지보다는 그 음식에 대한 관념이나 믿음에 의해 유발될 수 있다는 얘기다. 혐오감의 오염 효과는 왜 많은 비건들이 고기나 알, 유제품과 함께 또는 그런 것들 가까이에서 조리된 음식을 먹지 못하는지 설명해 준다.*

| 매트릭스 안의 매트릭스: 육식주의의 스키마 |

　육식주의는 사회적 시스템, 사회적 매트릭스다. 그러나 또한 심리적

---

* 내가 관찰한 재미있는 현상 하나는 많은 비건들이 달걀이나 유제품을 고기보다는 덜 혐오하는 편이라는 것이다. 이 현상에 대한 연구는 아직 없으나 내가 짐작하기로는, 계란이나 유제품은 폭력 없이 생산하는 일도 가능하지 않을까 싶기 때문에(사실은 거의 불가능한 일이지만) 도덕적으로 덜 불쾌하고 따라서 덜 혐오스러운 게 아닌가 한다.

시스템(심리체세), 생각의 시스템(사고체계) 즉 *내적* 매트릭스이기도 하다. 그것은 매트릭스 안의 매트릭스다. 심리적 매트릭스도 사회적 매트릭스처럼 우리 의식 속의 공백 즉 단절된 부분을 그대로 유지하도록 만들어졌다. 이 심리적 매트릭스를 나는 '육식주의의 스키마'라고 부른다. 육식주의 스키마의 주된 요소는 앞서 말한 인식의 트리오지만 이 책 여러 곳에서 논의한 다른 방어기제들과 신념들도 각기 나름의 역할을 맡고 있다. 요컨대 육식주의 스키마는 육식주의의 광범한 매트릭스에 우리를 접속시키는 플러그다.

제1장에서 설명했듯이 스키마는 우리가 그것을 통해 세상을 바라보는 렌즈로서, 외부에서 들어오는 정보를 정리하고 해석하는 정신적 분류체계의 역할을 한다. 우리의 육식주의 스키마는 어떤 동물을 먹을 수 있고 어떤 동물은 먹을 수 없는지를 지시하고 우리가 고기를 먹을 때 어떻게 느낄지—더 정확하게 말한다면, 느낌을 가질지 말자—를 결정한다.

그러나 스키마가 정보를 분류만 하는 것은 아니다. 정보를 걸러 *내기*도 한다. 우리는 이미 지니고 있는 가정들에 맞는 것만 인지하고 기억하는 경향이 있다. 심리학자들은 이 현상을 '확증편향(confirmation bias)'이라고 부른다. 육식주의 스키마는 우리 의식 속의 단절 부분을 그대로 유지시키는 정보만을 선택적으로 받아들이며, 이 공백을 메워줄 위험이 있는 정보의 지각은 왜곡되게끔 방해한다. 바꿔 말해서 육식주의의 스키마는 우리가 무엇을 인지할지, 인지한 것을 어떻게 해석할지, 그리고 인지한 것을 기억할지 말지를 모두 결정한다. 제2장에서 내가 학생들과 동물의 이미지에 관한 실험을 한 후 나눈 대화를 돌아보

자. 거기서 학생들은 돼지가 멍청하고 역겹다는 생각을 털어놓았는데, 나중에 그들 중 몇 사람은 그 믿음을 뒤집는 정보도 언젠가 접한 적이 있음을 인정했다. 하지만 이런 정보는 그들 내부의 육식주의 스키마가 돼지에 대한 생각을 원래대로 되돌려 놓으면서 신속히 잊혀졌었다. 확증편향의 또 다른 예로는, 사람들이 동물 도살 광경을 담은 영상 자료를 보고 느끼는 심적 고통이 금세 '사그라지는' 경우가 많다는 사실을 들 수 있다.

톨스토이 신드롬

심리학자들이 '확증편향'이라고 이름 붙인 현상은 '톨스토이 신드롬'으로 불리기도 한다. 러시아의 문호 톨스토이는 「예술이란 무엇인가」라는 글에서 자신이 지닌 믿음 때문에 판단력을 잃는 인간 성향에 대해 이렇게 썼다.

"내가 알기로 대부분의 사람은—아무리 복잡한 문제라도 쉽게 이해할 만큼 지력이 뛰어난 사람들조차—가장 단순하고 명백한 진실이라도 그것이…그들이 자기 삶의 피륙에 한 올 한 올 짜 넣은 결론들을 오류로 인정하게 만드는 것일 경우…진실로 받아들이는 수가 거의 없다."

정보를 왜곡함으로써 터무니없는 소리도 이치에 잘 닿는 말처럼 만드는 육식주의 스키마의 존재는 우리가 왜 이 시스템의 부조리를 보지 못하는지도 설명해 준다. 예컨대, 바비큐를 하려고 이글이글 불을 피워 놓은 화덕 옆에서 곧 구이가 될 돼지가 즐겁게 춤을 추는 광고, 또는 닭들이 앞치마를 두르고는 자기를 먹어 달라고 시청자들에게 간청하는 광고를 보라. 아울러, 미국수의사협회에서 제정한 선서를 통해 "나는 수의사로서 나의 전문적인 지식을 다하여 동물의 건강을 돌보고, 질병의 고통을 덜어 주며…성실과 양심으로 수의 업무를 수행할 것을 엄숙히 다짐한다"라고 서약하고 수의사가 된 사람들의 거의 전부가 단지 맛이 좋다는 이유로 동물을 먹는다는 사실도 생각해 보라. 사람들은 설사 맛이 똑같더라도 인조육을 넣은 베지버거를 햄버거 대신 먹지는 않는다는 점 또한 생각해 보라. 잘 음미해 보면 육질에 미묘한 차이가 있다는 이유에서다. 수십억 동물의 생과 사보다 육질 기준의 완벽한 구현을 더 중시하는 게 얼마나 부조리한 일인지는 우리가 육식주의의 스키마를 해체해 그 모순이 드러날 때에야 비로소 이해할 수 있게 된다.

| 출구는 여기다 : 육식주의 매트릭스의 허점 |

육식주의 시스템은 부조리와 모순과 역설로 가득 차 있다. 그것을 공고히 지키고 있는 방어기제의 복합적 네트워크는 우리로 하여금 의

심 없이 믿고, 생각 없이 알고, 느낌 없이 행동하게 만든다. 육식주의의 강제적 시스템 아래에서 우리는 정신의 곡예를 일상화함으로써 진실을 회피하는 법을 배웠다. 이를 보면서 우리는 의문을 품지 않을 수 없다. '왜 저렇게 온갖 재주를 부려야 하는 거지?' 시스템이 스스로를 보존하는 데 그토록 진력해야 하는 까닭이 뭘까 하는 물음이다.

답은 간단하다. 우리가 본디 동물들에게 마음을 쓰기 때문이며, 진실을 소중하게 생각하기 때문이다. 한데 시스템이 살아남기 위해서는 우리가 동물들에게 무관심해야 하므로, 시스템은 속임수 위에 세워질 수밖에 없는 것이다. 육식주의는 트럼프 카드로 세운 집처럼 불안정한 구조물이다. 자신의 지지자인 우리로부터 스스로를 보호하기 위해 강력한 요새가 필요한 균열되고 조각난 시스템이다.

영화 속의 매트릭스와 마찬가지로, 육식주의의 매트릭스가 우리의 머리와 가슴을 가둘 수 있으려면 우리 자신이 간수 노릇을 하면서 자발적으로 시스템에 참여해야만 한다. 육식주의의 매트릭스는 우리가 거짓된 삶을 용인하는 한에서만 진실을 차단할 수 있다. 모피어스는 네오에게 말한다.

네 눈을 보면 알 수 있어. 깨어날 생각이기 때문에 자신이 보는 것을 받아들이려는 사람의 얼굴을 너는 하고 있어. … 네가 왜 여기에 있는지 말해 주지. 너는 뭔가를 알고 있기 때문에 여기 있는 거야. 아는 게 무엇인지 너 스스로 설명은 못하지만 느낄 수는 있지. 너는 살아오는 내내 그걸 느꼈어. 이 세상이 뭔가 잘못돼 있다는 것을. 그게 무엇인지는 모르지만, 마치 마음속에 박힌 파편처럼 절실히 느끼고 있지. …네오, 난 네 마음을 자유롭게 해 주려고 노력하고 있어. 하지만 나는 그저 너에게 문을 보여 줄 수 있을 뿐이야. 그 문을 통해 걸어 나가야 하는 건 너 자신이야.

네오처럼 당신도 여기에 있다. 세상이 뭔가 잘못됐음을 알기에 이 책을 읽으면서 말이다. 육식주의 매트릭스 밖으로 걸어 나와, 시스템이 당신에게서 떼어 놓으려고 그토록 노력해 온 공감 능력을 되찾을 준비가 되어 있다. 그 공감의 길을 따라 당신은 육식주의의 출구를 찾을 것이며, 공감의 도움 아래 그 문을 통해 걸어 나와 보다 정의롭고 인정 깊은 세계를 만들어 낼 것이다.

제7장

바로 보고 증언하기 : 육식주의에서 연민과 공감으로

어두울 때면 눈은 보기 시작한다.
—시어도어 레트키(미국 시인)

어느 날 우리의 손자들이 물을 것이다. 동물들의 홀로코스트 때
할아버지는 어디 계셨어요? 그 끔찍한 범죄에 대항해 무엇을 하셨어요?
우리는 이미 한 번 했던 변명을 다시 내놓지 못할 것이다. 알지 못했다는 변명을.
—헬무트 카플란(오스트리아의 철학자이자 저술가, 동물권운동의 선구자)

1995년 11월, 젖소 에밀리는 뉴잉글랜드 어느 도축장에서 다른 소들과 함께 줄을 서서 도살대행(行) 문으로 들어갈 차례를 기다리고 있었다. 그런데 피냄새 때문이었을까, 아니면 앞서 들어간 녀석들이 돌아오지 않았다는 사실을 깨달아서였을까. 에밀리는 갑자기 줄에서 뛰쳐나와 1.5m 높이의 울타리 위로 700kg 가까운 몸을 날렸다. 그러고는 숲으로 달아나 어이없어하며 뒤쫓아 간 일꾼들을 따돌렸다.

40일 밤과 낮, 추위 속에서 에밀리는 추격자들을 피해 매사추세츠주

홉킨턴의 숲 지대에 숨어 있었다. 홉킨턴은 뉴잉글랜드 한가운데의 작은 시골 마을이다. 도축장 소유주인 A. 어리나 앤드 선스 사에서는 에밀리를 꼭 잡으려 했지만 마을 사람들은 자유를 향한 에밀리의 탈출을 돕기로 마음먹었다. 농부들은 에밀리 먹으라고 건초를 내다 놨으며, 주민들은 에밀리가 있는 곳에 대한 거짓 정보로 경찰을 혼란스럽게 했다.

부근에는 비폭력적 삶을 위한 수양 및 교육 센터인 피스 애비(Peace Abbey)가 있었는데, 그 설립자인 루이스 랜다와 메건 랜다 부부가 에밀리의 곤경을 알고는 A. 어리나 앤드 선스에 에밀리를 사겠다고 제안했다. 그들은 자기네 땅에 있는 작은 동물보호소에서 에밀리가 여생을 보내기를 바랐다. 도축장 주인 프랭크 어리나는 에밀리 얘기에 감동해 500달러짜리 그 소를 단돈 1달러에 팔겠다고 했다. 기대하지 않았던 이 선행은 또 다른 선행으로 이어졌다. 에밀리의 남은 생을 보살피기에 충분한 돈을 내고 에밀리 이야기의 영화화 권리를 사들인 제작자 엘런 리틀이 1만 달러를 가외로 기부한 것이다. 에밀리를 위한 새 외양간을 짓고 그 옆에는 동물 문제에 관한 교육장을 세우는 데 쓸 돈이었다.

이름 없는 젖소였던 에밀리는 이리하여 많은 이들의 삶에 연민과 공감을 불어넣는 존재가 되었다. 온 세계의 많은 사람이 그에 관한 얘기를 듣고는 바로 고기 먹기를 그쳤다고 했다. 그들 내부의 육식주의 방어기제들이 무너지고 동물에 대한 연민으로 대체된 것이다. 그렇지 않았다면 왜 육식을 하는 마을 사람과 농부들이 도살을 피해 도망친 소를 도왔겠는가. 그렇지 않았다면 왜 도축장 주인이 비건주의 교육센터까지 겸하는 동물보호소에 자기 소를 기부했겠는가.

　에밀리는 남은 생을 피스 애비에서 보내다가 열 살 때 자궁암으로 죽었다. 추도 행사는 국제적으로 관심을 모았고 그녀를 돌아보고 기리는 말들이 한 시간 넘게 이어졌다. 그중 하나가 특히 에밀리 이야기의 핵심을 잘 짚고 있다.

　　네 존재는 그 자체로 사람들의 새로운 깨달음에 촉매가 되었다. 너의 크고 빛나는 갈색 눈동자는 어떤 말보다도 많은 것을 전했다. … 모두를 감싸 안는 연민의 절박한 필요성을 너는 말없이 증언했다. … 에밀리, 우리는 너에게 '마지막 인사'를 고하지 않으련다. 세상의 마지막 도축장이 문을 닫을 때까지, 저마다의 지역에서 그리고 온 세계에서 모든 존재가 서로를 아끼는 마음을 지니게 될 때까지 마지막이란 있을 수 없다. 이것은 내가 사라진 후에도 지속될 과정이기도 하다. 네 삶의 용감한 여정을 생각할 때마다 나는 절대 포기해서는 안 된다는 교훈을 거듭 되새길 것이다. 너는 결코 포기하지 않았으니까.[210]

　에밀리가 택한 삶의 여정은 끊임없이 우리를 일깨운다. 육식주의라는 폭력적 시스템이 우리를 진실에 눈감게 하는 걸 거부하라고 상기시킨다. 헤아릴 수 없이 많은 동물들이 당하는 불필요한 고통의 진실, 그리고 우리가 *마음을 쓰고 있다*는 진실을 직시하라고.

　에밀리는 피스 애비에 있는 무덤 위에 세워진 실물대 동상으로 불멸의 삶을 얻었다. '성스러운 소 에밀리'라는 문구가 새겨진 이 동상은 육식주의에 희생된 이름 없는 수백 수천억 마리의 동물과 그들의 자유를 위해 싸우는 수많은 사람들에 대한 증인으로 서 있다. 성스러운 소의 동상은 증언하기라는 성스러운 행위를 구현하고 있는 것이다.

| 마음으로 본다: 증언의 힘 |

지난번 피스 애비를 방문했을 때 나는 거기 세워진 기념물들 앞에 차례로 섰다. 높이 솟은 간디 동상을 우러르며 나는 그의 눈을 통해 세계를 보았다. 폭력과 고통이 가득하지만 지고한 아름다움과 무한한 가능성의 장소이기도 한 이 세상을. 나는 1930년의 소금행진(Salt March, 인도인들이 간디의 지도 아래 식민국가 영국이 부과한 소금세의 폐지를 요구하며 한 달 가까이 벌인 비폭력 시위 행진-옮긴이)을 떠올렸고, 비폭력 해방이라는 대의에 자신의 생명을 바친 인도인들의 위엄에 대해 생각했다. 인간 경험의 이러한 역설을 나는 '전쟁에서 죽은 이름 없는 시민들'이라는 말이 새겨진 묘석 모양의 기념비를 내려다보면서 또 한 번 곱씹었다. 이라크의 시가지와 캄보디아의 들판, 니카라과의 정글, 그곳에 점점이 널린 모습도 체구도 피부색도 나이도 제각각인 숱한 시신이 눈앞을 스쳐 갔다. 동시에 나는 2003년 2월 15일 뉴욕시의 얼어붙은 길을 따라 함께 행진했던 40만의 사람들도 기억했다. 임박한 이라크 침공에 항의하는 평화적 시위였다. 이어 에밀리의 동상을 쳐다보며 나는 고통을 모르는 기계로 취급되면서 인간에게 봉사하도록 태어난 그에

206

게 삶이란 과연 어떤 것이었을지 상상해 보았다. 어두운 공장과, 그 안으로 끌려 들어가는 무수한 동물들을 엄습할 공포와 무력감도 떠올렸다. 나는 미국인도주의협회가 실시한 잠입 조사도 생각했다. 도축장에서 동물들에게 저지르는 잔혹 행위를 담은 비디오테이프는 대중의 분노를 불러일으켰고, 미국 역사상 최대의 쇠고기 리콜 사태로 이어졌다. 각각의 기념물에서 나는 그것이 기리는 대상의 눈을 통해 세상을 보았다. 나는 증인이 되었다.

증인이 될 때 우리는 단순한 관찰자로 행동하지 않는다. 우리가 증언하는 대상의 경험에 정서적으로 접속되는 것이다. 우리는 공감하며, 그럼으로써 우리 의식 속 단절된 부분을 메운다. 깨달음을 막음으로써 육식주의의 폭력이 지속될 수 있게 해 주는 그 공백을.

우리는 제1장에서 의식의 이 단절 부분에 대해 이야기했다. 그것은 우리 인식의 잃어버린 연결고리로, 자신이 먹는 고기와 알, 유제품을 그 출처인 동물과 연결시키지 못하는 것을 말한다. 이 공백은 우리의 혐오감과 공감을 차단한다. 동물을 먹는 문제에서 우리의 가치관과 행동이 일치하지 않는다는 사실을 깨닫지 못하도록 막는다. 증언하기는 우리를 진실과 접속시키기 때문에 그 공백을 메운다. 증언을 할 때 우리는 시스템이 그토록 감추고자 애쓰는 고통이 실재함을 입증한다. 즉, 그것이 현실임을 드러낸다. 아울러 우리는 그 고통에 대한 우리의 진정한 반응도 인정한다. 증언하기는 우리를 육식주의의 관행에 관한 진실뿐 아니라 우리의 내적 진실, 공감 능력과도 접속시켜 준다. 우리는 다른 사람에 대해서뿐 아니라 자신에 대해서도 증언하는 것이다.

개인의 증언이 우리 의식의 공백을 메우듯이, '집단 증언'은 사회적 의식의 공백을 메운다. 집단적인 바로 보기와 증언은 대중에게 육식주의에 관한 지식과 정보를 주어 그들이 움직이도록 함으로써 시스템의 가치관과 실천이 보다 잘 조화되도록 이끈다. 생각해 보라. 인류 역사에서 저질러진 사실상 모든 잔혹 행위는 현실이 너무나 고통스러워 직시할 수 없다고 생각한 대중들이 고개를 돌렸기에 가능했으며, 반면에 평화와 정의를 위한 모든 혁명은 증언하기를 결심하고 다른 이들에게도 같은 행동을 권장한 한 무리의 사람들이 있었기에 가능했다. 정의를 지향하는 모든 운동의 목표는 사회적 실천 곧 관행이 사회적 가치를 반영하도록 집단 증언을 활성화하는 데 있다. 운동은 증언자의 수가 임계질량이라 할 수준을 넘어설 때 성공한다. 힘의 저울을 운동 쪽으로 기울이기에 충분한 수의 증언자가 필요하다는 뜻이다. 대중의 집단 증언은 육식주의에 무엇보다도 심각한 위협이 되기 때문에 시스템 전체가 이 과정을 막기 위해 조직된다. 사실 육식주의 방어기제들의 유일한 목적은 증언을 막는 것이다.

증언하기는 시위나 촛불집회, 잠입 조사, 정치적 로비 활동, 예술 창작 등 다양한 형태를 취할 수 있다. 역사적으로도 증언은 창조적 행위였다. 1960년대의 혁명적 음악이라든지 에이즈 관련 사망자 9만 1,000명의 이름을 담은 83.6km 길이의 에이즈 메모리얼 퀼트(에이즈로 인한 사망자를 추모하는 개인별 퀼트들의 모음을 이르는 말. 퀼트 만들기는 1985년에 시작됐는데, 83.6km란 이 책을 쓰던 시점까지 제작된 패널들을 한 줄로 이어 놓았을 때의 길이다.-옮긴이), 매년 300만 명이 찾는 베트남전

참전용사 추모의 벽, 2017년 이스라엘의 텔아비브에 3만 명이나 모여 벌인 동물권 시위행진, 그리고 환경운동 단체인 '멸종저항(Extinction Rebellion)'이 조직하여 세계 각국의 도시에서 펼치는 대규모 행동 등을 생각해 보라.

창조 행위인 증언은 파괴에 대한 인간의 자연스러운 반응인 듯하다. 증언을 통해 상황을 바꾸려 드는 것이다. 저명한 정신과 의사인 주디스 허먼은 이렇게 말한다. "잔혹 행위에 대한 일반적 반응은 그 사실을 의식에서 추방하는 것이다. … 그러나 잔혹 행위는 묻히기를 거부한다. 잔혹 행위의 존재를 부정하려는 욕망 못지않게 강력한 것이 부정해 봐야 소용없다는 확신이다."[211] 이어서 허먼은 주장한다. 말할 수 없는 것을 말하는 일이 얼마나 힘이 있는가 하면, 부정과 억압이라는 장애물을 걷어 내고 엄청난 창조적 에너지를 쏟아 낸다고.

공감 능력은 타고나는가?

최근 연구들에 따르면 공감에는 생물학적 기반이 있을지도 모른다고 한다. 바꾸어 말하면, 인간(그리고 다른 일부 동물들)에게 공감 능력은 타고난 것일 수 있다는 얘기다. 과학자들은 우리의 거울 뉴런(mirror neuron)—행동에 반응하여 활성화하는 뇌신경세포—이 우리 자신이 어떤 행동을 할 때뿐 아니라 남의 그런 행동을 보기만 해도 작동될 수 있다고 말한다.[212] 가령 누군가가 돌부리를 차거나, 울거나, 해를 입는 모습, 또는 다리를 기어오르는 벌레 때문에 움찔거리는 모습을 보기만 해도 자신이 똑같은 일을 당했을 때 활성화되는 것과 동일한 뇌의 영역들이 활성화된다. 그러니 다른 사람이 어떻게 느끼는지를 알 수 있는 것은 우리가 그들의 입장이 되어 보려고 노력하기 때문만이 아니라, 적어도 어느 정도까지는, 우리가 말 그대로 그들이 느끼는 것을 함께 느끼기 때문이다.

이런 연구 결과들이 시사하는 바는 매우 크다. 공감이 우리 뇌에 본디 새겨져 있는 기능에 따른 자동적 반응이라면 타자에 대한 공감과 동정은 우리의 자연적인 상태다. 따라서 공감을 못 할 때 우리는 선천적인 충동을 억누르고 있는 건지도 모른다. 그렇다면 육식주의의 방어 수단들은 우리의 천성을 거스르는 것일 수 있다.

| 무감에서 공감으로 |

대중의 집단 증언은 모든 폭력적 시스템에 위협적이다. 시스템의 생존이 집단 증언의 반대 상황인 집단적 '해리(解離, dissociation)'에 의존

하기 때문이다(심리학에서 해리란, 통합되어 있던 심리 과정의 한 부분이 떨어져 나와 독립적으로 존재하는 것처럼 보이는 상황을 이른다. 기억상실증에서도 나타나며 다중인격의 기초가 된다.—옮긴이). 해리는 육식주의의 가장 중요한 방어기제로서 정신적 마비의 핵심 메커니즘이며, 다른 모든 방어기제의 지원을 받는다. 해리란 우리 경험의 진실로부터 심리적, 정서적으로 단절되는 현상으로, 당사자는 온전한 자신이 아닌 듯한, 의식의 어느 부분이 결여된 듯한 느낌이 든다.

　다른 메커니즘들과 마찬가지로 해리는 때로 적응적이기도, 즉 유익하기도 하다. 예컨대 심각한 피해를 당하는 사람은 그 스트레스에 압도되지 않기 위해 자동적으로 해리가 되기도 한다. 당사자는 이럴 때의 느낌을 '멍해졌다'거나 '유체 이탈(체외 이탈) 경험' 같다고 설명할지도 모른다. 그러나 다른 메커니즘들이 그렇듯이 해리 또한 부적응적일 수 있다. 다시 말해, 자신이나 사회에 해로울 수 있다. 폭력에 대응하기보다 폭력을 영속시키는 데 이용되기도 하기 때문이다. 가장 극단적인 경우, 가해자가 해리를 통해 이중 정체성을 나타내기도 한다. 다른 사람을 해칠 때 등장하는 또 하나의 '자아'를 만들어 내는 것이다. 정신의학자 로버트 제이 리프턴은 『나치 의사들』이라는 저서에서 이 현상을 다루고 있다. 여기서 그는 낮에는 살인자로 일하다가 저녁이면 가족이 있는 집으로 돌아가 겉보기로는 정상적인 남편과 아버지 노릇을 하는 의사들을 그린다. 물론 우리들 대부분은 다른 사람을 죽일 수 있을 정도로까지 자신에게서 분리되지 못한다. 다른 사람들이 저지르는 살육을 지지하는 데 필요한 만큼은 분리될 수 있지만 말이다. 동물을 먹는 문제와 관련해서 해리는 우리가 자신의 행동과 자신이 실제로 느끼고 있을지 모르는 것 사이를 연결하여 진실을 파악하지 못하도록 막는다. 요컨대 해리로 인해 우리는 스스로의 진정한 느낌을 반영하는 선택을 할 수 없게끔 무력화된다.

우리가 겪는 해리의 대가를 치르는 것은 인간의 먹이가 되는 동물만이 아니다. 해리는 우리의 자기인식을 제약하고, 따라서 개인적 성장에 장애가 된다. 심리학이나 영성 연구의 주요 전통들은 하나같이 자기 내부의 연결, 즉 '통합(integration)'을 인간 발달의 목표로 본다. 통합이란 우리 자신의 여러 측면—몸과 마음과 영혼, 이드와 자아와 초자아, 가치와 신념과 행동 등등—을 하나의 조화로운 전체로 아우르는 것을 말한다. 해리도 그렇지만 통합 또한 '전부가 아니면 전무(全無)'라는 식의 현상이 아니고, 연속체의 어느 지점에 위치한다. 우리가 잘 통합됐을수록 성격의 일관성도 커진다. 적절하게 통합된 사람이라면 그들이 직장에서 보이는 모습과 집이나 친구들 사이에 보이는 모습이 근본적으로 다를 수 없다.

증언은 연결시키는 행동인 만큼 통합을 조장한다. 개인적인 수준에서도 그렇고(우리가 내적 경험과 접속하므로), 사회적 수준에서도 그렇다(다른 이들의 경험과도 접속하므로). 증언하기가 육식주의의 아킬레스건인 이유가 여기에 있다. 증언은 해리 상태를 해소하고 보다 통합된 사회를 불러오기 때문이다. 이처럼 통합된 사회의 사람들이라면 동물들에게 마음을 쓰면서도 광범한 동물 학대를 지지하는 모순된 행태를 보이지 않을 터이다.

| 증언하기에 대한 저항감 |

증언하기가 변화의 동력임에도 불구하고 우리 중엔 육식주의의 현실을 증언하려 들지 않는 사람이 많다. 이 저항감을 극복하려면 그 근원을 이해해야 한다. 다시 말해, 육식주의를 직시하듯이 우리의 저항감 또한 직시해야 한다.

우리가 저항감을 갖는 가장 명백한 이유는 시스템 자체가 그런 저항을 조장하고 강화하도록 되어 있기 때문이다. 제5장에서 우리는 지배적인 시스템들은 우리가 따라야 할 '가장 저항이 적은 길'을 제시함으로써 우리 생각과 느낌과 행동의 틀을 잡아 준다는 사실에 대해 이야기했다. 그 길들은 우리에게 '정상적'으로 살라고, 다시 말해 시스템의 신조에 따라 생각하고 행동하라고 지시한다. 지배적 시스템은 우리가 그들의 규범에 순응토록 강제함으로써 자신의 지배를 유지한다. 한데, 증언하기는 가장 저항이 적은 길에서 이탈하는 행동이다.

육식주의의 진실에 대한 증언을 회피하는 또 하나의 이유일 수 있는 것은 올바로 보고 증언하는 일이 괴롭다는 점이다. 수십 수백억 마리의 동물이 겪는 극심한 고통을 의식하고, 그 고통을 가하는 일에 자신도 참여하고 있다는 사실을 깨닫는 것은 고통스러운 감정들을 유발할 수 있다. 동물들에 관한 슬픔과 고뇌, 시스템이 저지르는 불의와 기만에 관한 분노, 문제가 너무나 엄청난 데 대한 절망감, 믿었던 당국과 기관, 제도들이 실제로는 전혀 신뢰 못할 존재가 아닌가 하는 두려움, 그리고 문제에 일조한 데 대한 죄책감 등이 그것이다. 증언한다는 것은 고통을 무릅쓴다는 것을 뜻한다. '공감'이란 문자 그대로 '함께 느낌'이 아닌가. 안락함에 중독된 문화, 고통은 가능한 한 피해야 하며 나쁜 일은 모르는 게 약이라고 가르치는 문화 속에서 고통을 선택하기란 더 더구나 어렵다. 그러나 우리는 개인적인 쾌락보다 진정성을 우선하고 무지보다는 통합을 더 중시함으로써 증언하기에 대한 저항감을 줄일 수 있다.

육식주의의 진실을 바로 보고 증언하기를 어렵게 만들 수 있는 또 다른 요소는, 그처럼 거대한 규모의 고통 앞에서 우리는 '저걸 어떻게 바꿀 수 있다는 말인가' 하며 무력감을 느끼게 마련이라는 점이다. 상황을 '바로잡는다'는 말이 즉각적이고 전면적인 변화만을 뜻한다고 믿는다면 누구든 낙담할 수밖에 없을 것이다. 그러므로 변화란—크고 의미 깊은 변화는 특히—일련의 과정이라는 사실을 이해하고 받아들이는 게 중요하다. 사실 증언하는 행동 그 자체가 증언자에게 힘을 부여한다. 우리의 가치관과 실천을 하나로 통합함으로써 우리 자신을 곧바로 변화시킨다. 비건주의 운동가 에디 라마가 지적하듯이 "동물들이 앞으로도 계속 고통받고 죽어 가리라는 걸 나는 안다. 하지만 그게 나 때문은 아니도록 해야 한다."[213]

육식주의의 진실을 바로 보고 증언하는 데 저항감을 가질 수 있는 이유 중 마지막이자 아마도 보다 근본적인 게 있다. 우리가 이제는 동물을 죽이고 먹을 수 없다고 생각하게 되면 인간으로서의 우리 정체성이 문제시된다는 점이다. 증언은 우리로 하여금 스스로를 이른바 먹이 사슬의 최정상에 서 있는 존재가 아니라 생명의 그물망을 구성하는 무수한 가닥 중 하나에 불과하다고 여기게 만들지 않는가. 인간의 우월성을 믿는 우리의 의식에 도전한다는 얘기다. 증언은 인간이 자연 세계 전체와 서로 연계되어 있음을 인정하게 만든다. 우리 종이 수천 년에 걸쳐 온갖 필설로 애써 부인해 온 그 상호 연결성을.

그럼에도 궁극적으로 증언은 우리를 자유롭게 한다. 우리가 상호 단절된 세계의 고립된 파편들이 아니고 거대한 생명공동체의 한 부분임을 인식할 때 우리는 인간 개체보다 훨씬 위대한 힘과 접속된다. 우리는 더이상 지배와 정복에 기초한 시스템을—"힘을 갖지 못한 자는 삶의 권리를 잃는다"[214]라는 히틀러의 신조를 따르는 체제를—지지하지 않게 된다. 인간의 동물 지배를 비판하는 책을 쓴 매슈 스컬리의 말처럼, 삶의 성과를 우리가 "빼앗고 짓밟고 살해한 것들"로 평가하면 안 된다는 점을 배우는 것이다.[215]

위의 이야기들에서 우리는 역설을 발견한다. 육식주의의 진실에 대한 증언을 거부하게 만드는 이유가 바로 증언을 하고 싶어 하는 이유라는 역설이다. 양쪽에 동일한 그 이유란 우리가 '마음을 쓴다'는 것이다. 시스템의 정교하고 미로 같은 메커니즘 아래 묻힌 위대한 진실은 바로 이것이다. 마음을 쓰기 때문에 고개를 돌리고 싶어 한다. 그런가 하면 마음을 쓰기 때문에 증언해야 한다고 느낀다. 이 역설을 극복하는 방법은 양자를 하나로 통합하는 것, 즉 *육식주의의 진실을 바로 보고 증언하는 동시에 자기 자신에 대해서도 바로 보고 증언하는 것이다.* 우리가 동물에 대해 느끼는 바와 똑같은 연민을 우리 자신에게도 보여야 한다. 연민을 가지고 스스로를 바라볼 때 우리는 자신의 감정을 비난이나 심판 없이 직시할 수 있다. 그러면서 깨닫는다. 시스템이 우리를 저항이 가장 적은 길로 인도하면서 희생자로 만들었음을. 그러나 우리는 자신이 다른 길을 선택할 힘을 지녔다는 사실 또한 알게 된다. 숨어서 강제하는 시스템의 심리적 속박을 떨치고 자유롭게 선택할 기회가 우리에게 있다는 사실을.

| 시대정신 바로 보기 |

육식주의가 그처럼 넓고 깊게 퍼져 있음에도 불구하고 이 시스템이 흔들릴 것이며 변화의 요구를 밀어붙일 시기가 왔다고 믿을 만한 근거가 있다. 육식주의에 대한 도전이 시의적절하다고 믿을 이유는 여러 가지다. 환경 위기의 인식이 확장됐고, 동물보호에 관한 관심과 우려가 계속 커지고 있으며, 비건주의의 신뢰도와 대중적 인기 또한 높아지고, 육식주의와 비건주의에 관한 정보들을 접하기가 유례없이 쉬워졌다는 점 등이 그것이다.

제3장과 4장에서 지적했듯이 축산업은 기후변화를 비롯한 환경파괴의 주된 원인 중 하나다.[216] 가축들이 배설하는 엄청난 양의 똥에서 분출되는 메탄가스는 지구 상공의 오존층을 감소시킨다. 가축들에게 대량으로 사용하는 온갖 화학물질—합성 호르몬, 항생제, 살충제, 살진균제 따위—을 담고 사육시설에서 흘러나오는 유독성의 물은 공기와 물길을 오염한다. 사료작물을 심기 위해 수천 에이커씩의 숲이 잘려 나

감에 따라 표토가 침식되고 삼림이 자꾸 사라진다. 저수지에서 멋대로 빼 가는 담수의 양은 벌충 가능한 선을 넘어선다. 화학비료는 강과 개울로 스며들어 수중 생물을 파괴하는 미생물의 확산을 부추긴다. 유수한 과학자들은 육식주의적 대량생산 체제가 지속되면 생태계가 붕괴할 수밖에 없다는 데 의견을 같이한다. '녹색(green)'이라는 말이 들어간 제품과 출판물, 정책이 급증하는 현상에서도 드러나듯이, 환경보호는 모든 사람에게 갈수록 더 중요한 문제가 되고 있다. 생태계의 지속가능성에 대한 사람들의 걱정이 커지면 육식주의의 관행에 대한 우려 또한 확산되게 마련이다.

그러니 농장 사육동물의 보호에 관한 사람들의 관심이 커지고 비건주의에 마음을 더 열게 된 것도 우연이 아닐 테다. 미국 전국은 물론 세계 곳곳에 수많은 사육동물 보호 단체들과 비건주의 조직들이 생겨나고, 비건 식품 산업이 엄청난 성장을 보이며(비건 식품의 전 세계 시장 규모는 2018년 126억 9,000만 달러로 평가됐으며, 2019년에서 2025년 사이에 9.6%의 연평균 성장률을 보이며 더욱 확대될 것으로 예상된다),[217] 제임스 캐머런의 히트 다큐멘터리 〈더 게임 체인저스〉(2018)처럼 비건에게 초점을 맞춘 영화와 책이 많이 나오고 있는 것 등이 이를 말해 준다.

한때 극단적인 이데올로기이자 영양학적으로도 문제가 있다고 여겨지던 비건주의가 이제는 주류에 진입하고 있다. 인구수에서 비건은 아직 소수자이고 많은 의료 종사자들이 여전히 육식주의의 신화에 집착하고 있긴 해도, 육식주의 생산물을 먹지 않는 사람이 소외되거나 비정상인 취급을 받는 정도는 불과 5년 전과 비교해도 훨씬 덜하다. 이제 비건주의라는 말이 연상시키는 것은 1960년대 히피의 모습이 아니다. 싱어송라이터 모비, 배우이자 가수인 마일리 사이러스에서 보디빌더 빌 펄―다섯 번이나 미스터 유니버스에 오른 사람―에 이르기까지 많은 유명인사들이 다양한 형태로 성장 중인 채식 관련 운동의 홍보대사 구실을 하고 있다. 그리고 채식에 긍정적인 연구 결과들이 꾸준히 나옴에 따라 의료계에서도 식물 위주의 식사가 동물 위주의 식사 못지않게 건강에 좋을 뿐 아니라 오히려 더 나을 수도 있다는 것을 인정하지 않을 수 없게 되었다. 비건주의 간행물과 식품, 식당, 단체의 급증은 비건운동의 규모와 힘이 급속히 커지고 있음을 보여 준다.

육식주의에 본격적으로 도전할 때가 되었다고 하는 마지막 이유는 이 시스템의 주된 방어 수단인 비가시성이 약화되고 있다는 사실이다. 육식주의 산업이 자기네의 비밀을 대중에게 숨기기가 점점 더 어려워지고 있다. 육식주의의 신화를 유지하기 위해 정보를 통제해 온 축산업계는 시공간에 얽매이지 않고 통제되지도 않는 정보 출처에 의해 꾸준히 도전받아 왔다. 바로 인터넷이다. 육식주의는 오즈의 마법사와 같다. 시스템을 가린 장막을 걷어 내면 그 힘은 사실상 사라져 버린다.

위협은 '현실'이다.

위협은 '지금'이다.

받을 수 있는 타격은 엄청나다.

—식품마케팅연구소와 미국식육협회가 함께 연
2008년도 식육회의의 파워포인트 프레젠테이션
'동물 복지와 적극행동주의: 당신이 알아야 할 것'의 마지막 슬라이드

| 증언의 실천: 무엇을 할 수 있나 |

앞서 말했듯이 육식주의에 내재하는 엄청난 고통을 직시할 때 누구
든 무력감과 좌절감을 느낄 수 있다. 그러나 당신이 할 수 있는 일이
분명히 존재한다. 자신의 삶과 농장에서 사육되는 동물의 삶에, 그리
고 환경에 직접적으로 영향을 미칠 수 있는 행동들이다.

행동에 들어가겠다면 먼저 다음의 세 가지를 실천하자. 중요한 것
들이다. 매끼 식사를 가능한 한 비건 식으로 할 것, 비건주의 단체를
하나 골라 지원할 것, 자신과 다른 사람들을 위해 지속적으로 관련 지
식과 정보를 입수할 것. 요컨대 *비건 동맹자*가 되어 비건주의와 비건들
을 지원하는 일에 자신이 지닌 영향력을 보태라는 것이다. 설사 스스
로는 아직 완전한 비건이 아닐지라도.

육식주의 생산물을 일절 먹지 않는 게 궁극적 목표이기는 하지만, 육식주의에서 벗어나는 과정에서 그런 것의 양을 줄이기만 해도 동물들과 환경, 그리고 자신에게 상당한 영향을 미칠 수 있다. 예를 들어, 한 달에 한두 차례 육식주의 생산물을 먹는 사람은 그런 걸 매일 먹는 사람보다 훨씬 적은 수의 동물을 소비한다. 이것은 확실히 동물들에게 도움이 될 뿐 아니라, 자신의 탄소 발자국(사람이 생활하거나 상품을 생산·소비하는 과정에서 직간접적으로 발생시키는 이산화탄소, 메탄 등 온실가스의 총량─옮긴이)을 줄이는 효과도 있다. 동시에 당신 자신에게도 유익하다. 가치관과 행동이 전보다 훨씬 조화를 이루는 걸 느낄 테고, 건강 증진 효과도 아마 상당할 것이니까.

그리고 변화를 향해 혼자서 애쓸 필요도 없다. 전 세계에서 수백만 명이 육식주의를 변혁하기 위해 활발하게 움직이고 있으며, 그들에게 합류하거나 다른 방식으로 지원하는 일이 어느 때보다 쉬워졌다. 자신이 사는 지역에 비건주의 그룹이나 관련 단체가 없을 경우엔 인터넷에서 찾아 접속하면 된다. 단체와 관계를 맺으면 대의에 기여하는 방법이 여러 가지 있다. 돈을 기부해도 되고, 각종 활동에 참여해도 되며, 그 밖에도 육식주의 문제의 해결에 일조하기 위해 할 일이 얼마든지 있다. (인터넷의 카니즘닷오그[carnism.org] 사이트에 가면 이와 관련한 제의나 자료들을 볼 수 있다.)

마지막으로, 당신은 육식주의 문제에 대해 끊임없이 공부하고 그걸 다른 사람들에게 전수할 수 있으며, 그래야 한다. 깨달음을 잊어버리고 육식주의적 마비의 고치 속으로 되돌아가는 일이 너무도 쉽게 일어난다. 기억하라. 당신 안의 육식주의 스키마는 당신을 육식주의의 사고방식으로 다시 끌어들이려 한다. 적극적으로 정보를 찾아서 익히고 문제에 대한 이해를 심화하지 않으면 육식주의적 생산에 대한 깨달음은 사그라들기 쉽다.* 그러니 항상 바로 보고 증언하기를 신조로 삼아야 한다.

| 육식주의 너머로 |

대규모의 육식주의적 소비를 가능케 하는 메커니즘들 자체는 육식주의에 고유한 게 아니다. 앞에서 지적했듯이 육식주의는 수많은 폭력적 이데올로기, 억압적 시스템 중 하나일 뿐이다.** 어떤 이데올로기든, 사람들이 진실을 잘 알게 되면 그 이데올로기에 대한 지지를 유보할 수도 있는 상황에서 그들을 시스템에 참여시켜야 할 경우엔 육식주의와 똑같은 메커니즘들을 활용하게 마련이다. 그래서 육식주의에 대한 이해는 우리가 몸담은 모든 시스템에 대해 보다 비판적으로 생각하는 것을 도울 수 있다. LGBTQ+(lesbian, gay, bisexual, transgender,

---

* 항상 정보를 알고 있으라는 말이 동물 착취의 충격적인 이미지들을 자꾸 보고 떠올리라는 말은 아니다. 농장 사육동물들이 겪는 고통을 일단 알게 된 다음에는 심적 외상을 초래할 수 있는 정보들에 자신을 굳이 노출시킬 필요가 없다.
** 나는 2019년 이 주제에 관해 『파워라키: 사회 변혁을 위해 억압의 심리를 이해하기 (Powerarchy: Understanding the Psychology of Oppression for Social Transformation)』라는 책을 낸 바 있다.

and queer/questioning plus) 공동체에 속한 사람들에 대한 널리 퍼진 증오와 차별, 아파르트헤이트라는 남아공의 뿌리 깊고 확고했던 인종격리 시스템, 수단 다르푸르 지역의 집단학살 따위를 가능케 한 논거들과 심리 상태를 생각해 보라. 이 모든 경우에 대중의 지지를 확보하기 위해 폭력의 존재는 부정되고, 정당화되고, 왜곡되었다.

증언도 마찬가지다. 폭력적인 시스템들은 구조적 특징이 서로 비슷하므로, 육식주의의 진실을 바로 보고 증언하는 일은 다른 시스템들에 대해 증언할 때 참조할 틀을 제공할 수 있다. 사실 증언 능력이 육식주의라는 특정 대상을 넘어서는 것은 증언이란 단순히 우리가 *행하는* 무엇이 아니라 *존재하는* 방식이기 때문이다. 증언은 고립된 행위가 아니라 우리 자신과 관계 맺고 세계와 관계 맺는 하나의 방법이다. 그것은 자신과의, 그리고 타인과의 상호작용을 특징짓는 삶의 한 방식이다. 그리고 우리의 증언 역량에는 한계가 없다.* 실제로, 증인 되기는 스스로에게 힘을 실어 주는 행위이기 때문에 많이 할수록 그 능력이 커진다. 연민이나 공감과 마찬가지로 우리의 증언 역량도 발휘하는 만큼 자라는 것이다.

---

* 직시하고 증언하기가 때로 고통스러울 수는 있어도, 증언자를 정서적으로 불안하게 만들면 안 된다. 대상을 바로 보고 증인이 되려 할 때 우리는 자신과 다른 사람들의 경험에 정신적·정서적으로 열려 있어야 하지만, 심히 고통스러운 정보를 받아들이도록 스스로를 강제하면 안 된다는 뜻이다. 한데 많은 동물권운동가들이 육식주의적 생산의 참혹한 양상에 과도하게 자신을 노출시킴으로써 심적 외상을 입곤 한다. 이런 유형의 증인 되기는 불필요하며 결국은 비생산적이다.

| 증언하는 용기를 |

증인이 되는 일은 용기를 필요로 한다. 다른 존재가 겪는 고통에 가슴을 열고 좋든 싫든 우리 자신도 그 고통이 발생하는 시스템의 일부임을 인정하려면 용기가 있어야 하기 때문이다. 국제앰네스티 이사였던 제임스 오디는 이렇게 설명한다.

> 증인은 상처 입는 사람, 유린당하는 사람들과 마음으로 함께 선다. 타오르는 증오와 폭력 가운데 서 있음에도 그것들을 악화시키지 않는 비범한 역량이 증인에게는 있다. 사실 가장 심오한 형태의 증언은 고통받는 모든 존재에 대한 연민의 모습을 띤다. … 실제로 우리는 결코 외부의 관찰자일 수 없다. 우리는 상처 안에 함께 있다. 단지 어떤 사람은 느끼고 어떤 사람은 무감각할 뿐이다. 우리는 변화시켜야 할 바로 그것의 내부에 있다. [218]

증언을 하는 데는 시스템이 제시하는 '가장 저항이 적은 길'을 따라가지 않겠다고 거부하는 용기가 필요하다. 젖소 에밀리처럼 우리는 줄을 서도록 인도되었고, 우리 앞에 놓인 길을 따라가라고 배웠다. 그러나 에밀리처럼 우리도 줄에서 빠져나와 삶의 궤도를 바꾸는 선택을 할수 있다. 당신이 이전에 육식주의의 진실을 알았든 몰랐든, 이 책을 읽기로 했다는 사실은 흔히들 가지 않는 길을 택할 용기가 있음을 말해준다. 이 책에 담긴 정보는 도발적이고 논쟁적이며 때로는 불안과 농요를 불러오기 때문에, 그것을 대면하고 받아들이는 데는 용기가 필요하다.

증인이 되는 데는 인간 정신의 잠재력을 실현하는 용기 또한 필요하다. 증언하기는 우리에게 인간이 지닌 최상의 자질들, 즉 신념과 성실, 공감, 연민 등을 불러내라고 요구한다. 한데 우리에겐 육식주의 문화의 특질인 무관심, 현실 안주, 이기주의, 그리고 '더없이 행복한' 무지 따위를 견지하는 일이 훨씬 쉽다. 내가 이 책을 쓴 것은—그 자체가 하나의 증언 행위인데—인간에게는 자신이 될 수 있는 최선의 존재가 되고자 하는 근본적 욕구가 있다고 믿기 때문이다. 나는 어려움으로 가득 찬 이 세상에서 사실상 우리 모두가 강력한 증인으로 행동할 역량을 지녔다고 믿는다. 나는 가르치고 책을 쓰고 강연을 해 오면서, 그리고 개인적인 삶을 통해서도 수많은 사람과 만나고 소통했다. 그런 기회들에 나는 이른바 평균적인 사람들이 발휘하는 용기와 동정심을 거듭 거듭 목격했다. 무관심했던 학생들이 열정적인 활동가가 되었으며, 평생 육식을 해온 사람이 동물 학대의 현장을 담은 영상을 보고 눈물을 흘리며 다시는 동물을 먹지 않겠다고 했다. 어느 날 문득 고기를 보고 살아 있는 동물을 떠올리기 시작한 푸줏간 주인은 더이상 동물을 죽일 수 없게 됐고, 육식자들의 마을이 도살을 피해 도망친 소의 탈출을 도왔다.

궁극적으로, 증인이 되는 데는 자신의 역할을 선택하는 용기가 필요하다. 정신의학자 주디스 허먼은 대규모의 폭력 앞에서 모든 방관자는 행동을 하거나 하지 않음으로써 결국 한쪽 편을 들 수밖에 없으며, 도덕적 중립이란 존재하지 않는다고 지적한다. 노벨 평화상 수상자이자 유대인 대학살의 생존자인 엘리 비젤은 이렇게 말했다. "중립은 압제자를 돕지 절대로 희생자를 돕지 않는다. 침묵은 괴롭히는 자에게 용기를 주지 결코 괴롭힘을 당하는 이에게 용기를 주지 않는다."[219] 증언하는 행동을 통해 우리는 주어진 역할에 안주하지 않고 스스로 역할을 선택할 수 있게 된다. 희생자와 함께 서기를 택한 사람들이 정서적 고통을 느낄 수도 있겠지만, 허먼이 말하듯이 그들에게 "더이상의 영광은 없다."[220]

후기

『우리는 왜 개는 사랑하고 돼지는 먹고 소는 신을까』(이하『우리는
왜』) 출간 10주년을 맞아 개정판을 내면서, 이 책이 하나의 촉매가 되
어 가능해진 일과 발상들을 되돌아보고 정리할 수 있게 되어 기쁘고
감사하다.

『우리는 왜』 이후 10년, 아주 짧은 요약

『우리는 왜』는 지금까지 17개 언어로 출간되었고 많은 나라에서 계
속 판매 중이며(그중 일부는 베스트셀러이기도 하고 상을 받기도 했
다), 동물권에 관한 주요 문헌의 하나이자 창의적이고 영향력 큰 책으
로 간주되고 있다. 2010년 이 책을 내놓은 뒤 나는 전 세계 여섯 대륙
약 50개국으로 강연 여행을 다니게 되었고, 영국 BBC에서 호주 ABC
에 이르기까지 광범한 언론의 주목을 받았다. 『우리는 왜』는 또한 내
가 몇몇 중요한 상을 받는 데 적잖은 역할을 했는데, 그중 하나는 넬
슨 만델라와 달라이 라마에게 수여된 바 있는 아힘사상(賞)이다(산스
크리트어인 'ahimsa'는 '비폭력, 불살생, 불해[不害]'라는 뜻이다. ‒옮긴이).

이 책은 '육식주의를 넘어(Beyond Carnism)'라는 국제 NGO의 주춧돌이 되기도 했다. 내가 조직한 이 기구는 전 세계 차원에서 육식주의를 드러내고 변혁하는 것을 사명으로 하고 있다. 우리의 주요 프로그램 중 하나는 '효율적 비건 주창센터(Center for Effective Vegan Advocacy, CEVA)'로 비건 전략가인 토바이어스 리나르트와 내가 이끌고 있는데, 현재의 목표는 전 세계적으로 비건주의의 영향력을 키우는 것이다. 토바이어스와 나는 세계 곳곳을 돌아다니며 비건주의를 펴는 이들에게 연수를 비롯한 여러 형태의 지원을 제공하고 있다.

이에 더해 『우리는 왜』는 내가 프로베그 인터내셔널(ProVeg Internatioal)을 공동 창립하는 길을 닦아 주었다. 이 기구는 음식의 중요성에 대한 의식을 계발하기 위한 NGO로 독일 베를린에 본부가 있으며, 창립 CEO인 서배스천 조이와 함께 일하기 (그리고 결혼하기) 위해 나도 결국 그곳으로 이주했다. 프로베그의 사명은 2040년까지 전 세계 동물 소비를 50% 줄이는 것이다.

다른 사람들도 육식주의의 심리와 이데올로기를 검토하고 그것에 도전하는 기반으로 『우리는 왜』를 이용했다. 예컨대 몇몇 사회과학자들은 내가 제시한 육식주의 이론을 확장하고 경험적으로 테스트했으며, 그 과정에서 이 이론의 타당성을 가늠하고 육식주의를 편견의 한 형태로 이해하게 해 주는 도구들을 개발했다.

『우리는 왜』는 비건주의 주창자, 지지자와 동맹자들의 세계적 네트워크를 출범시키는 데 도움이 되었을 뿐 아니라, 내가 원래의 분석을 발전시키고 더 깊고 넓게 만들기 위해 새로운 아이디어들을 개발하는 일에 기틀을 잡는 구실도 했다.

육식주의 이론의 확장: 신육식주의와 부차적인 방어기제들

『우리는 왜』를 출간한 뒤 곧 나는 육식주의 이론을 확장하기 시작했다. 그 확장 중 두 가지는 축산업의 불의에 대한 인식이 증가함에 따라 비건주의에 대한 반발과 반격 역시 증가한다는 나의 깨달음에서 비롯됐다.

2012년 나는 내가 '신육식주의(neocarnism)'라고 부르는 것에 관한 글을 한 편 발표했다. '육식주의의 반발'의 한 부분으로 대두한, 육식주의의 새로운 형태들인 신육식주의는 점점 더 도전을 받고 있는 시스템을 보강하기 위한 것이다. 신육식주의에는 세 가지 주요 형태가 있다. 그 각각은 비건주의의 세 가지 핵심 논거(동물복지와 환경보호, 인류 건강) 중 하나를 약화시키기 위한 육식주의적 정당화를 제공한다. 각각의 형태는 또 정당화의 세 가지 N—동물을 먹는 것은 정상적이고, 자연스러우며, 필요하다는 것—중 하나씩을 받쳐 줌으로써 동물을 먹지 않는 것은 비정상이고(abnormal), 자연스럽지 못하며(unnatural), 불필요하다(unnecessary)는 신화를 더욱 고취한다. (2012년의 글에서 저자는 신육식주의와 기존 육식주의의 중요한 차이로 신육식주의가 동물을 먹는 일의 윤리에 대한 분석을 상당히 가미하고 있다는 점을 든다. '그러한 성찰의 결과 문제의 해결책은 동물을 먹지 않는 게 아니라 먹는 방식을 바꾸는 것이라는 합리적 결론에 다다랐다'는 게 신육식주의의 주장이라는 얘기다.—옮긴이)

신육식주의 가운데 내가 '동정적 육식주의(compassionate carnism)'라고 부르는 것은 '인도적인' 고기와 알, 유제품을 구하는 것이 가능하다는 믿음을 통해 표출된다. 이 형태의 신육식주의는 비건주의의 동물복지 논거에 대한 반격을 담고 있다. 농장 사육동물의 복지가 진정으로 가능하다면 비건주의는 필요 없을 것이다(그러나 사육동물의 복지는 현재의 시스템 아래에서는 불가능하며, 나아가 사육동물이 존재한다는 것 자체가 그들의 복지와는 상반되는 것인 만큼 사실 언제까지나 불가능하다. 사육동물은 인간에 의해, 인간을 위해 만들어진 무리이므로 정의상 착취의 대상이다). 동정적 육식주의는 동물을 먹는 것이 정상이고 동물을 먹지 않는 것은 비정상이라는 신화를 북돋운다. 축산기업들과 기타 기관, 단체들이 극단적이고 과격하다고 묘사하는 비건주의는 '인도적인' 고기, 알, 유제품과 병치·비교되어 동정적 육식주의가 양극단─공장식 축산의 잔혹함과 비건주의의 과격해 보이는 실천─을 모두 지양한 주류의 (즉 정상적인) 대안인 것처럼 보이게 한다. 바꿔 말하면, 육식주의적 소비자들은 육식주의의 규범 안에 머물면서도 자기들이 먹고 있는 것은 아마도 인도적으로 취급된 동물들일 거라고 믿음으로써 양심을 달랠 수 있게 된다.

내가 '생태육식주의(ecocarnism)'라고 이름 붙인 또 하나의 신육식주의는 주로 이른바 '로커보어(locavore)'를 통해, 그리고 어느 정도는 식도락 운동을 통해 표출되고 있다(로커보어란 로컬푸드 즉 자기 지역에서 생산된 식자재와 식품만으로, 혹은 그것 위주로 식사를 하는 사람을 이른다. 생태육식주의는 환경에 대한 관심과 공업화된 축산에 대한 문제의식을 반영하고 있다. -옮긴이). 생태육식주의는 사냥하는 것과 나중에 도축할 목적으로 동물을 직접 키우는 것을 자연스럽고 건강한 일로 규정하면서 비건주의를 하나의 트렌드, 현대 생활에서의 한 일탈적 경향 정도로 취급한다. 비건들은 그들이 먹는 음식의 진짜 원천으로부터 동떨어져 있는, 그래서 현실과 단절된 과민하고 결벽증적인 도시인이나 교외 거주자로 그려진다.

생태육식주의는 동물을 먹는 것은 자연스럽고, 먹지 않는 것은 자연스럽지 않다는 신화를 강화한다. 생태육식주의 지지자들은 건강하게 살고 먹으려면 자연으로—인간 본성으로, 그리고 자연계로—돌아가야 한다고 주장한다. 여기에는 밭을 갈고 동물을 죽이느라 손을 더럽히는 것에 대한 거부감을 초월하는 일도 포함된다. 생태육식주의는 인간의 잡식성의 역사를 미화한다. 역사적으로 우리는 동물을 죽여서 먹는 일과 그리 동떨어져 있지 않았으며, 그런 일을 편안하게, 즉 별것 아닌 일로 여겼으리라는 얘기다. 여기서 기억해야 할 것은 이전 시대들에는 우리가 인간을 죽이는 일과도 그리 동떨어져 있지 않았고 그걸 별것 아닌 일로 여겼다는 사실이다. 로마 시대의 검투 경기나 공개 처형을 생각해 보라. 하지만 오늘날 이런 일들을 다시 벌이자고 하는 사람은 없다. 공감과 연민은 초월하기보다 배양하려고 노력해야 하는 자질임을 알기 때문이다.

끝으로, 내가 '생명육식주의(biocarnism)'라고 이름한 신육식주의는 비건주의의 건강 관련 주장들에 대한 반발을 표출하는 것이다. 이 신육식주의는 팰리오 다이어트(paleo[paleolithic] diet, 구석기시대 식이요법, 원시인 식이요법)나 키토 다이어트(keto[ketogenic] diet, 케톤 생성 식이요법) 같은 일시적 유행들에서 볼 수 있으며, 동물을 먹는 것은 필요하며 먹지 않는 것은 불필요하다는 신화를 옹호한다. (저자의 2012년 글에 따르면, 이들은 동물을 먹는 것은 인간 생존에 필수적이기 때문에 윤리적 고려의 대상이 아니라고 주장한다. 또한 생명육식주의 지지자 중 상당수가 비건이나 채식주의자였다가 건강에 문제가 생긴 뒤 육식을 재개한 사람들이라고 한다. ―옮긴이)

육식주의의 반발을 분석하면서 나는 육식주의의 방어 유형은 한 가지가 아니라 두 가지임도 알아차리게 되었고, 2013년 이 현상에 대한 글을 하나 썼다. 나는 육식주의는(나아가 다른 억압적 시스템들도) 그것에 도전하는 대안적 시스템보다 강한 힘을 유지해야만 계속 버틸 수 있다는 것을, 따라서 육식주의를 방어하려면 두 가지 목표를 이루어야 한다는 것을 깨달았다. 그 두 가지란 육식주의가 올바름을 입증하는 것과 비건주의가 틀렸음을 입증하는 것이다. 나는 전자를 위한 방어들을 '일차적 방어', 후자를 위한 방어들을 '이차적 방어'라고 부른다.

이차적 방어는 세 가지에 초점을 맞춰 비건주의가 잘못임을 보여 주려 한다. 비건 이데올로기, 비건 운동, 비건들이 그것이다. 비건 이데올로기의 경우, 이차적 방어들은 예컨대 비건주의는 비정상적이고, 부자연스러우며, 불필요하다고 시사함으로써 그것을 무력화하려 든다. 비건 운동에 대해서는 예를 들어 그런 운동은 존재하지 않는다고(비건주의는 단지 하나의 '트렌드'일 뿐이라고) 주장함으로써 무력화를 시도한다. 그리고 비건들을 무력화하기 위해서는, 육식자들―또는 채식주의자까지 포함한 *비(非)-비건들(nonvegans)*—로 하여금 비건들이 공유하는 정보에 대해 방어적으로 느끼게 만드는 부정확하며 부정적인 스테레오타입들을 널리 퍼뜨리는 방식을 주로 쓴다. 메신저를 쏘아 죽이면 그들이 전하려던 메시지가 함축하는 바를 진지하게 고려할 필요가 없으니까. 예컨대 비건들은 흔히 지나치게 감정적인, 동물을 사랑하는 센티멘털리스트로 그려진다. 누군가가 지나치게 감정적이라면 그들은 당연히 합리적이지 않고, 합리적이 아닌 사람의 말은 들을 가치가 없다. (물론 슬픔과 분노는 육식주의라는 잔혹 행위에 대한 정당하고 건강한 반응이다. 정작 크게 우려해야 할 것은 광범한 육식주의적 좀비화의 불가피한 결과인, 마치 역병 같은 무관심이다.) 불행한 일은, 자신이 거기 갇혀 있다는 사실조차 인식하지 못하는 육식주의의 우리로부터 탈출시켜 줄 정보 자체를 사람들이 거부하게 만드는 숱한 반(反)비건 스테레오타입들이 존재한다는 사실이다. 이차적 방어는 이러한 스테레오타입들이 온전히 유지되도록 보장하는 구실을 한다.

육식주의를 넘어: '관계 해득력'과 '파워라키'

강연을 하고 연수를 진행하는 중에 한 가지 우려스러운 패턴이 내 눈에 띄기 시작했다. 참가한 비건들 중 몇몇이 비슷한 얘기를 하는데, 비건이 된 후 비-비건들과의 관계와 소통이 단절되기 시작했다는 것이 있다. 이런 이야기들은 내가 받은 수많은 이메일과 페이스북 메시지의 주제이기도 했다. 확실히 비건들은(때로는 채식주의자들도, 심지어 채식주의자나 비건과 교류하는 육식자들까지) 그들 이데올로기 상호간의 관계나 소통을 어떻게 다뤄 나가야 할지 조언이 필요했다. 관계와 소통에 문제가 워낙 많았기 때문이다.

나는 개인적으로 이런 이야기들뿐 아니라, 진실되고 올바른 행동을 선택하는 대가로 흔히 사랑하는 사람들을 잃어야 하는 세상에 우리가 살고 있다는 아이러니한 사실에도 슬픔을 느꼈다. 나는 좌절감도 들었다. 몇 년 동안 인간관계 코치로 일한 적이 있었기에, 내가 목격하는 괴로움의 대부분이 올바른 방식으로 대처하면 막을 수 있고 돌이킬 수도 있는 것임을 알았기 때문이다.

나는 관계와 소통의 단절로 인해 비건들이, 나아가 비건 운동 전체가 엄청난 손실을 보고 있다는 사실을 깨닫게 되었다. 실제로 타인들과 잘 연결되고 만족스러운 관계를 갖고 있는 사람들이 삶의 거의 모든 측면에서 더 잘 나간다는 연구 결과도 있다. 더 오래 살고, 더 건강하고, 더 행복하고, 직업적으로도 더 성공한다는 것이다. 그래서 나는 이런 좋은 관계들의 *부재*뿐만 아니라 장애적인 관계들의 존재가 비건들에게 어떤 영향을 미칠지 상상해 봤다. 그 결과, 가능한 모든 도움이 필요한 비건 운동이 엄청난 양의 에너지를 그런 것들에 빼앗기고 있다는 결론을 얻었다.

『우리는 왜』가 출간되고 7년이 지난 시점이었다. 당초 나는 그것이 내 마지막 책이 될 거라고 스스로에게 약속했었다. 하지만 심리학자이자 인간관계 코치이며 오랫동안 비건주의를 주창해 온 나는 비건과 비-비건들의 관계와 소통을 주제로 글을 쓰기에 누구보다도 알맞은 위치에 있었다. 그래서 심혈을 기울여 새 책을 썼다. 찾을 수 있는 모든 관련 연구를 깊이 파고들어 엄청나다 할 분량의 정보를 검토 분석하고, 드디어는 그것들을 나 자신의 이론 및 통찰과 종합했다. 그 결과물이 『신념을 넘어: 비건, 채식주의자, 육식자 사이의 관계와 소통을 개선하기 위한 가이드(Beyond Beliefs: A Guide to Improving Relationships and Communication Among Vegans, Vegetarians, and Meat Eaters)』다.

이 책에서 나는 건강한 관계를 위한 청사진이라 할 '관계의 회복탄력성(relationship resilience)' 개념을 제시하고, 최소한 한 명의 비건을 (또는 채식주의자를) 포함한 관계 속에 있는 사람들에게 맞추어 이 접근법을 구체화했다. 나는 육식주의가 이렇게 '비건/비-비건' 관계에 보이지 않는 방해자가 되어 양측을 대립시키고 모두의 인식을 왜곡하는지, 많은 비건이 동물들의 수난을 목격하면서 받는 충격, 즉 트라우마가 어떻게 그들로 하여금 무의식적으로 비-비건 및 다른 비건들과의 연결을 끊게 만드는지 등에 대해 이야기했다.

『신념을 넘어』를 쓰면서 그동안 내 안에 갇혀 있던 많은 생각들이 풀려나와 새로운 생각들을 불러오는 분석 과정을 촉발했고, 그 새로운 생각들은 새로운 책들을 써야 할 이유가 되었다. 몇 년 동안 글을 거의 쓰지 않다가 갑자기 글쓰기를 멈출 수가 없게 된 것이다.

나는 『신념을 넘어』의 한 장(章)에서 관계적 권력(relational power)의 역학과 억압의 심리학에 관해 내가 개발하고 있던 새로운 이론을 언급했다. 하지만 이 장은 책과 잘 맞지 않는 것으로 드러났고, 결국 빼버리기로 했다. 이후 그 장은 별도의 책으로 발전했다. 『파워라키: 사회 변혁을 위해 억압의 심리를 이해하기(*Powerarchy: Understanding the Psychology of Oppression for Social Transformation*)』가 그것이다. (저자가 만든 용어인 '파워라키'는 모든 억압적 시스템이 공유하는 총괄적 신념 체계로, 아래에도 나오듯이 '도덕적 가치에는 위계가 있다'는 믿음을 기반으로 한다.—옮긴이)

『파워라키』에서 나는 억압은 (그리고, 규모가 작고 제도화되지 않았지만 본질적으로 억압인 학대 역시) 관계 기능의 장애를 반영하고 강화한다고 설명한다. 사회 집단이나 개인으로서 다른 인간이나 인간 아닌 존재와, 환경과, 심지어 우리 자신과 관계하는 방식에서의 장애 말이다. 모든 억압적이거나 학대적인 시스템(예컨대 성차별, 육식주의, 또는 학대관계 등)은 본질적으로 똑같은 사고방식을 반영하고 똑같은 기본 구조를 갖고 있다. 그것들은 모두 관계 기능에 장애가 있는, 즉 *비관계적*(nonrelational)인 시스템이다. 비관계적 시스템은 도덕적 가치에는 위계가 있다는—어떤 개인이나 집단은 다른 개인이나 집단보다 도덕적으로 고려할 가치가 더 있다는—믿음에 근거하고 있으며, 권력의 부당한 불균형을 만들어 내고 유지하도록 구조화되어 있다. 이런 시스템은 우리를 건강한 관계 맺기와 상반되는 방식으로 생각하고 행동하게 길들인다. 즉 그것은 우리에게 우리 본래의 진실성을 훼손하고(우리는 정의와 동정심을 실천하지 않는다) 다른 사람들의 존엄성을 해치도록 가르침으로써 우리와 다른 사람들 사이가, 나아가 우리 자신과의 관계도, 단절되게 만든다. 억압을 바큇살에 비유한다면 파워라키는 그 중심축, 바퀴통(hub)이다. 그것은 억압의 *메타시스템*

(*metasystem*) 즉 총괄적인 상위 시스템으로 존재한다.

『파워라키』에서 나는 그 시스템을 해체하고(이 '해체[deconstruction]'의 의미는 앞쪽 1장 끝부분의 주를 참조-옮긴이) 그것의 방어 구조를 이 책 『우리는 왜』에서 육식주의의 방어 구조에 대해서 한 것과 비슷한 방식으로, 그러나 더 많은 특징들과 분석을 포함시켜 서술했다. 또한 변혁을 위한 도구들도 제시했는데, 그중 특히 주목할 것은 내가 고안하여 '관계 해득력(relationship literacy)'이라고 명명한 것이다(이는 건강한 방식의 관계 맺기에 대한 이해와 그것을 실천하는 능력을 가리킨다). 관계 해득력은 내가 『파워라키』에 이어서 쓴 책의 주제다. ('literacy'는 본디 글을 읽고 쓸 줄 아는 것, 그런 능력―한자어로는 '文解[力]/문자 해득[력]'―을 뜻하는데, 거기서 나아가 어떤 분야나 주제에 대한 이해, 해득력, 교양의 의미로도 쓴다. 번역하지 않고 '디지털 리터러시', '컴퓨터 리터러시', '미디어 리터러시'처럼 원어 발음대로 표기하기도 한다. -옮긴이)

나는 『신념을 넘어』에 들어간 내용을 재가공하여 주류 독자들을 위한 책으로 만드는 것을 꿈꿔 왔다. 관계의 장애나 역기능은 모든 사람에게 영향을 미치는 것이며, 그것이 불러오는 괴로움은 올바른 이해와 적절한 도구만 있으면 대체로 막을 수 있고 치유할 수 있기 때문이다. 나는 연애 관계나 가족 내 상호작용, 그리고 리더십 등의 문제로 고심하는 수많은 사람을 코치한 경험이 있기에, 이를 바탕으로 건강한 관계를 위한 적절한 접근법을 모두 담은 책을 써서 그런 이들이 읽도록 하는 게 오랜 소망이었다. 이를테면 '원스톱 가이드'로서, 억압의 시스템이 어떻게 불가피하고 심대하게 관계에 영향을 미치는지에도 주목한 책이나. 그리고 『신념을 넘어』와 『파워라키』를 위한 연구 조사와 이론화에 깊이 몰두하면서 나는 진정하고 지속적인 사회 변혁을 일궈 내는 데 관계 해득력의 계발이 얼마나 긴요한 역할을 하는지 깨닫게 됐다. 사실, 관계 해득력의 집합적인 수준이 지금처럼 낮지 않다면—우리가 관계의 암흑시대에 살고 있지 않다면—분명 우리는 유해하고 비관계적인 리더들, 정책들, 관행들을 인지하고 그들에 대한 지지를 유보할 것이다. 세상은 완전히 다른 곳이 될 터이다.

한 가지 좋은 소식은, 건강한 대인관계를 만들어 주는 바로 그 원칙과 도구들이 모든 종류의 관계에 적용되는 것이란 사실이다. 그래서 대인관계를 개선하는 법을 배운 사람은 예외 없이 다른 온갖 관계에서도 개선의 능력과 성공 가능성이 커진다. 바꿔 말해, 어떤 사람이 가족과 친구, 동료들과의 관계에서 더 마음을 쓰고, 자신을 더 돌아보고, 더 감정이입을 하며 그들을 더욱 진실하게 대하는 법을 배우면(그리고 억압의 시스템들이 어떻게 자신을 스스로의 진짜 생각과 감정으로부터 단절되도록 길들이는지를 이해하게 되면), 그 사람은 다른 이들, 나아가 다른 동물들을 더 존중하게 되기 쉽고, 모든 존재에게 더 연민을 보이는 세계의 창조를 돕기도 좋은 위치에 있게 된다. 나의 책 『관계 바로 세우기: 어떻게 회복탄력성을 키워 삶과 사랑과 일에서 번창할 것인가 (Getting Relationships Right: How to build Resilience and Thrive in Life, Love, and Work)』는 관계 해득력을 고취함으로써 개인적 변화와 사회 변혁의 촉진을 돕고 전체론적이고 영속적인 변화를 지원하는 것을 목표로 하고 있다.

『우리는 왜』이후 네 번째로 내는 책은(2020년 가을에 나왔다.—옮긴이) 파워라키가—구체적으로는 그것이 만들어 내는 특권과 억압의 역학이—비건 운동 내부에서 어떻게 작동하는지에 관한 길지 않은 글이다. 제목은『비건 매트릭스: 더 폭넓고 힘 있는 운동을 위해 비건들 사이의 특권 문제를 이해하고 논의하기(The Vegan Matrix: Understanding and Discussing Privilege Among Vegans to Build a More Inclusive and Empowered Movement)』로, 이 책은 #ARMeToo* 봉기가 일어난 직후에 내가 쓴 일련의 에세이에서 출발했다. 내가『비건 매트릭스』를 쓴 이유는 그동안 성찰이나 검토가 되지 않았던 비건들 사이의 특권 문제를 지적하고, 우리의 특권에 이의가 제기되거나 우리가 다른 사람들의 특권에 이의를 제기할 때 어떻게 특권에 대해 이야기할 것인지 가이드라인을 제공하기 위해서였다.

나는 제대로 성찰되지 않은 성차별, 인종차별, 계급차별과 기타 파워라키들이, 페미니스트나 사회정의 주창자 등 비건 운동의 협력자가 될 수 있는 사람들과 비건들 사이에서뿐 아니라 비건 운동 내부에서도 대인관계에 문제를 일으킨다는 사실을 오래전부터 알고 있었다. 그러나 나는 또 다른 저술 프로젝트를 시작할 여유가 없었다. 하지만 이윽고 이 사안이 유발하는 피해의 정도가 얼마나 큰지를 깨닫게 되었다. 또한, 비건들 사이의 특권과 억압을 주제로 한 몇몇 훌륭한 자료들이

---

* 해시태그인 #ARMeToo는 #MeToo의 동물권운동 버전이다. (이 해시태그 중 'AR'은 동물권[animal rights]의 약자다. 동물권운동 내부의 남성 전횡과 성적 괴롭힘은 뿌리 깊은 것이나, 근년 들어서야 본격적으로 논의되고 있다 한다.—옮긴이)

나와 있긴 해도, 이 문제에 대해 별다른 사전 지식이 없는 사람들을 위한 것은 별로 없다는 사실도 알게 되었다. 게다가 #ARMeToo가 시작된 후 전개되고 있는 대화는 어떤 면에선 문제를 해결하기보다 더 만들어 냈다. 대화와 소통은 실패하고 비건들 사이의 분열이 심화되고 있었다.

『비건 매트릭스』에서 나는 육식주의적 특권을 다른 형태의 특권들과 병치하여 제시한다. 비건 운동 안에서의 (그리고 그 너머의) 특권과 억압에 대해 알고 싶어 하는 비건 독자들에게 그리 낯설지 않은 진입로를 만들어 주기 위해서다. 이 책은 또한 그동안 검토도 성찰도 되지 않았던 특권들을 어떻게 논의해야 대화가 교착 상태에 빠지지 않을지에 대한 제안도 포함하고 있다. 이 책의 목표는 비건들이 단합하는 것을 도움으로써 우리 운동이 보다 자율적이며 힘 있어지고, 그에 따라 동물들을 위한 더 효율적이고 영향력 큰 세력이 되도록 하는 것이다. 동시에 비건 운동을 넘어 사회 일반의 불의와 고통을 줄이는 것도 이 책의 목표다.

『우리는 왜』는 변화의 과정에 시동을 걸었고, 그 과정은 내가 상상조차 못 했던 방식들로 계속 전개되고 있으며, 독자적인 생명력과 추진력을 얻었다. 그 미래가 과연 어떠할지, 나는 희망차고 고무된 마음으로 지켜보고 있다. 나는 육식주의를 폭로하고 변화시키는 일을 계속할 것이다. 비건 운동의 최전선에 있는 사람들에게 자신감과 힘을 불어넣고, 파워라키에 대한 인식을 널리 제고하고, 변혁을 위한 주요 도구로 관계 해득력을 고취하는 작업도 지속하면서.

언젠가는 비건주의가 육식주의를 대체하여 지배적인 이데올로기가 되리라는 것을 나는 의심하지 않는다. 문제는 *될지 말지*가 아니라 *언제* 되느냐다. 사실 나는 현재 전개되고 있는 것 같은 비건 운동의 개화를 내 생전에 보리라고는 상상도 못했다. 전 세계적으로 비건 인구와 그들의 조직, 비건들을 위한 업소 등 시설, 그리고 비건 동맹자들이 급증하고 있는 것 말이다. 비록 일부 지역에서 육식주의적 소비가 늘고 있고(거대 축산기업들은 거대 담배회사들이 밟은 길을 따라가며 그들이 지닌 문제를 그들의 유해한 영향력에 더 취약한 나라들에 수출하고 있다) 농장 사육동물에 대한 착취는 여전히 전지구적 재앙임이 분명하지만, 비건 운동은 우후죽순처럼 자라고 있다. 나는 우리가 혁명의 문턱에 서 있다고 진정으로 믿는다. 우리가 알아 온 인간과 세계를 영원히 변화시킬 혁명의 문턱에. 그리고 이처럼 더없이 고무적인 과정에서 작은 역할이나마 할 수 있었던 것을 영광으로 생각한다.

독서 동아리 토론 가이드

1장 사랑할까 먹을까

• '특이한' 종류나 부위의 고기를 먹을 때 사람들이 보이는 인내심의 수위는 저마다 다른 편이다. 예컨대 같은 육식자라 해도 어떤 사람들은 이례적인 부위(가령 칠면조의 목)의 고기는 안 먹는가 하면, 다른 사람들은 좀 더 '모험적'이어서 기꺼이 여러 종류의 고기를 먹어 보고자 한다. 이런 차이는 무엇에서 비롯된다고 생각하는가? 그리고 이런 차이들을 이해하는 것은 동물을 먹는 일의 윤리를 논하는 방식에 어떤 영향을 미칠 수 있는가?

• 정확하게 왜 공감이 "자아감에 긴요"한가? 그리고 특정 종들에 대한 우리의 공감을 차단하는 것은 우리의 전반적 공감 능력에 어떻게 영향을 미칠 수 있는가? (자아감이란 세상과 관계를 맺으며 살아가는 '나'에 대한 느낌과 생각, 신념의 총합이다. -옮긴이)

• 책 첫머리에 나오는 디너파티 장면을 읽기 전에 당신은 '왜 나는 어떤 동물은 먹고 어떤 동물은 안 먹는지' 한 번이라도 생각해 본 적이 있는가? 생각한 적이 없다면 왜인가? 생각한 적이 있다면 언제, 왜 그랬

는가?

- 살아오면서 한 번이라도 '정상적인', 즉 일반적인 고기 종류와 부위를 먹는 걸 불편하게 느낀 적이 있는가. 그랬다면 왜인가? 그 불편함에 당신은 어떻게 반응했는가?
- 살아오면서 한 번이라도 채식주의자나 비건에 대해 부정적인 인상을 받은 적이 있는가? 그랬다면 어떤 인상이었으며, 왜 그렇게 느꼈다고 생각하는가?

2장 육식주의: "원래 그런 거야"

- 종차별(speciesism, 종차별주의)은 어떤 동물들에게 다른 동물들보다 큰 가치를 부여하는 것이 적절하다고 보는 이데올로기다. 종차별은 육식주의에 어떻게 배어들어 있는가? 이들 두 이데올로기의 유사점과 차이점은 무엇인가?
- 육식주의는 채식주의, 또는 비건주의와 '반대되는' 것인가?
- 성차별에 대한 도전에서 페미니스트들이 성공한 것은 모든 사람이 페미니스트가 되어야 한다고 주장함으로써가 아니라 성차별을 가능케 하는 가부장제 이데올로기를 부각함으로써였다. 대부분의 사람은 성차별을 지지하지 않지만, 자신이 페미니스트라고 생각지도 않는다. 육식주의에 도전코자 하는 사람들이 페미니스트들과 비슷한 접근법을 취하려면 어떡해야 할까?
- 육식주의 개념은 동물을 먹는 것의 프레임을 재구성하여, 그것이

단순히 개인적인 윤리의 문제가 아니라 사람들의 의식에 깊이 자리 잡은 신념체계의 불가피한 귀결임을 드러낸다(여기서 '프레임[frame]'이란 개인이나 집단이 어떤 문제를 인식할 때 직관적으로 적용하는 사고의 틀을 뜻한다. -옮긴이). 프레임의 이 같은 재구성은 동물을 먹는 일이 사회정의의 문제로 인식되는 것을 어떻게 도울 수 있으며, 비건주의를 널리 펴는 일에 어떤 함의를 갖는가?

3장 '진짜' 현실은 어떤가

• 이 장은 대부분의 육식주의 제품이 생산되는 공장식 농장, 즉 CAFO의 본질적 요소인 동물 학대에 초점을 맞춘다. 육식주의 개념이 보다 작은 규모의 가족 농장들에도 적용된다고 생각하는가? 왜 그렇다고, 또는 그렇지 않다고 생각하는가?

• 이 장은 읽기가 힘들 수 있다. 동물들의 고통을 생생하게 묘사하고 있기 때문이다. 이 장을 읽으면서 어떤 느낌과 영향을 받았는가? 무엇이 가장 흥미롭거나 충격적이었는가?

4장 부수적 피해

• 이 장은 육식주의가 인간과 환경에 어떤 결과를 가져오는지 설명한다. 동물보호에 관심이 큰 사람들은 인권과 환경정의를 위해 일하는 사람들과 교류하거나 동맹하는 데 육식주의 개념을 어떻게 활용할

수 있을까?

• 축산업계의 로비는 육식주의 산업이 경제적 권력과 입법에 관한 영향력을 유지하는 데 주된 역할을 한다. 담배 로비가 담배 산업을 위하여 그래 왔듯이 말이다. 동물을 먹는 것을 이데올로기가 이끄는 행동으로 프레임 짓는 것은 로비스트들과 그들이 끈질기게 요구하는 입법이나 여타 지원(예컨대 고기와 알, 유제품에 대한 보조금)에 이의를 제기하고 맞서는 일에 어떻게 도움이 될 수 있을까?

• '일상화(routinization)'는 정육업계에서 일하는 사람들에게 흔한 일이다. 육식주의적 소비자의 경험에서도 일상화가 한몫을 한다고 생각하는가?

5장 동물을 먹는 것에 관한 신화

• 마이클 폴란(『잡식동물의 딜레마』 저자) 같은 사람들이 그 도래를 알린 로컬푸드 운동(locavore[또는 local food] movement)은 공장식 축산에는 반대하지만 (특정한) 동물들의 도축과 소비를 지지할 뿐 아니라 찬양하기까지 한다(로컬푸드 운동은 자기 지역에서 생산된 식자재와 식품 위주로 식사를 하자는 캠페인이다. ―옮긴이). 예를 들면 폴란은 사냥이 생명의 자연적 질서의 한 표현이라고 말했다. "… [인간은] 이 먹이 사슬을 창조하는 데 아무런 역할도 하지 않았다. '포식자'를 위해 오래전에 준비된 자리에 발을 들였을 뿐이다"(『잡식동물의 딜레마』 영어본 p. 362-3). 그는 또 사냥꾼의 도덕적 양면성이야말로 사냥을 해 볼 만한

일로 만드는 것이라고 말한다(p. 361). (여기서 도덕적 양면성이란 사냥에 성공한 사람이 기쁨과 죄책감을 동시에 느끼는 것을 가리키는데, 폴란은 이런 양면성이 공업화된 도축장에서 아무런 감정 없이 기계적으로 동물을 죽이는 일보다는 훨씬 정직한 것이라고 말한다.-옮긴이) 육식주의 개념은 로컬 푸드 운동에 어떻게 적용될까? 육식주의의 정당화 논리인 3N(육식은 정상적이며, 자연스럽고, 필요하다는 것) 중 '생태육식주의'가 가장 의존하는 것은 무엇인가?*

- 당신은 소규모 농장에서 사육된 동물의 고기나 알, 유제품을 먹는 것은 윤리적이라고 믿는가? 왜 그렇다고, 또는 그렇지 않다고 믿는가?

- 마이클 폴란은 또 말하기를, 자신도 한편으로는 채식주의자의 도덕적 일관성이 부럽지만 다른 한편으론 채식주의자들을 딱하게 여긴다고 했다. 왜냐하면 "결백의 꿈들은 말 그대로 꿈일 따름이며, 그것들은 대개 현실 부정에 의존하는데 이는 그 나름의 오만함일 수" 있기 때문이다(p. 362). 이 말에 육식주의의 렌즈를 들이대면 어떤 해석이 가능할까.

- 육식주의를 정당화하는 3N이 미치는 영향은 사람에 따라 다르다. 세 가지 논리 각각이 누구에게나 같은 정도로 설득력을 지니지는 않는다는 얘기다. 이 점을 이해하는 것은 비건주의와 동물보호 활동을 확산시키는 일에 어떻게 도움이 될까? 당신에게 가장 큰 영향을 준 것

---

* 생태육식주의가 어떤 것인지는 앞의 '후기'에서 설명했다.

은 어느 N인가?

- 이 책에선 언급하지 않았지만, 육식주의를 정당화할 때 흔히 내세워지는 논리가 또 하나 있다. 식물에게도 감각성이 있다면(일부 연구들은 그렇다고 시사하는 것 같다) 동물을 먹는 일은 식물을 먹는 일과 다를 게 없다는 주장이다. '식물들 역시 고통받는다'는 주장은 육식주의를 뒷받침하는 데 어떻게 이용될 수 있으며, 우리는 이런 식의 정당화에 어떻게 대응할 수 있는가?

- 인간이 소비하게 될 동물들을 먹이기 위해 필요한 식물의 양은 인간이 동물을 거치지 않고 식물을 직접 먹을 경우 필요한 것보다 엄청나게 많은데, 이를 근거로 하여 육식주의가 인간 소비자를 먹여 살리기 위해 필요 이상으로 많은 식물을 해친다고 주장할 수 있을까?

6장 육식주의의 거울 속으로

- 오보-락토 채식주의자(ovo-lacto[또는 lacto-ovo] vegetarian. 유란[乳卵] 채식주의자), 즉 어떤 동물들에게서 나오는 유제품과 어떤 새들의 알은 먹는 채식주의자도 육식주의적 마비(numbing, 정신과 감각의 둔감화)를 이용하는 걸까? 그렇다면 어떻게, 그리고 왜?

- 당신은 육식주의 매트릭스에서 빠져나왔다고 느끼는가? 만약 그렇다면 무엇이 그것을 유발했는가? 어떤 한 가지 사건 때문인가, 아니면 일련의 사건 때문인가? 아직 빠져나오지 않았다면 왜 그러한가?

7장 바로 보고 증언하기

• 증언하기는 사회정의의 주춧돌이다. 증인이 되려는 사람이 동물들과 기타 억압적 시스템의 희생자를 위한 정의의 실현을 돕기 위해 할 수 있는 구체적 행동으로는 어떤 것들이 있을까?

• 사회 변화를 위해 일하는 사람들 사이에서 지나치게 많은 것을 보고 겪는 일은 흔한 경험이고, 그로 인해 트라우마나 번아웃(burnout, 어떤 활동에서 쌓인 스트레스로 심신이 극도로 지친 상태-옮긴이)이 생기기도 한다. 번아웃 없이 증인 되기 활동을 적극 할 수 있는 방법에는 예컨대 어떤 것들이 있을까?

• 사람들이 기꺼이 증언하려는 태도를 갖도록 북돋우는 분위기는 어떻게 조성할 수 있겠는가?

감사의 말

　이 책은 내가 여러 해 전에 하나의 생각을 떠올린 뒤 시작한 프로젝트의 결과물이다. 그 생각은 박사 학위 논문이 되었고, 논문은 지금의 책으로 자라났다. 그동안 많은 사람이 내가 관념을 구체화하고 말을 벼리는 것을 도왔으며, 직업적으로나 개인적으로 나를 지지해 주었다. 그들 모두에게 무한한 고마움을 전한다. 특히 다음의 사람들에게 감사한다. 나의 뛰어난 편집자이자 고무자인 에이미 하우저는 원고 작성에서 책이 나오기까지 모든 작업을 나와 함께 했다. 내 에이전트 패티 브라이트먼은 내가 하는 일의 가치를 믿고 출판사 찾는 일을 성사시켰다. 클레어 셀레츠키는 이 프로젝트의 마무리 단계를 잘 관리해 주었다. 레드휠/와이저 출판사의 캐럴라인 핑커스와 보니 해밀턴은 열의와 지지로 나를 북돋웠다. 캐럴린 자이카우스키는 나에게 이 책을 써야 한다고 굳세게 권했다. 지칠 줄 모르는 편집자 보니 타델라, 나의 구명줄 역할을 한 재니스 골드먼과 조지 보너키스, 허브 피어스, 수전 솔로몬, 지혜롭게 나를 이끌어 준 애나 메이그스, 가장 도움이 필요했을 때 내게 손을 뻗은 루스와 제이크 테덜디, 비전을 제시한 테리 제슨, 나를 믿고 과업 수행의 기회를 준 보니와 페리 노턴도 빼놓을 수 없다. 프레드와 클로뎃 윌리엄스, 다나 애런슨, 존 애덤스, 스티븐 치나, 애덤 웨이크, 린다 리벨, 마이클 그레거, 조 와일, V. K. 쿨, 켄 샤피로, 스티븐 세인바트, 힐러리 레티그, 리타 아그라왈, 에릭 프레스콧, 라우레아노 바티스타, 로빈 스톤—모두 고마운 이들이다. 프로젝트의 기나긴 여정 내내 나를 든든히 받쳐 준 친구들과 가족에게도 감사한다. 마지막으로 조시 보크, 스테이시 웰스, 다니엘 브라우네, 테레자 루카소비츠, 크리스티나 카스텔란, 미셸 셰이퍼, 사나 알-바드리, 그리고 재기 넘치는 나의 사랑하는 남편 서배스천 조이와 10주년 기념 개정판의 소중한 후원군인 우리 '비욘드 카니즘' 팀에게 고마움을 표한다. 유발 하라리에게도 감사를 보내는데, 그가 통찰과 설득력으로 충만한 새 서문을 써 주어서만이 아니라 세상을 위해 매우 값진 일을 하고 있기 때문이기도 하다.

옮긴이의 말

이 책을 옮기고 얼마 안 되었을 때, 텔레비전에서 〈미스 포터(*Miss Potter*)〉라는 영화를 보았다. 영국의 그림 동화 작가이며 자연보호에도 관심이 컸던 비어트릭스 포터 이야기였다. 맨 뒷부분의 짧은 장면 하나가 내 눈과 귀에 번쩍 들어왔다. 비어트릭스는 새로 정착한 시골 농장을 걷다 돼지우리에 들른다. 꿀꿀거리며 노니는 아기 돼지들을 정겹게 바라보면서 그녀가 옆의 농부에게 묻는다. "저 돼지 이름이 뭐죠?" 농부는 덤덤히 대답한다. "이름 같은 건 없어요. 이름을 붙이면 도살장에 보낼 때 마음만 아프지요."

눈을 동그랗게 뜬 가축들이 깊게 파인 구덩이 속에서 고개를 내민다. 빠져나오려고 버둥대기도 한다. 구제역이나 조류독감 따위가 유행할 때마다 겪는 대재앙의 모습이다. 엄청난 수의 소나 돼지, 닭이 살처분되곤 한다. '살처분'도 으스스한 단어인데, 많은 경우에 '생매장'이다. 살(殺)과 생(生)의 저 참담한 만남—. 그런 뉴스를 볼 때마다 몸서리진다. 다른 대처 방법이 분명 있으니, 환경오염이 클 것이니 하는 논리적인 생각에 앞서 구덩이 속의 그들이 자꾸 눈에 밟힌다. 묻힌 뒤 얼마나 살아 있을까? 무엇을 느낄까? 건강하면 도살되고, 병이 들면 학살되는 기막힌 운명을 그들은 의식하고 있을까? 인간이 자연에 들씌운 저 굴레를 '운명'이라 부르는 게 가당키는 한가?

이 책을 가슴 서늘하게 읽고 옮겼다. 우리가 모르는 듯 알고 있는 불편한 진실들이다. 아픈 진실과 마주쳤을 때 흔히 그렇듯 때로 고통스럽기까지 했다. 저자가 만든 '육식주의(carnism)'라는 단어를 대하면서 처음엔 "나는 육식자지만 그래도 육식'주의자'는 아니야. 게다가 고기를 거의 먹지 않잖아"라고 혼자 생각했지만, 그 어설픈 구분은 바로 이어지는 명쾌한 분석 앞에서 무참히 깨어졌다. 무의식으로 평생 학습한 착각과 위선의 끈질김. 그러나 이성의 빛 속에서 금세 드러나는 그 허약함.

산책을 나선다. 집에서 조금 가면 조붓한 식당 골목이 있다. 크고 작은 식당이 서른 집쯤 될까. 그중 스무 곳 이상이 고기를 먹을 수 있는 식당이다. 그 길을 지나며 실감한다. 그래, 이렇게 많이들 먹으니 그리도 많이 길러서 끝없이 죽이는 거야. 책에서 묘사된 인간이라는 동물을 새삼 생각한다. 다른 동물의 고기를 끊임없이 먹으면서도 그걸 제공한 생명체는 거의 생각지 않고, 평소 툭하면 들먹이는 '생명에 대한 외경심'도 그때만은 어디론가 치워 버리는 '고기의 인간들'. 그 행태의 구조와 원천을 저자는 '폭력적 이데올로기로서의 육식주의'라는 키워드로 또렷이 풀어냈다.

이데올로기라는 말의 정의를 찾아본다. 사회적으로 필요한 환상; 의

254

식을 지닌 주체가 세계를 이해하는 수단; 행동을 인도하는 신념 체계; 개인들이 사회구조와 맺는 관계를 삶으로 구현하는 데 필요한 방편 등등. 그리고 이 책과 관련해 가장 눈에 들어오는 정의가 있다. "사회적으로 구성되는 삶의 방식을 마치 자연현상인 듯 생각하게 만드는 수단과 그 과정"이라는 것이다.

무언가를 극복하려면 먼저 그것에 이름을 붙여야 한다. 이 책의 저자 멜라니 조이 덕분에 고기를 먹게 하는 이데올로기는 늦게나마 제 이름을 얻었다. 자연적인 행위가 결코 아니라는 점도 명쾌하게 논증되었다. 한 시대는 자신이 해결할 수 있는 문제만을 제기한다던가. 그렇다면 육식주의는 이제 시련과 변화의 시기를 맞은 셈이다. 저자는 이 책을 읽은 독자가 반(反)육식의 논리를 배우는 데 그치지 않고 모든 생명에 대한 사랑과 연민과 공감을 키우고 그것을 증언할 용기를 발휘하길 바란다. 이는 내가 스스로에게 다짐하는 일이기도 하다. 머리와 가슴으로는 반성하되 혀와 몸은 아직 온전히 뉘우치지 못한 육식주의자로서.

[10주년 기념 개정판에 대해]

멜라니 조이가 육식주의 개념을 제시하여 세상의 눈을 틔우기 시작한 지 10년여. 그 기간에 이 책은 17개 언어로 번역되었고, "동물 복지를 위한 투쟁에 매우 중요하고 혁신적인 기여"를 했다는 찬사를 받으며 거의 현대의 고전 반열에 올랐다. 조이는 시대를 이끄는 이론가이자 사상가로 평가받게 됐다.

그 모든 성취를 기념하는 동시에 저자의 이론적 진전도 반영한 게 이 10주년 판이다. 가장 눈에 띄는 것은 『사피엔스』의 유발 노아 하라리 가 붙인 서문으로, 단순한 추천사가 아니라 책의 내용을 거시적, 진화 심리학적인 차원에서 보완해 주는 사실상 독립적인 (그리고 물론 흥미 진진한) 글이다. 본문 맨 뒤에 새로 넣은 저자 후기는 『우리는 왜』 이후 육식주의 이론의 확장 내용, 분석 지평을 넓히는 과정에서 고안한 새로 운 개념들(예컨대 '파워라키'와 '관계 해득력'), 그런 개념들을 담은 일련 의 저서 등에 관해 설명하고 있다.

　　서문과 후기 사이 본문의 뼈대는 초판과 다르지 않으나, 대안의 초점 을 '채식주의'에서 '비건주의'로 진전시키면서 저자는 관련 표현들을 책 전체에서 세세히 손보았다. 그래서 '고기를 먹는다'는 표현은 '동물을 먹 는다'가 되었다. 사람들이 동물의 고기뿐 아니라 알과 유제품까지 두루 먹으니까 말이다. 동물을 인간과 같은 대명사들로 지칭한 것도 눈에 들 어온다. 새 서문과 후기, 그리고 이런 면밀함 덕에 개정판은 분명 초판 보다 읽는 맛과 내실에서 한 발짝 더 나아가 있다. (사족: 지난 10여 년 사이에 한국의 채식 인구는 엄청나게 늘었다. 한 관련 단체의 추산에 따 르면 현재 채식 인구가 150만 명을 넘으며, 이는 2008년 15만 명의 10배 라고 한다. 국내의 그런 추세에는 이 번역서도 일조하지 않았을까. 저 자 조이는 후기 마무리에서 '혁명의 문턱'을 얘기하며 "이처럼 더없이 고 무적인 과정에서 작은 역할이나마 할 수 있었던 것을 영광으로 생각한 다"라고 했는데, 옮긴이도 아주 소박한 차원에서지만 같은 느낌이다.)

　　　　　　　　　　　　　　　　　　　　　　　　　　　　　—노순옥

후주

1)   Victor Benno Meyer-Rochow, "Food Taboos: Their Origins and Purposes," *Journal of Ethnobiology and Ethnomedicine* 8 (2009): 18, https://doi.org; Daniel Fessler and Carlos David Navarrete, "Meat Is Good to Taboo: Dietary Proscriptions as a Product of the Interaction of Psychological Mechanisms and Social Processes," *Journal of Cognition and Culture* 3.1 (2003): 1-40, http://cognitionandculture.net.

2)   Nida Najar and Suhasini Raj, "Indian State Is Expanding Penalty for Killing a Cow to Life in Prison," *New York Times*, March 31, 2017, https://www.nytimes.com; Krishnadev Calamur, "India's Food Fight Turns Deadly," *Atlantic*, October 8, 2015, https://www.theatlantic.com; Supriya Nair, "The Meaning of India's 'Beef Lynchings,'" *Atlantic*, July 24, 2017, https://www.theatlantic.com; Anna Collinson, "Why the UK Doesn't Eat Dog Meat, but People in China Do," *Newsbeat*, http://www.bbc.co.uk/newsbeat; Telegraph Reporters, "EDL Protesters Holding Pig's Head in Anti-Muslim Slur Clash with Police at Counter-Terror March in Manchester," *Telegraph*, June 12, 2017, https://www.telegraph.co.uk; "Seoul: Anti-Dog Meat Protestors Facing Provocative Dog Meat Consumers," *EuroNews*, July 12, 2019, https://www.euronews.com.

3)   Lotte Holm and M. Mohl, "The Role of Meat in Everyday Food Culture: An Analysis of an Interview Study in Copenhagen," *Appetite* 34 (2000): 277-83.

4)   Nick Fiddes, *Meat: A Natural Symbol* (New York: Routledge, 1991); Peter Farb and George Armelagos, *Consuming Passions: The Anthropology of Eating* (Boston: Houghton Mifflin, 1980); Frederick J. Simoons, *Eat Not This Flesh: Food Avoidances in the Old World* (Madison: University

후주 257

of Wisconsin Press, 1961); "Food Taboos: It's All a Matter of Taste," *National Geographic News*, http://news.nationalgeographic.com; Daniel Fessler and Carlos David Navarrete, "Meat Is Good to Taboo: Dietary Proscriptions as a Product of the Interaction of Psychological Mechanisms and Social Processes," *Journal of Cognition and Culture* 3.1 (2003): 1-40, http://semanticscholar.org.

5) Farb and Armelagos, *Consuming Passions*; Simoons, *Eat Not This Flesh*; Daniel Kelly, "The Role of Psychology in the Study of Culture," Purdue University, http://web.ics.purdue.edu.

6) Zeiad Amjad Aghwan and Joe Mac Regenstein, "Slaughter Practices of Different Faiths in Different Countries," *Journal of Animal Science and Technology* 61, no. 3 (2019): 111-21, https://www.ncbi.nlm.nih.gov; E. Szűcs, R. Geers, T. Jezierski, E. N. Sossidou, and D. M. Broom, "Animal Welfare in Different Human Cultures, Traditions and Religious Faiths," *Asian-Australasian Journal of Animal Sciences* 25, no. 11 (2012): 1499-1506, https://www.ncbi.nlm.nih.gov; "Vegetarianism," *Encyclopedia Britannica*, n.d., https://www.britannica.com(웹페이지 표기에서 n.d.는 'no date'의 약자로 게시 날짜가 없다는 뜻); Gunnel Ekroth, "Meat in Ancient Greece: Sacrificial, Sacred or Secular?," *Food & History* 5, no. 1 (2007): 249-72, https://www.academia.edu.

7) Harish, "How Many Animals Does a Vegetarian Save?," *Counting Animals*, March 16, 2015, http://www.countinganimals.com.

8) Dave Grossman, *On Killing: The Psychological Cost of Learning to Kill in War and Society* (New York: Back Bay Books, 1996)에서 재인용.

9) Grossman, *On Killing*, 12.

10) Grossman, *On Killing*; Martha Stout, *The Sociopath Next Door* (New York: Broadway Books, 2005). (마사 스타우트 책의 국역본은 『이토록 친밀한 배신자』, 이원찬 옮김, 사계절, 2020.)

11) Grossman, *On Killing*, 15.

12) National Agriculture Statistics Service, *Poultry—Production and Value, 2018 Summary* (Washington, DC: USDA, 2019), https://www.nass.usda.gov.

13) National Agriculture Statistics Service, *Poultry—Production and Value*.

14) M. Shahbandeh, "Per Capita Consumption of Beef in the U.S. 2000-

2028," *Statista*, March 14, 2019, https://www.statista.com.

15) US Department of Agriculture, "Per Capita Availability of Chicken Higher Than That of Beef," August 28, 2019, https://www.ers.usda.gov.

16) National Agriculture Statistics Service, *Poultry—Production and Value*; M. Shahbandeh, "Per Capita Consumption of Beef in the U.S."; US Department of Agriculture, "Per Capita Availability of Chicken Higher Than That of Beef"; Megan Durisin and Shruti Singh, "Americans Will Eat a Record Amount of Meat in 2018," *Bloomberg*, January 2, 2018, https://www.bloomberg.com.

17) US Department of Agriculture, "Food Availability (Per Capita) Data System," n.d., https://www.ers.usda.gov.

18) Food and Agriculture Organization of the United States, "Food Supply—Livestock and Fish Primary Equivalent," n.d., http://www.fao.org.

19) US Department of Agriculture, "Livestock & Meat Domestic Data," n.d., https://www.ers.usda.gov. 미국에서 도살되는 동물의 숫자를 실시간으로 보여 주는 animalclock.org 사이트도 보라.

20) Harish, "How Many Animals Does a Vegetarian Save?"

21) US Department of Agriculture, "Cattle/Calves Accounted for Nearly 40 Percent of 2018 U.S. Animal/Product Receipts," n.d., https://www.ers.usda.gov.

22) Eurostat, *Agriculture, Forestry, and Fishery Statistics* (Luxembourg: Eurostat, 2018), https://ec.europa.eu/eurostat/; US Department of Agriculture, "Cattle/Calves Accounted for Nearly 40 Percent."

23) Natural Resources Conservation Service, "Animal Feeding Operations," n.d., https://www.nrcs.usda.gov.

24) Health for Animals, "Global Challenges: Animal Disease," n.d., https://healthforanimals.org.

25) Daniel Zwerdling, "A View to a Kill," *Gourmet* (June 2007), http://www.gourmet.com. Also see Kim Severson, "Upton Sinclair, Now Playing on YouTube," *New York Times*, March 12, 2008, http://www.nytimes.com.

26) Eric Schlosser, "Fast Food Nation: Meat and Potatoes," *Rolling Stone*, September 3, 1998, www.rollingstone.com.

27) Center for Constitutional Rights, *Ag-Gag Across America: Corporate Backed Attacks on Activists and Whistleblowers* (New York: Center for Constitutional Rights and Defending Rights & Dissent, 2017), https://ccrjustice.org; ASPCA, "What Is Ag-Gag Legislation?," n.d., https://www.aspca.org; ACLU, "ACLU Letter to Congress Urging Opposition to the Animal Enterprise Act, S. 1926 and H. R. 4239," n.d., https://www.aclu.org.

28) 미국인도주의협회(HSUS) 사이트 http://www.hsus.org에서 인용한 연구 내용을 재인용.

29) Lori Marino and Christina M. Colvin, "Thinking Pigs: A Comparative Review of Cognition, Emotion, and Personality in *Sus domesticus*," *International Journal of Comparative Psychology* 28 (2015): 1-22, escholarship.org; Anna K. Johnson and Jeremy N. Marchant-Forde, "Natural Farrowing Behavior of the Sow and Piglets," Pork Information Gateway, December 29, 2010, http://porkgateway.org.

30) Jim Barrett, "United States Hog Inventory Up 4 Percent," US Department of Agriculture, June 27, 2019, https://www.nass.usda.gov.

31) American Veterinary Medical Association, "Tail Docking and Teeth Clipping of Swine," n.d., https://www.avma.org.

32) Yuzhi Lee, Lee Johnston, and Wayne Martin, "Docking the Tail or Not: Effect on Tail Damage, Skin Lesions and Growth Performance in Growing-Finishing Pigs," US Department of Agriculture, May 18, 2018, https://www.vetmed.umn.edu.

33) 돼지스트레스증후군(PSS)에 관해 더 알고 싶으면 다음 자료들을 보라. Tammy McCormick Donaldson, "Is Boredom Driving Pigs Crazy?" The University of Idaho College of Natural Resources, http://www.cnr.uidaho.edu; Wayne Du, "Porcine Stress Syndrome Gene and Pork Production," Ontario Ministry of Agriculture Food and Rural Affairs, June 2004, https://trace.tennessee.edu. 외상후 스트레스 장애(PTSD)의 유전적 요인에 관한 정보는 Aimee Midei, "Identification of the First Gene in Posttraumatic Stress Disorder," *Biomedicine.org*, September 22, 2002, http://news.bio-medicine.org를 참조하라.

34) Wayne Du, Ontario Ministry of Agriculture, Food and Rural Affairs, June 2004, http://www.omafra.gov.on.ca.

35) Annette Charlotte Olsson, Jos Botermans, and Jan-Eric Englund, "Piglet Mortality—A Parallel Comparison Between Loose-Housed and Temporarily Confined Farrowing Sows in the Same Herd," *Acta Agriculturea Scandinavica* 68 (2018): 52-62, https://www.tandfonline.com.

36) E. Mainau, D. Temple, and X. Manteca, "Pre-Weaning Mortality in Piglets," Farm Animal Welfare Education Centre, January 2015, https://www.fawec.org.

37) PennState Extension, "Swine Production," June 20, 2005, https://extension.psu.edu.

38) PennState Extension, "Swine Production"; Andrew Jacobs, "Stealing Lauri: A Pig Kidnapping Highlights the Concerns over Antibiotics in Livestock," *New York Times*, August 4, 2019, https://www.nytimes.com.

39) National Agricultural Library, US Department of Agriculture, "Twenty-Eight Hour Law" (49 USC, Section 80502), March 17, 2020, 1219-20, www.nal.usda.gov.

40) Fiona Rioja-Lang, Jennifer A. Brown, Egan J. Brockhoff, and Luigi Faucitano, "A Review of Swine Transportation Research on Priority Welfare Issues: A Canadian Perspective," *Frontiers in Veterinary Science*, February 22, 2019, https://www.frontiersin.org.

41) Joe Vansickle, "Preparing Pigs for Transport," *National Hog Farmer*, September 15, 2008, http://nationalhogfarmer.com.

42) Gail Eisnitz, *Slaughterhouse: The Shocking Story of Greed, Neglect, and Inhumane Treatment Inside the U.S. Meat Industry* (Amherst, NY: Prometheus Books, 1997), 102-104. (국역본은 『도살장—미국산 육류의 정체와 치명적 위험에 대한 충격 고발서』, 게일 A. 아이스니츠 지음 / 박산호 옮김, 시공사, 2008.)

43) "My Visit to the Slaughterhouse: Crossing the Line Between Life and Meat," *Guardian*, August 29, 2014, https://www.theguardian.com.

44) Schlosser, "Fast Food Nation: Meat and Potatoes."

45) Eisnitz, *Slaughterhouse*, 68.

46) Food Safety and Inspection Service, Livestock Slaughter Inspection Training, "Humane Handling of Livestock and Good Commercial

Practices in Poultry," Livestock Slaughter Inspection Training, US Department of Agriculture, April 18, 2017, https://www.fsis.usda.gov.

47)   Eisnitz, *Slaughterhouse*, 84.

48)   Eisnitz, 93.

49)   Wilson G. Pond, Fuller W. Bazer, Bernard E. Rollin (eds.), *Animal Welfare in Animal Agriculture* (Boca Raton: CRC Press, 2011), 151ff.

50)   Dylan Matthews, "America's Largest Pork Producer Pledged to Make Its Meat More Humane. An Investigation Says It Didn't," *Vox*, May 8, 2018, https://www.vox.com.

51)   Peter J. Lammers, David R. Stender, and Mark S. Honeyman, "Mating or Inception," n.d., https://www.ipic.iastate.edu; Joe Vansickle, "Making 30 Pigs Per Sow Per Year Dream Come True," *National Hog Farmer*, January 15, 2009, https://www.nationalhogfarmer.com; Cheryl Day, "Increase in U.S. Sow Mortality a Real Mystery," *National Hog Farmer*, May 23, 2017, https://www.nationalhogfarmer.com; Iowa Pork Industry Center, "Iowa Pork Center Leads Industry-Wide Collaboration to Address Sow Mortality," Iowa State University, n.d., https://www.ipic.iastate.edu; Natalie James and Chris Cook, "Two Amputations a Week: The High Cost of Working in a US Meat Plant," Bureau of Investigative Journalism, May 7, 2018, https://www.thebureauinvestigates.com; Matthew Prescott, "Your Pig Almost Certainly Came from a Factory Farm, No Matter What Anyone Tells You," *Washington Post*, July 15, 2014, https://www.washingtonpost.com; Joshua Specht, "The Price of Plenty: How Beef Changed America," *Guardian*, May 7, 2019, https://www.theguardian.com; Animal Legal & Historical Center, Title 9—Animals and Animal Products; Chapter III—Food Safety and Inspection Service, Department of Agriculture; Subchapter A—Agency Organization and Terminology; Mandatory Meat and Poultry Products Inspection and Voluntary Inspection and Certification; Part 313—Humane Slaughter of Livestock; Natalie Jones, "Suffocation, Scalding, Heat Stress: Chickens Suffer 'Inexcusable' Welfare Breaches at US Abbatoirs," Bureau of Investigative Journalism, December 17, 2018, https://www.thebureauinvestigates.com; Madlen Davies and Andrew Wasley, "New Animal Cruelty Figures Show Need for Cameras," Bureau of Investigative

Journalism, August 11, 2017, https://www.thebureauinvestigates.com; Occupational Safety and Health Administration, "Safety and Health Guide for the Meatpacking Industry," US Department of Labor, n.d., https://www.osha.gov; Matt McConnell, "'When We're Dead and Buried, Our Bones Will Keep Hurting': Workers Rights Under Threat in US Meat and Poultry Plants," Human Rights Watch, September 4, 2019, https://www.hrw.org; Mercy For Animals, "JBS Torture," n.d., http://jbstorture.com; Mercy For Animals, "Undercover Investigations," n.d. https://mercyforanimals.org.

52) David Irvin, "Control Debate, Growers Advised," *Arkansas-Democrat Gazette*, Northwest Arkansas edition, September 22, 2007, https://scholar.google.com; Will Potter, "Whoever Defines the Issue Controls the Debate," Green Is the New Red, February 24, 2008, www.greenisthenewred.com.

53) Joan Dunayer, *Animal Equality: Language and Liberation* (Derwood, MD: Ryce Publishing, 2001), 138에서 재인용.

54) Dunayer, *Animal Equality*, 137.

55) Dunayer.

56) Fiddes, *Meat*, 96에서 재인용.

57) Michael Pollan, *The Omnivore's Dilemma: A Natural History of Four Meals* (New York: Penguin, 2006), 72. (국역본은 『잡식동물의 딜레마』, 마이클 폴란 지음 / 조윤정 옮김, 다른세상, 2008.)

58) Temple Grandin, "Evaluation of the Welfare of Cattle Housed in Outdoor Feedlot Pens," *Veterinary and Animal Science* 1-2 (2016): 23-28, https://www.sciencedirect.com.

59) Pollan, *The Omnivore's Dilemma*, 69.

60) Clyde Lane, Jr. et al., "Castration of Beef Calves," *TheBeefSite.com: The Website for the Global Beef Industry*, January 2007(http://www.thebeefsite.com)을 보라.

61) Michael Pollan, "Power Steer," *New York Times*, sec. 6, March 31, 2002; "Pollution from Giant Livestock Farms Threatens Public Health," National Resources Defense Council, July 15, 2005; Associated Press, "Nebraska Beef Recalls 1.2 Million Pounds of Meat," Fox News, January 13, 2105, https://www.foxnews.com.

62)   Eilish Lynch, Mark McGee, and Bernadette Earley, "Weaning Management of Beef Calves with Implications for Animal Health and Welfare," *Journal of Applied Animal Research* 47 (2019): 167-75, https://doi.org/10.1080/09712119.2019.1594825; Daniel Enriquez, Maria J. Hötzel, and Rodolfo Ungerfeld, "Minimising the Stress of Weaning of Beef Calves: A Review," *Acta Veterinaria Scandinavia* 53, no. 1 (2011): 28, https://www.ncbi.nlm.nih.gov; Carolyn Stull, Sheila Barry, and Wayne Jensen, eds., *Beef Care Practices*, Publication 8257 (Davis: University of California, 2007).

63)   Stan Smith, "Why Consider Backgrounding a Calf?," Ohio Beef Cattle Letter, The Ohio State University, August 28, 2019, https://u.osu.edu; US Department of Agriculture, "USDA Chief Scientist Statement on WHO Guidelines on Antibiotics," November 7, 2017, https://www.usda.gov; Economic Research Service, "Sector at a Glance: U.S. Cattle Production and U.S. Beef and Cattle Trade," US Department of Agriculture, August 28, 2019, https://www.ers.usda.gov.

64)   J. E. Lombard, C. B. Tucker, M. A. G. von Keyserlingk, C. A. Kopral, and D. M. Weary, "Associations Between Cow Hygiene, Hock Injuries, and Free Stall Usage on US Dairy Farms," *Journal of Dairy Science* 93 no. 10 (2010): 4668-76, https://www.sciencedirect.com; James Drouillard, "Current Situation and Future Trends for Beef Production in the United States of America—A Review," *Asian-Australasian Journal of Animal Sciences* 31, no. 7 (2018): 1007-16, Figure 2, https://www.ncbi.nlm.nih.gov; Temple Grandin, "Euthanasia and Slaughter of Livestock," *Journal of the American Veterinary Medical Association* 204 (1994): 1354-60, https://www.grandin.com; Chiara Disanto, Giuseppe Celano, Michele Varvara, Nunziana Fusiello, Armida Fransvea, Giancarlo Bozzo, and Gaetano Vitale Celano, "Stress Factors During Cattle Slaughter," *Italian Journal of Food Safety* 3, no. 3 (2014): 1682, https://www.ncbi.nlm.nih.gov.

65)   Eisnitz, *Slaughterhouse*, 46.

66)   Eisnitz, 43-44.

67)   Schlosser, "Fast Food Nation: Meat and Potatoes."

68)   Joby Warrick, "They Die Piece by Piece," *Washington Post*, April 10,

2001, https://www.uta.edu.

69) Sandra Blakeslee, "Minds of Their Own: Birds Gain Respect," *New York Times*, February 1, 2005(http:// www.nytimes.com)을 보라.

70) National Agriculture Statistics Service, *Poultry—Production and Value, 2018 Summary* (Washington, DC: USDA, 2019), https://www.nass.usda.gov.

71) University of Arkansas, "Poultry Feed Efficiency Research Has Implications for Human Health," January 4, 2018, https://news.uark.edu.

72) Poultry Service Association, *Poultry Handling and Transportation Manual* (Ontario, Canada: Poultry Service Association, 2017), http://www.poultryserviceassociation.com; Toby G. Knowles, Steve C. Kestin, Susan M. Haslam, Steven N. Brown, Laura E. Green, Andrew Butterworth, Stuart J. Pope, Dirk Pfeiffer, and Christine J. Nicol, "Leg Disorders in Broiler Chickens: Prevalence, Risk Factors and Prevention," *PLOS One* 3, no. 2 (2008): e1545, https://www.ncbi.nlm.nih.gov.

73) National Chicken Council, "Animal Welfare for Broiler Chickens," n.d., https://www.nationalchickencouncil.org.

74) Peter Singer, ed., *In Defense of Animals: The Second Wave* (Hoboken, NJ: Wiley-Blackwell, 2013). (국역본은 『동물과 인간이 공존해야 하는 합당한 이유들』, 피터 싱어 엮음 / 노승영 옮김, 시대의 창, 2012.)

75) Union of Concerned Scientists, "USDA Increases Line Speeds, Endangering Poultry Processing Plant Workers," January 9, 2019, https://www.ucsusa.org.

76) Josh Balk, "COK Investigation Exposes Chicken Industry Cruelty; Undercover Footage of Perdue Slaughter Plant Reveals Routine Abuse," Compassion Over Killing, https://animaloutlook.org.

77) Helen Harrison, "Why Infant Surgery without Anesthesia Went Unchallenged," *New York Times*, December 17, 1987 https://www.nytimes.com.

78) Lindsey Beaver, "Switzerland Bans Boiling Live Lobsters, but Scientists Wonder Why," *Washington Post*, reprinted in *New Zealand Herald*, January 14, 2018, https://www.nzherald.co.nz.

79) Rebecca Morelle, "Further Evidence Crabs and Other Crustaceans Feel

Pain," *BBC News*, January 17, 2013, https://www.bbc.com.

80) 여기서 거론한 고통 연구들에 관해 더 알고 싶으면 다음 자료들을 보라. K. J. S. Anand, D. Phil, and P. R. Hickey, "Pain and Its Effects in the Human Neonate and Fetus," CIRP.org: The Circumcision Reference Library, September 5, 2006, http://www.cirp.org; K. J. S. Anand, D. Phil, and P. R. Hickey. "Pain and its Effects in the Human Neonate and Fetus," *New England Journal of Medicine* 317, no. 21 (November 1987): 1321-29, http://www.cirp.org; Liz Austin, "Whole Foods Bans Sale of Live Lobsters," CBSnews.com, June 16, 2006, https://www.washingtontimes.com; David B. Chamberlain, "Babies Remember Pain," CIRP.org: The Circumcision Reference Library, December 15, 2006, http://www.cirp.org ; David B. Chamberlain. "Babies Remember Pain," *Journal of Prenatal and Perinatal Psychology and Health* 3, no. 4 (1989): 297-310, http://www.cirp.org; J. P. Chambers et al., "Self-Selection of the Analgesic Drug Carprofen by Lame Broiler Chickens," *Veterinary Record* 146, no. 11 (2000): 307-311. 그리고 Mary T. Phillips, "Savages, Drunks, and Lab Animals: The Researcher's Perception of Pain," *Society and Animals* 1, no. 1 (1993): 61-81도 참조하라.

81) Natalie Jones, "Suffocation, Scalding, Heat Stress."

82) Joel L. Greene and Tadlock Cowan, *Table Egg Production and Hen Welfare: Agreement and Legislative Proposals* (Washington, DC: Congressional Research Service, 2014), https://fas.org.

83) Greene and Cowan, *Table Egg Production and Hen Welfare*; "How Hens Are Confined," *New York Times*, August 14, 2010, https://archive.nytimes.com.

84) Martin Hickman, "The End of Battery Farms in Britain—but Not Europe," *Independent*, December 27, 2011, https://www.independent.co.uk; Mattha Busby, "EU Imposes Hen Welfare Standards on Egg Imports for the First Time," *Guardian*, October 2, 2019, https://www.theguardian.com; Kelsey Piper, "Egg-Laying Hens Live in Horrific Conditions. Washington State Just Passed a Law to Change That," *Vox*, May 10, 2019, https://www.vox.com.

85) M. M. Bain, Y. Nys, and I. C. Dunn, "Increasing Persistency in Lay and Stabilising Egg Quality in Longer Laying Cycles. What Are the

Challenges?," *British Poultry Science* 57, no. 3 (2016): 330-38, https://www.ncbi.nlm.nih.gov; M. N. Romanov and S. Weigend, "Breeding and Genetics: Analysis of Genetic Relationships between Various Populations of Domestic and Jungle Fowl Using Microsatellite Markers," *Poultry Science* 80, no. 8 (2001): 1057-63, https://doi.org.

86)   Rodrigo A. Espinosa, "Prolapse of the Oviduct in Poultry," *MSD Veterinary Manual*, n.d., https://www.msdvetmanual.com.

87)   *Poultry Industry Manual: FAD PReP—Foreign Animal Disease Preparedness and Response Plan* (US Department of Agriculture, 2013), https://www.aphis.usda.gov; Compassion in World Farming, "The Life of: Laying Hens," Farm Animal Welfare Compendium, March 1, 2012, https://www.ciwf.org.uk.

88)   Jia-rui Chong, "Wood-Chipped Chickens Fuel Outrage," *Los Angeles Times*, November 22, 2003, http://articles.latimes.co.

89)   Lombard, et al., "Associations between Cow Hygiene, Hock Injuries, and Free Stall Usage"; Albert De Vries, Hailegziabher Dechassa, and Henk Hogeveen, "Economic Evaluation of Stall Stocking Density of Lactating Dairy Cows," *Journal of Dairy Science* 99, no. 5 (2016): 3848-57, https://www.sciencedirect.com.

90)   American Cancer Society, "Recombinant Bovine Growth Hormone," n.d., https://www.cancer.org; US Department of Agriculture, *Dairy 2014: Health and Management Practices on U.S. Dairy Operations, 2014* (Fort Collins, CO: USDA, 2014), https://www.aphis.usda.gov.

91)   US Department of Agriculture, *Dairy 2014*; Institute of Agriculture and Natural Resources, "Pregnant Cows, Timing of Pregnancy, Open Cows, Pregnancy Rate," University of Nebraska-Lincoln, n.d., https://beef.unl.edu.

92)   John Dhuyvetter, "Winter Storm Information: Feeding Grain to Stock Cows," North Dakota State University, n.d., https://www.ag.ndsu.edu; Ron Scott, "Why Feed High-Fat Cattle Supplements," Purina Animal Nutrition, n.d., https://www.purinamills.com; US Food & Drug Administration, "Feed Ban Enhancement: Implementation Questions and Answers," n.d., https://www.fda.go.

93)   Food Safety and Inspection Service, "Veal from Farm to Table," US

Department of Agriculture, August 6, 2013, https://www.fsis.usda.gov.

94)   Julie Føske Johnsen et al., "The Effect of Nursing on the Cow-Calf Bond," *Applied Animal Behavior Science* (2014): 74, https://www.researchgate.net; Melissa C. Cantor, Heather W. Neave, and Joao H. C. Costa, "Current Perspectives on the Short-and Long-Term Effects of Conventional Dairy Calf Raising Systems: A Comparison with the Natural Environment," *Translational Animal Science*, no. 1 (2019): 549-63, https://doi.org; Kamil Hakan Dogan and Serafettin Demirci, "Livestock-Handling Related Injuries and Deaths," in *Livestock Production*, ed. Khalid Javed, IntechOpen, https://www.intechopen.com.

95)   N. M. Nor, W. Steeneveld, and H. Hogeveen, "The Average Culling Rate of Dutch Dairy Herds over the Years 2007 to 2010 and Its Association with Herd Reproduction, Performance and Health," *Journal of Dairy Research* 81, no. 1 (2014): 1-8, https://www.ncbi.nlm.nih.gov.

96)   Wyatt Bechtel, "Dairy Cattle Beef Up Beef Industry," *AgWeb*, November 6, 2014, https://www.agweb.com.

97)   Humane Society Veterinary Medicine Association, "Facts on Veal Calves," 2018, https://www.hsvma.org.

98)   Josh Stull, "USDA Proposes Changes to Improve Humane Handling of Veal Calves," Food Safety and Inspection Service, US Department of Agriculture, May 8, 2015, https://www.fsis.usda.gov.

99)   CattleUSA.com, "Live Cattle Auctions," n.d., http://www.cattleusa.com; Empire Livestock Marketing, https://www.empirelivestock.com; Lanesboro Sales Commission, http://lanesborosalescommission.com.

100)   CalfCare.ca, "Preventing Navel Infections in Newborn Calves," August 1, 2019, https://calfcare.ca.

101)   American Veterinary Medical Association, "Welfare Implications of the Veal Calf Husbandry," October 13, 2008, www.avma.org; Food Safety and Inspection Service, US Department of Agriculture, "Veal from Farm to Table," March 5, 2020, www.fsis.usda.gov.

102)   US Department of Agriculture, "Veal from Farm to Table."

103)   Food Safety and Inspection Service, Livestock Slaughter Inspection Training, "Human Handling of Livestock and Good Commercial

Practices in Poultry"; Food and Agriculture Organization of the United Nations, "Slaughter of Livestock," n. d., http://www.fao.org.

104) Eisnitz, *Slaughterhouse*, 43.

105) 바다 동물들의 인지 능력에 관해서는 미국인도주의협회(Humane Society of the United States, HSUS)의 웹사이트 https://www.humanesociety.org 를, 어류의 인지 능력에 대한 심도 있는 논의는 Culum Brown, Kevin Laland, and Jens Krause (eds.), *Fish Cognition and Behavior* (Oxford, UK: Blackwell Publishing, 2006)를, 관련 서적으로는 Jeffrey Masson, *The Face on Your Plate: The Truth about Food* (New York: W. W. Norton, 2009)를 참조하라.

106) Agence France-Presse, "World Briefing/Europe: Italy: City Wants Happier Goldfish," *New York Times*, July 24, 2004, https://www.nytimes.com.

107) 바다 동물의 감각성, 즉 쾌락과 고통을 느끼는 능력에 관해서는 "Fish May Actually Feel Pain and React to It Much Like Humans Do," *Science Daily*, May 1, 2009, http://www.sciencedaily.com을 보라. 이 기사는 금붕어에게 포일 히터를 부착하고 온도를 올렸을 때 금붕어가 보인 반응에 대한 연구 내용을 상세히 전하고 있다. Alex Kirby, "Fish Do Feel Pain, Scientists Say," BBC News Online, http://news.bbc.co.uk도 참조하라. 물고기의 통각수용체에 관한 결정적 증거가 처음으로 제시됐음을 전하면서 물고기(연구 대상은 무지개송어)의 입술 부위에 산성 물질을 주입하여 반응을 보는 등의 실험 내용을 서술하고 있다. 산성 물질 주입 실험의 결과를 정리한 원 논문은 L. U. Sneddon, V. A. Braithwaite, and M. J. Gentle, "Do Fishes Have Nociceptors? Evidence for the Evolution of a Vertebrate Sensory System," *Proceedings of the Royal Society of London*, B 270. 1520 (June 7, 2003): 1115-21이다.

108) Harish, "How Many Animals Does a Vegetarian Save?"

109) 상업적 고기잡이와 양어장 수확에 관해서는 Ken Jacobsen and Linda Riebel, *Eating to Save the Earth: Food Choices for a Healthy Planet* (Berkeley, CA: Celestial Arts, 2002)을 보라. Erik Marcus, *Meat Market: Animals, Ethics, and Money* (Ithaca, NY: Brio Press, 2005); https://www.humanesociety.org; Masson, *The Face on Your Plate*; Harish, "How Many Animals Does a Vegetarian Save?" 등도 참조하라.

110) Food and Agriculture Organization of the United Nations, *The State of*

World *Fisheries and Aquaculture: Meeting the Sustainable Development Goals* (Rome: FAO, 2018), http://www.fao.org; Mukhisa Kituyi and Peter Thomson, "90% of Fish Stocks Are Used Up—Fisheries Subsidies Must Stop," United Nations, July 13, 2018, https://unctad.org.

111) Food and Agriculture Organization of the United Nations, *The State of World Fisheries and Aquaculture*; Kituyi and Thomson, "90% of Fish Stocks Are Used Up"; Amy McDermott, "We Waste Almost Half of What We Catch: 5 Reasons That's Disastrous for the Oceans," Oceana, September 20, 2017, https://oceana.org.

112) Amanda Keledgian et al., *Wasted Catch: Unsolved Problems in U.S. Fisheries* (Washington, DC: Oceana, 2014), http://www.widecast.org; R. W. D. Davies, S. J. Cripps, A. Nickson, and G. Porter, "Defining and Estimating Global Marine Fisheries Bycatch," *Marine Policy* 33, no. 4 (2009): 661-72.

113) Ret Talbot, "'Holy Grail' Test for Illegal Cyanide-Caught Aquarium Fish May Be Fatally Flawed," *National Geographic*, June 25, 2018, https://www.nationalgeographic.com; Jani Actman, "Watch Fishermen Bomb Their Catch Out of the Water," *National Geographic*, June 3, 2016, https://www.nationalgeographic.com.

114) NOAA Fisheries, "Fisheries of the United States, 2017," n.d., https://www.fisheries.noaa.gov; Food and Agriculture Organization of the United Nations, *The State of World Fisheries and Aquaculture*.

115) Joel K. Bourne Jr., "How to Farm a Better Fish," *National Geographic*, June 2014, https://www.nationalgeographic.com; Celia A. Hoga, Fernanda L. Almeida, and Felix G. R. Reyes, "A Review on the Use of Hormones in Fish Farming: Analytical Methods to Determine Their Residues," *CyTA—Journal of Food* 16 (2018): 679-91, https://www.tandfonline.com; Samantha Horton, "Indiana Aquafarm Is Approved to Sell Genetically Modified Salmon," NPR, June 27, 2019, https://www.npr.org.

116) Center for Food Safety, "Ocean-Based Fish Farming: Pollution, Pathogens & Environmental Impacts," March 2015, https://www.centerforfoodsafety.org.

117) The Humane Society of the United States, "The Welfare of Animals

in the Aquaculture Industry" (2008). *HSUS REPORTS 5*, http://animalstudiesrepository.org.

118) Dylan Matthews, "Cage-Free, Free Range, Organic: What All Those Egg Labels Really Mean," *Vox*, October 19, 2018, https://www.vox.com; Jennifer Chait, "Is Organic Livestock Production More Humane?," The Balance Small Business, June 26, 2019, https://www.thebalancesmb.com.

119) Damien McElroy, "Korean Outrage as West Tries to Use World Cup to Ban Dog Eating," *Telegraph*, January 6, 2002, http://www.telegraph.co.uk.

120) Schlosser, "Fast Food Nation: Meat and Potatoes."

121) Adam Andrzejewski, "Mapping the US Farm Subsidy $1M Club," *Forbes*, August 14, 2018, https://www.forbes.com.

122) Trevor J. Smith, *Corn, Cows, and Climate Change: How Federal Agricultural Subsidies Enable Factory Farming and Exacerbate U.S. Greenhouse Gas Emissions*, 9 Washington Journal of Environmental Law & Policy 26 (2019), https://digitalcommons.law.uw.edu.

123) Greenpeace, *Feeding the Problem: The Dangerous Intensification of Animal Farming in Europe* (Brussels, Belgium: Greenpeace, 2019), https://storage.googleapis.com.

124) 정육공장 등 육식주의 산업의 작업 환경에 관한 정보는 다음 자료들에서 찾을 수 있다. Human Rights Watch, "Blood, Sweat and Fear," HRW.org, January 24, 2005, http://www.hrw.org; Lance Compa and Jamie Fellner, "Meatpacking's Human Toll," *Washington Post*, August 3, 2005, http://www.washingtonpost.com; Megan Feldman, "Swift Meat Packing Plant and Illegal Immigrants," *Houston Press*, April 4, 2007, http://www.houstonpress.com; Jeremy Rifkin, *Beyond Beef: The Rise and Fall of the Cattle Culture* (New York: Plume, 1992); Eric Schlosser, *Fast Food Nation: The Dark Side of the All-American Meal* (New York: Houghton Mifflin, 2001). (뒤쪽 두 권의 국역본은 『육식의 종말』, 제러미 리프킨 지음 / 신현승 옮김, 시공사, 2002와 『패스트푸드의 제국』, 에릭 슐로서 지음 / 김은령 옮김, 에코리브르, 2001)

125) McConnell, "'When We're Dead and Buried, Our Bones Will Keep Hurting.'"

126) 동물밀집사육시설(CAFO)이 사람들의 건강에 미치는 영향을 더 알고 싶으면 다음 자료들을 보라. Mark Bittman, "Rethinking the Meat-Guzzler," *New York Times*, January 27, 2008, https://www.nytimes.com; Jennifer Lee, "Neighbors of Vast Hog Farms Say Foul Air Endangers Their Health," *New York Times*, May 11, 2003, http://www.nytimes.com; Pollan, "Power Steer"; National Resources Defense Council, "Pollution from Giant Livestock Farms Threatens Public Health," July 15, 2005, https://www.iatp.org; Johns Hopkins Bloomberg School of Public Health, "Public Health Association Calls for Moratorium on Factory Farms; Cites Health Issues, Pollution," January 9, 2004, http://www.jhsph.edu; McConnell, "'When We're Dead and Buried, Our Bones Will Keep Hurting.'"

127) McConnell, "'When We're Dead and Buried, Our Bones Will Keep Hurting.'"

128) Food Service and Inspection Service, US Department of Agriculture, "Modernization of Swine Slaughter Inspection," *Federal Register* 84, no. 190 (2019): 52300-49, https://www.fsis.usda.gov; OxFam America, *No Relief: Denial of Bathroom Breaks in the Poultry Industry* (Boston, MA: OxFam America, 2018), oxfamamerica.org.

129) Wendee Nicole, "CAFOs and Environmental Justice: The Case of North Carolina," *Environmental Health Perspectives* 121, no. 6 (2013): a182-a189, https://www.ncbi.nlm.nih.gov; Amy A. Schultz, Paul Peppard, Ron E. Gangnon, and Kristen M. C. Maleckia, "Residential Proximity to Concentrated Animal Feeding Operations and Allergic and Respiratory Disease," *Environment International* 130 (2019): 104911, https://www.sciencedirect.com; JoAnn Burkholder, Bob Libra, Peter Weyer, Susan Heathcote, Dana Kolpin, Peter S. Thorne, and Michael Wichman, "Impacts of Waste from Concentrated Animal Feeding Operations on Water Quality," *Environmental Health Perspectives* 115, no. 2 (2007): 308-12, https://www.ncbi.nlm.nih.gov.

130) Renee Johnson, *The U.S.-EU Hormone Dispute* (Washington, DC: Congressional Research Service, 2015), https://fas.org.

131) Michael Greger, *Bird Flu: A Virus of Our Own Hatching* (New York: Lantern Books, 2006); Rifkin, *Beyond Beef*; Union of Concerned

Scientists, "They Eat What? The Reality of Feed at Animal Factories," *UCSUSA.org*, August 8, 2006, https://www.organicconsumers.org; and Johnson, *The U.S.-EU Hormone Dispute* 등을 참조하라.

132) Justin Ewers, "Don't Read This Over Dinner," *U.S. News and World Report* 139, no. 6 (August 7, 2005): 45에서 재인용.

133) WGBH Educational Foundation, "What Is HAACP," http://www.pbs.org, March 27, 2009. 다음도 참조하라. Rifkin, *Beyond Beef*; Food Service and Inspection Service, US Department of Agriculture, "Modernization of Swine Slaughter Inspection."

134) Kimberly Kindy, "Pork Industry Soon Will Have More Power Over Meat Inspections," *Washington Post*, April 3, 2019, https://www.washingtonpost.com; Food Service and Inspection Service, US Department of Agriculture, "Modernization of Swine Slaughter Inspection."

135) Kindy, "Pork Industry Soon Will Have More Power Over Meat Inspections"; McConnell, "'When We're Dead and Buried, Our Bones Will Keep Hurting.'"

136) Morgan Radford and Aaron Franco, "Inspectors Warn Unsafe Pork Could Make Its Way to Consumers Under Trump Rule Change," *NBC News*, December 16, 2019, https://www.nbcnews.com; Sentient Media, "The USDA Is Cutting Pig Slaughterhouse Rules: These Groups Are Fighting Back," December 23, 2019, https://sentientmedia.org.

137) National Antimicrobial Resistance Monitoring System, *2015 NARMS Integrated Report* (Washington, DC: US FDA, CDC, and USDA, 2015), https://www.fda.go.

138) Gregor, *Bird Flu*; S. Pao, M. R. Ettinger, M. F. Khalid, A. O. Reid, and B. L. Nerrie, "Microbial Quality of Raw Aquacultured Fish Fillets Procured from Internet and Local Retail Markets," *Journal of Food Protection* 71, no. 8 (August 2008): 1844-49; World Health Organization, *Review of Latest Available Evidence on Potential Transmission of Avian Influenza (H5N1) through Water and Sewage and Ways to Reduce the Risks to Human Health* (Geneva, Switzerland, WHO, 2006) https://www.who.int; Physicians Committee for Responsible Medicine, "USDA Refuses to Protect Consumers from Fecal Contamination of Chicken and Other

Meat," June 27, 2019, https://www.pcrm.org.

139)   Greger, *Bird Flu*; World Health Organization, *Review of Latest Available Evidence on Potential Transmission of Avian Influenza*; Physicians Committee for Responsible Medicine, "USDA Refuses to Protect Consumers."

140)   Consumer Federation of America, "Foodborne Illness Investigation Exposes Weakness in Meat and Poultry Inspection System," August 22, 2019, https://consumerfed.org.

141)   Andrew Wasley, "'Dirty Meat': Shocking Hygiene Failings Discovered in US Pig and Chicken Plants," *Guardian*, February 21, 2018, https://www.theguardian.com.

142)   Stephen J. Hedges and Washington Bureau, "*E. Coli* Loophole Cited in Recalls–Tainted Meat Can Be Sold if Cooked," *Chicago Tribune*, November 11, 2007, http://archives.chicagotribune.com.

143)   Bureau of Investigative Journalism, "Blowing the Whistle on the Meat Industry," September 19, 2017, https://www.thebureauinvestigates.com.

144)   McConnell, "'When We're Dead and Buried, Our Bones Will Keep Hurting'"; Brett Bachman and Samantha Stokes, "Critics Worry About Food Safety as Federal Meat Inspectors Face Work Overload, Burnout," Midwest Center for Investigative Reporting, September 18, 2019, https://investigatemidwest.org.

145)   Stephen J. Hedges and Washington Bureau, "Topps Meat Recall Raises Questions About Inspections Workload," *Chicago Tribune*, October 14, 2007, http://archives.chicagotribune.com.

146)   US Bureau of Labor Statistics, "Labor Force Statistics from the Current Population Survey," January 22, 2020, https://www.bls.gov; Mary Jo Dudley, "These U.S. Industries Can't Work Without Illegal Immigrants," CBS News, January 10, 2019, https://www.cbsnews.com; Julia G. Young, "A Wall Can't Solve America's Addiction to Undocumented Immigration," *Washington Post*, January 9, 2019, https://www.washingtonpost.com; Food Service and Inspection Service, US Department of Agriculture, "Modernization of Swine Slaughter Inspection."

147)	Schlosser, "Fast Food Nation: Meat and Potatoes."

148)	Union of Concerned Scientists, "USDA Increases Line Speeds."

149)	Eric Schlosser, "The Chain Never Stops," *Mother Jones*, July/August 2001, http://www.motherjones.com.

150)	Amy Braunschweiger and Matt McConnell, "Interview: How the US Is Making Meatpacking Jobs Even More Dangerous," Human Rights Watch, September 4, 2019, https://www.hrw.org; James and Cook, "Two Amputations a Week"; Sean M. Smith, "How Safe Are the Workers Who Process Our Food?," *Monthly Labor Review*, US Bureau of Labor Statistics, July 2017, https://www.bls.gov; McConnell, "'When We're Dead and Buried, Our Bones Will Keep Hurting.'"

151)	McConnell, "'When We're Dead and Buried, Our Bones Will Keep Hurting.'"

152)	Schlosser, "The Chain Never Stops."

153)	Human Rights Watch, "Blood, Sweat and Fear."

154)	Eisnitz, *Slaughterhouse*, 87.

155)	Eric B. Elbogen, Sally C. Johnson, H. Ryan Wagner, Connor Sullivan, Casey T. Taft, and Jean C. Beckham, "Violent Behaviour and Post-Traumatic Stress Disorder in US Iraq and Afghanistan Veterans," *British Journal of Psychiatry* 204, no. 5 (2014): 368-75, https://www.ncbi.nlm.nih.gov; Connor P. Sullivan and Eric B. Elbogen, "PTSD Symptoms and Family vs. Stranger Violence in Iraq and Afghanistan Veterans," *Law and Human Behavior* 38, no. 1 (2014): 1-9, https://www.ncbi.nlm.nih.gov.

156)	Eisnitz, *Slaughterhouse*.

157)	Eisnitz.

158)	Eisnitz, 94.

159)	Frederic J. Frommer, "Video Shows Workers Abusing Pigs," *Guardian Unlimited*, September 17, 2008, https://www.foxnews.co.

160)	Fiddes, *Meat*와 Simoons, *Eat Not This Flesh*를 보라.

161)	Louis A. Berma, *Vegetarianism and the Jewish Tradition* (New York: Ktav Publishing, 1982), 13.

162)	육식주의 산업이 환경에 끼치는 영향에 관해서는 다음의 자료들을 보라. Jacobsen and Riebel, *Eating to Save the Earth*; Food and Agriculture Organization of the United Nations, "Livestock's Long Shadow:

Environmental Issues and Options," 2006, http://www.fao.org; Daniel Ross, "Factory Farms Pollute the Environment and Poison Drinking Water," EcoWatch, February 20, 2019, https://www.ecowatch.com; Virginia Morell, "Meat-Eaters May Speed Worldwide Species Extinction, Study Warns," *Science*, August 11, 2015, https://www.sciencemag.org; Damian Carrington, "Avoiding Meat and Dairy Is 'Single Biggest Way' to Reduce Your Impact on Earth," *Guardian*, May 31, 2018, https://www.theguardian.com; Michael Greger, "The Public Health Impacts of Concentrated Animal Feeding Operations on Local Communities," *Family and Community Health* 33, no. 1 (2010): 373-82, https://www.humanesociety.org.

163)   Food and Agriculture Organization of the United Nations, "Livestock's Long Shadow"; Carrie Hribar, *Understanding Concentrated Animal Feeding Operations and Their Impact on Communities* (Bowling Green, OH: National Association of Local Boards of Health, 2010), https://www.cdc.gov; Nina Chestney and Stephanie Nebehay, "The UN Says We Need to Reduce Our Meat Consumption to Fight Climate Change and Improve Food Security," World Economic Forum, August 9, 2019, https://www.weforum.org; Francis Vergunst and Julian Savulescu, "Five Ways the Meat on Your Plate Is Killing the Planet," The Conversation, April 26, 2017, https://theconversation.com; Martin C. Heller, J. B. Ruhl, and Sacoby Wilson, "Court Ruling Is a First Step Toward Controlling Air Pollution from Livestock Farms," The Conversation, May 4, 2017, https://theconversation.com.

164)   Johns Hopkins Bloomberg School of Public Health, "Public Health Association Calls for Moratorium on Factory Farms"; American Public Health Association, "Precautionary Moratorium on New Concentrated Animal Feed Operations," November 8, 2003, https://www.apha.org.

165)   Center for Science in the Public Interest, http://www.cspinet.org/; Jacobsen and Riebel, *Eating to Save the Earth*; Food and Agriculture Organization of the United Nations, "Livestock's Long Shadow: Environmental Issues and Options"; Hribar, *Understanding Concentrated Animal Feeding Operations*; Chestney and Nebehay, "The UN Says We Need to Reduce Our Meat Consumption"; Vergunst and Savulescu,

"Five Ways the Meat on Your Plate Is Killing the Planet"; D. Lee Miller and Gregory Muren, *CAFOs: What We Don't Know Is Hurting Us* (New York: Natural Resources Defense Council, 2019), https://www.nrdc.org; Heller, Ruhl, and Wilson, "Court Ruling Is a First Step."

166) Food and Agriculture Organization of the United Nations, "Livestock's Long Shadow."

167) William J. Ripple, Christopher Wolf, Thomas M. Newsome, Phoebe Barnard, and William R. Moomaw, "World Scientists' Warning of a Climate Emergency," *BioScience* 70, no. 1 (2020): 8-12, https://academic.oup.com; Damian Carrington, "Climate Crisis: 11,000 Scientists Warn of 'Untold Suffering,'" *Guardian*, November 5, 2019, https://www.theguardian.com.

168) Javier Mateo-Sagasta, Sara Marjani Zadeh, and Hugh Turral, *Water Pollution from Agriculture: A Global Review* (Rome: FAO, 2017), http://www.fao.org; Food and Agriculture Organization of the United Nations, "Livestock's Long Shadow."

169) B. Machovina, K. J. Feeley, and W. J. Ripple, "Biodiversity Conservation: The Key Is Reducing Meat Consumption," *Science of the Total Environment* 536 (2015): 419-31.

170) Food and Agriculture Organization of the United Nations, "Livestock's Long Shadow."

171) Claire Schnaffnit-Chatterjee, "The Global Food Equation: Food Security in an Environment of Increasing Scarcity," Deutsche Bank Research, September 21, 2009, https://www.dbresearch.com.

172) EPA, "Greenhouse Gas Emissions from a Typical Passenger Vehicle," March 2018, https://nepis.epa.gov; P. Gerber, H. Steinfeld, B. Henderson et al., *Tackling Climate Change Through Livestock: A Global Assessment of Emissions and Mitigation Opportunities* (Rome: FAO, 2013).

173) Select USA, "Agribusiness Spotlight: The Agribusiness Industry in the United States," n.d., https://www.selectusa.gov; James M. MacDonald, Robert A. Hoppe, and Doris Newton, *Three Decades of Consolidation in U.S. Agriculture*, EIB-189, US Department of Agriculture, Economic Research Service, March 2018, https://www.ers.usda.gov.

174) McConnell, "'When We're Dead and Buried, Our Bones Will Keep Hurting.'"

175) Philip Mattera, "USDA Inc.: How Agribusiness Has Hijacked Regulatory Policy at the U.S. Department of Agriculture," Corporate research project of Good Jobs First, July 23, 2004, https://www.competitivemarkets.com.

176) Mattera, "USDA Inc."

177) FarmFutures, "Craig Morris Leaving USDA to Join National Pork Board," October 18, 2017, https://www.farmprogress.com.

178) JBS USA, "JBS Names Former U.S. Department of Agriculture Deputy Under Secretary for Food Safety as Global Head of Food Safety and Quality Assurance," August 3, 2017, https://jbssa.com.

179) OpenSecrets.org, "Livestock: Money to Congress," 2018, https://www.opensecrets.org.

180) National Sustainable Agriculture Coalition, "Cover Crops and CAFOs: An Analysis of 2016 EQIP Spending," January 12, 2017, https://sustainableagriculture.net; Union of Concerned Scientists, "EPA Stops Collecting Data on Pollutants Released from Farms," August 5, 2019, https://www.ucsusa.org.

181) Simply Wall St., "CEO Compensation Analysis: Conagra Brands," accessed March 3, 2020, https://simplywall.st.

182) Centers for Disease Control, "Multistate Outbreak of *Escherichia coli* O157:H7 Infections Associated with Eating Ground Beef—United States, June-July 2002," July 26, 2002, http://www.cdc.gov와 "About *E. Coli*," http://www.about-ecoli.com을 참조하라.

183) C. G. Corey et al., "US Adult Cigar Smoking Patterns, Purchasing Behaviors, and Reasons for Use According to Cigar Type: Findings from the Population Assessment of Tobacco and Health (PATH) Study, 2013-2014," *Nicotine & Tobacco Research* 20, no. 12 (2018): 1457-66, https://www.ncbi.nlm.nih.gov.

184) Heinrich Böll Stiftung, *Meat Atlas: Facts and Figures About the Animals We Eat* (Berlin, Germany: Heinrich Böll Foundation; Brussels, Belgium: Friends of the Earth, Europe, 2014), 56, http://www.foeeurope.org; Niall McCarthy, "Who Are America's Vegans and Vegetarians," *Forbes*,

August 6, 2018, https://www.forbes.com.

185) W. C. Willett, "Balancing Lifestyle and Genomics Research for Disease Prevention," *Science* 296 (2002):695-98; Walter C. Willett, Jeffrey P. Koplan, Rachel Nugent, Courtenay Dusenbury, Pekka Puska, and Thomas A. Gaziano, *Disease Control Priorities in Developing Countries* 2nd ed. (Washington, DC: The International Bank for Reconstruction and Development/The World Bank; New York: Oxford University Press, 2006), Chapter 44, https://www.ncbi.nlm.nih.gov.

186) Rob M. van Dam et al., "Dietary Fat and Meat Intake in Relation to Risk of Type 2 Diabetes in Men," *Diabetes Care* 25, no. 3 (March 1, 2002): 417-24, https://doi.org; An Pan et al., "Changes in Red Meat Consumption and Subsequent Risk of Type 2 Diabetes Mellitus: Three Cohorts of US Men and Women," *JAMA Internal Medicine* 173, no. 14 (July 22, 2013): 1328-35, https://doi.org; Geertruida J. van Woudenbergh et al., "Eating Fish and Risk of Type 2 Diabetes," *Diabetes Care* 32, no. 11 (November 2009): 2021-26, https://doi.org.

187) Genevieve Tse and Guy D. Eslick, "Egg Consumption and Risk of GI Neoplasms: Dose-Response Meta-Analysis and Systematic Review," *European Journal of Nutrition* 53, no. 7 (October 2014): 1581-90, https://doi.org; Elizabeth A. Platz, Steven K. Clinton, and Edward Giovannucci, "Association Between Plasma Cholesterol and Prostate Cancer in the PSA Era," *International Journal of Cancer* 123, no. 7 (October 1, 2008): 1693-98, https://doi.org; Kristine Pelton, Michael R. Freeman, and Keith R. Solomon, "Cholesterol and Prostate Cancer," *Current Opinion in Pharmacology* 12, no. 6 (December 2012): 751-59, https://doi.org.

188) N. Bergeron, S. Chiu, P. T. Williams, S., King, and R. M. Krauss, "Effects of Red Meat, White Meat, and Nonmeat Protein Sources on Atherogenic Lipoprotein Measures in the Context of Low Compared with High Saturated Fat Intake: A Randomized Controlled Trial," *American Journal of Clinical Nutrition* 110, no. 1 (2019): 24-33, https://doi.org.

189) M. Yang, S. A. Kenfield, E. L. Van Blarigan, K. M. Wilson, J. L. Batista, H. D. Sesso et al., "Dairy Intake After Prostate Cancer Diagnosis in Relation to Disease-Specific and Total Mortality," *International Journal of Cancer*

137, no. 10 (2015): 2462-69, https://doi.org.

190)   Center for Food Safety, *America's Secret Animal Drug Problem: How Lack of Transparency Is Endangering Human Health and Animal Welfare* (Washington, DC: Center for Food Safety, 2015), http://www.centerforfoodsafety.org; Michael Pollan, "Power Steer," *New York Times*, March 31, 2002, https://www.nytimes.com; US Food and Drug Administration, "Feed Ban Enhancement: Implementation Questions and Answers," n.d., https://www.fda.gov; C. R. Hamilton, "Real and Perceived Issues Involving Animal Proteins," n.d., http://www.fao.or.

191)   EDSitement, "Voting Rights for Women: Pro and Anti-Suffrage," June 19, 2019, https://edsitement.neh.gov.

192)   American Veterinary Medical Association, "Welfare Implications of Gestation Sow Housing," November 19, 2015, https://www.avma.org.

193)   Robert Jay Lifton and Eric Markusen, *The Genocidal Mentality: Nazi Holocaust and Nuclear Threat* (New York: Basic Books, 1990). 이 책에서 저자들은 핵개발을 지지하는 전문가들을 묘사하면서 '이성의 목소리', '합리적인 온건파' 같은 표현을 원용한다.

194)   Lifton and Markusen, *The Genocidal Mentality*.

195)   Dietitians for Professional Integrity, "Concerns About Dairy Industry Sponsorship," September 26, 2015, https://integritydietitians.org; International Dairy Foods Association, "Government's 2015 Dietary Guidelines Affirms Role of Dairy Foods in Healthy Eating Patterns," January 7, 2016, https://www.idfa.org.

196)   미국영양·식이요법학회(AND)의 '후원 기업 프로그램'에 관한 정보는 http://www.eatrightpro.org에서 찾을 수 있다.

197)   NutritionFacts.org, "Dairy & Cancer," March 13, 2019, https://nutritionfacts.org; Ingegerd Johansson, Lena Maria Nilsson, Anders Esberg, Jan-Håkan Jansson, and Anna Winkvist, "Dairy Intake Revisited—Associations between Dairy Intake and Lifestyle Related Cardio-Metabolic Risk Factors in a High Milk Consuming Population," *Nutrition Journal* 17, no. 110 (2018), https://doi.org; W. Lu et al., "Dairy Products Intake and Cancer Mortality Risk: A Meta-Analysis of 11 Population-Based Cohort Studies," *Nutrition Journal* 15, no. 91 (2016), https://doi.org.

198) K. I. Mills, "More Shocking Results: New Research Replicates Milgram's Findings," *Monitor on Psychology* 40, no. 3 (2009): 13, https://www.apa.org.

199) Allan G. Johnson, *Privilege, Power, and Difference* (New York: McGraw-Hill Education, 2005)을 참조하라.

200) Robert Jay Lifton, *The Nazi Doctors: Medical Killing and the Psychology of Genocide* (New York: Basic Books, 1986); Lifton and Markusen, *The Genocidal Mentality*.

201) 고기와 남성성(사내다움)의 연관에 대해서는 Fiddes, *Meat*를 보라. 추가로 참조할 만한 자료로는 Carol J. Adams and Josephine Donovan, *Animals and Women: Feminist Theoretical Explorations* (Durham, NC: Duke University Press, 1995); Carol J. Adams, *The Sexual Politics of Meat: A Feminist-Vegetarian Critical Theory* (New York: Continuum, 1992) 등이 있다. (마지막 책의 국역본은 『육식의 성정치』, 캐럴 J. 아담스 지음 / 류현 옮김. 이매진, 2018.)

202) Physicians Committee for Responsible Medicine, "The Protein Myth," http://www.pcrm.org.

203) Lifton, *The Nazi Doctors*; Lifton and Markusen, *The Genocidal Mentality*.

204) Farb and Armelagos, *Consuming Passions*.

205) Paul Slovic, "If I Look at the Mass I Will Never Act: Psychic Numbing and Genocide," *Judgment and Decision Making* 2, no. 2 (2007): 79-95.

206) 도덕성과 혐오감에 관해 더 알고 싶으면 뒤의 '참고 문헌' 중 폴 로진(Paul Rozin)이 공저한 논문들을 보라. 또한 Andras Angyal, "Disgust and Related Aversions," *Journal of Abnormal and Social Psychology* 36 (1941): 393-412; Michael Lemonick, "Why We Get Disgusted," *Time*, May 24, 2007, http://www.time.com; Simone Schnall, Jonathan Haidt, and Gerald L. Clore, "Disgust as Embodied Moral Judgment," *Personality and Social Psychology Bulletin* 34, no. 8 (2008): 1096-1109; Trine Tsouderos, "Some Facial Expressions Are Part of a Primal 'Disgust Response,' University of Toronto Study Finds," *Chicago Tribune*, February 27, 2009, https://www.thehour.com; Thalia Wheatley and Jonathon Haidt, "Hypnotically Induced Disgust Makes Moral Judgments More Severe," *Psychological Science* 16 (2005): 780-84 등을 참조하라.

207) Tsouderos, "Some Facial Expressions."

208) Simoons, *Eat Not This Flesh*, 106.

209) Farb and Armelagos, *Consuming Passions*, 167.

210) Kathy Berghorn, "Emily the Sacred Cow: Lewis Has Asked Me to Put Down Some of My Thoughts on Emily," April 2, 2003, http://www.peaceabbey.org.

211) Judith Herman, *Trauma and Recovery: The Aftermath of Violence—From Domestic Abuse to Political Terror* (New York: Basic Books, 1997), 1. (국역본은 『트라우마—가정폭력에서 정치적 테러까지』, 주디스 루이스 허먼 지음 / 최현정 옮김, 열린책들, 2012.)

212) Sandra Blakeslee, "Cells that Read Minds," *New York Times*, January 10, 2006, https://www.nytimes.com; V. S. Ramachandran, "Mirror Neurons and the Brain in the Vat," *Edge: The Third Culture*, January 10, 2006, http://www.edge.org; and "Children Are Naturally Prone to Be Empathic and Moral," *Science Daily*, July 12, 2008, http://www.sciencedaily.com.

213) 제니 스타인(Jenny Stein)이 감독한 다큐멘터리 영화 〈증인(*The Witness*)〉 (Tribe of Heart Production Company, 2000)에서 에디 라마가 한 말이다.

214) Cited in Charles Patterson, *Eternal Treblinka: Our Treatment of Animals and the Holocaust* (New York: Lantern Books, 2002), 231. (국역본은 『동물 홀로코스트—동물과 약자를 다루는 '나치' 식 방식에 대하여』, 찰스 패터슨 지음 / 정의길 옮김 / 동물권행동 카라 감수, 휴(休), 2014.)

215) Matthew Scully, *Dominion: The Power of Man, the Suffering of Animals, and the Call to Mercy* (New York: St. Martin's Press, 2002), 394.

216) 이 문단의 내용은 '참여 과학자 모임(Union of Concerned Scientists)'의 사이트 http://www.ucsusa.org에서 얻은 정보들을 요약한 것이다. 육식주의적 생산이 낳는 피해에 대해서는 제4장의 주들도 참조하고, 자료를 더 보고 싶으면 Intergovernmental Panel on Climate Change, *Climate Change and Land* (Geneva, Switzerland: IPCC, 2019), https://www.ipcc.ch; Food and Agriculture Organization of the United Nations, "Livestock and Environment," November 22, 2013, http://www.fao.org를 참조하라.

217) Grand View Research, "Vegan Food Market Size, Share & Trends Analysis Report by Product (Dairy Alternative, Meat Substitute), by

Distribution Channel (Online Offline), by Region (APAC, CSA, MEA, Europe, North America), and Segment Forecasts, 2019-2025," June 2019, https://www.grandviewresearch.co.

218)   James O'Dea, "Witnessing: A Form of Compassion," March 2, 2007, http://awakin.org.

219)   Patterson, *Eternal Treblinka*, 137에서 재인용.

220)   Herman, *Trauma and Recovery*, 247.

길잡이 책과 웹사이트

육식주의 너머로 나아가고자 하는 사람을 이끌어 줄 몇몇 책과 웹사이트를 소개한다.

Beyond Beliefs: A Guide to Improving Relationships and Communication for Vegans, Vegetarians, and Meat Eaters, by Melanie Joy (Lantern Books, 2018)
앞의 '후기'에서도 언급된 『신념을 넘어』는 부제에서 밝힌 대로 비건과 채식주의자, 육식자 사이의 관계와 소통을 개선할 방법들을 제시한다. 건강한 관계를 맺고 유지하기 위해 알아 둬야 할 개념과 원칙 및 도구 들을 두루 살펴보고 그것들을 경우에 따라 어떻게 적용할지도 설명한다.

Animal Liberation, by Peter Singer (Harper Perennial Modern Classics, Reissue edition 2009)
육식주의의 본질을 철학적으로 검토하고, 현실 상황에 관한 면밀한 분석도 곁들인다. 국역본은 『동물 해방』(피터 싱어 지음 / 김성한 옮김, 연암서가, 2012).

Eating Animals, by Jonathan Safran Foer (Back Bay Books, 2010)
이름난 소설가인 저자가 다양한 인물들을 인터뷰하고 광범위한 자료들을 원용하면서 육식주의적 소비의 토대와 관행을 낱낱이 드러낸다. 국역본은 『동물을 먹는다는 것에 대하여』(조너선 사프란 포어 지음 / 송은주 옮김, 민음사, 2011).

How Not to Die: Discover the Foods Scientifically Proven to Prevent and Reverse Disease, by Michael Greger (Flatiron Books, 2015)
각종 질병을 예방하거나 극복하며 건강하게 사는 방법에 관한 백과사전적 안내서. 국역본은 『의사들의 120세 건강 비결은 따로 있다 1: 질병원인 치유편』(마이클 그레거 · 진 스톤 지음 / 홍영준 · 강태진 옮김, 진성북스, 2017).

nutritionfacts.org

위의 책 저자인 마이클 그레거 박사의 웹사이트. 음식과 영양에 관한 숱한 주제들을 비디오를 통해 풀어낸다.

Beyond Carnism (*carnism.org*)

내가 조직한 국제 NGO '육식주의를 넘어'의 웹사이트. 육식주의에 대한 의식을 높이고 변혁 의지를 고취하는 많은 자료들을 담고 있다.

Challenge 22 (*challenge22.com*)

비건 되기에 도전해 보고자 하는 사람들을 위한 22일짜리 온라인 프로그램 사이트.

Veganuary (*veganuary.com*)

'비거뉴어리'는 '새해의 첫 달인 1월을 비건으로 살기'를 뜻하는 합성어(vegan+January)로, 비건 되기에 도전하는 이들을 위한 캠페인 프로그램이자 그 조직과 사이트의 이름이다. 초보자용 비건 키트(kit), 조언 및 자료 등을 제공한다.

Bosh! (*bosh.tv*)

영국의 비건 셰프 두 사람이 운영하는 웹사이트로, 흥미롭고 유용하며 다양한 쿠킹 비디오들과 각종 자료들을 담고 있다.

Happy Cow (*happycow.net*)

전 세계의 비건 및 채식주의자용 (혹은 그들에게 친화적인) 가게와 식당을 찾을 수 있는 웹사이트이자 앱. 레시피, 여행, 건강 등에 관한 정보도 많이 올리고 있다.

참고 문헌

Adams, Carol J. "Feeding on Grace: Institutional Violence, Christianity, and Vegetarianism." In *Good News for Animals? Christian Approaches to Animal Well-Being*, edited by C. Pinches and J. B. McDaniel, 143-59. Maryknoll, NY: Orbis, 1993.

————. *Living Among Meat Eaters: The Vegetarian's Survival Handbook*. New York: Three Rivers Press, 2001.

————. *Neither Man nor Beast: Feminism and the Defense of Animals*. New York: Continuum, 1995.

————. *The Sexual Politics of Meat: A Feminist-Vegetarian Critical Theory*. New York: Continuum, 1992. (국역본은 『육식의 성정치』, 캐럴 J. 아담스 지음 / 류현 옮김. 이매진, 2018.)

Adams, Carol J., and Josephine Donovan, eds. *Animals and Women: Feminist Theoretical Explorations*. Durham, NC: Duke University Press, 1995.

Allen, Michael, et al. "Values and Beliefs of Vegetarians and Omnivores." *Journal of Social Psychology* 140, no. 4 (2000): 405-22.

Allport, Gordon. *The Nature of Prejudice*. New York: Addison-Wesley, 1958. (국역본은 『편견—사회심리학으로 본 편견의 뿌리』, 고든 올포트 지음 / 석기용 옮김, 교양인, 2020.)

American Veterinary Medical Association. "Welfare Implications of the Veal Calf Husbandry." October 13, 2008. Accessed March 27, 2009. http://www.avma.org.

Anand, K. J. S., D. Phil, and P. R. Hickey. "Pain and Its Effects in the Human Neonate and Fetus." *New England Journal of Medicine* 317, no. 21. (1987): 1321-29. Accessed March 4, 2020. http://www.cirp.org.

————. CIRP.org: The Circumcision Reference Library. September 5, 2006.

Accessed March 4, 2020. http://www.cirp.org.

Angyal, Andras. "Disgust and Related Aversions." *Journal of Abnormal and Social Psychology* 36 (1941): 393-412.

"Animal Cruelty Laws Among Fastest-Growing." MSNBC. February 15, 2009. Accessed March 26, 2009. http://www.msnbc.msn.com.

Araki, H., et al. "High-Risk Group for Benign Prostatic Hypertrophy." *Prostate* 4, no. 3 (1983): 253-64. Accessed March 4, 2020. http://www.ncbi.nlm.nih.gov.

Arluke, Arnold. "Uneasiness Among Laboratory Technicians." *Lab Animal* 19, no. 4 (1990): 20-39.

Arluke, Arnold, and Frederic Hafferty. "From Apprehension to Fascination with 'Dog Lab': The Use of Absolutions by Medical Students." *Journal of Contemporary Ethnography* 25, no. 2 (1996): 201-25.

Arluke, Arnold, and Clinton Sanders. *Regarding Animals*. Philadelphia: Temple University Press, 1996.

Aronson, Elliot. "Back to the Future: Retrospective Review of Leon Festinger's *A Theory of Cognitive Dissonance*." *American Journal of Psychology* 110 (1997): 127-37.

———. "Dissonance, Hypocrisy, and the Self-Concept." In *Cognitive Dissonance: Progress on a Pivotal Theory in Social Psychology*, edited by E. Harmon-Jones and J. Mills, 103-26. Washington, DC: American Psychological Association, 1999.

Ascherio, Alberto, Graham A. Colditz, Edward Giovannucci, Eric B. Rimm, Meir J. Stampfer, and Walter C. Willett. "Intake of Fat, Meat, and Fiber in Relation to Risk of Colon Cancer in Men." *Cancer Research* 54 (1994): 2390-97.

Augoustinos, Martha, and Katherine Reynolds, eds. *Understanding Prejudice, Racism, and Social Conflict*. Thousand Oaks, CA: Sage Publications, 2001.

Austin, Liz. "Whole Foods Bans Sale of Live Lobsters." CBS News. June 16, 2006. Accessed March 27, 2009. http://www.cbsnews.com.

Barrows, Anita. "The Ecopsychology of Child Development." In *Ecopsychology: Restoring the Earth, Healing the Mind*, edited by T. Roszak, M. E. Gomes, and D. Kanner, 101-10. San Francisco: Sierra Club Books, 1995.

Barthes, Roland. "Toward a Psychosociology of Contemporary Food Consumption." In *Food and Drink in History: Selections from the Annales Economies,*

Societies, Civilisations: Vol. 5, edited by Robert Forster and Orest Ranum, 166-73. Baltimore and London: Johns Hopkins University Press, 1979.

Beardsworth, Alan, and Teresa Keil. "Contemporary Vegetarianism in the U.K.: Challenge and Incorporation?" *Appetite* 20 (1993): 229-34.

————. "The Vegetarian Option: Varieties, Conversions, Motives and Careers." *The Sociological Review* 40 (1992): 253-93.

Belasco, Warren. "Food, Morality, and Social Reform." In *Morality and Health*, edited by Allen Brandt and Paul Rozin, 185-99. New York: Rutledge, 1997.

Bell, A. Chris, et al. "A Method for Describing Food Beliefs which May Predict Personal Food Choice." *Journal of Nutrition Education* 13, no. 1 (1981): 22-26.

Bhatnagar, Parija. "PETA's Impotence Ad a No-No with CBS." CNN. January 15, 2004. Accessed March 4, 2020. http://money.cnn.com.

Biermann-Ratjen, Eva Maria. "Incongruence and Psychopathology." In *Person-Centered Therapy: A European Perspective*, edited by B. Thorne and E. Lambers, 119-30. London: Sage Publications, 1998.

Bittman, Julie Cart. "Land Study on Grazing Denounced," *Los Angeles Times*. June 18, 2005. Accessed March 4, 2020. http://articles.latimes.com.

Bittman, Mark. "Cells that Read Minds." *New York Times*. January 10, 2006. Accessed March 4, 2020. http://www.nytimes.com.

————. "Rethinking the Meat-Guzzler." *New York Times*. January 27, 2008. Accessed March 4, 2020. http://www.nytimes.com.

Blakeslee, Sandra. "Minds of Their Own: Birds Gain Respect." *New York Times*. February 1, 2005. Accessed March 4, 2020. http://www.nytimes.com.

Boat, Barbara. "The Relationship between Violence to Children and Violence to Animals: An Ignored Link?" *Journal of Interpersonal Violence* 10, no. 2 (1995): 228-35.

Booth, David. *The Psychology of Nutrition*. Bristol, PA: Taylor & Francis, 1994.

Brown, Culum, Kevin Laland, and Jens Krause, eds. *Fish Cognition and Behavior*. Oxford, UK: Blackwell Publishing, 2006.

Brown, Lesley Melville. *Cruelty to Animals: The Moral Debt*. London: Macmillan Press, 1988.

Calkins, A. "Observations on Vegetarian Dietary Practice and Social Factors: The Need for Further Research." *Perspectives in Practice* 74 (1979): 353-55.

Campbell, T. Colin, and Thomas M. Campell. *The China Study: The Most Comprehensive Study of Nutrition Ever Conducted and the Startling Implications for Diet, Weight Loss and Long-Term Health.* Dallas: Benbella Books, 2006. (국역본은 『무엇을 먹을 것인가』, 콜린 캠벨 · 토마스 캠벨 지음 / 유자화 옮김 / 이의철 감수, 열린과학, 2012.)

Cart, Julie. "Land Study on Grazing Denounced." *Los Angeles Times.* June 18, 2005. Accessed March 4, 2020. http://articles.latimes.com.

Center for Responsive Politics. "Money in Politics—See Who's Giving and Who's Getting." Accessed March 4, 2020. http://www.opensecrets.org.

Center for Science in the Public Interest (CSPI). Accessed March 4, 2020. http://www.cspinet.org.

Chamberlain, David B. "Babies Remember Pain." CIRP: The Circumcision Reference Library. December 15, 2006. Accessed March 4, 2020. http://www.cirp.org.

———. "Babies Remember Pain." *Journal of Prenatal and Perinatal Psychology and Health* 3, no. 4 (1989): 297-310. Accessed March 4, 2020. http://www.cirp.org.

Chambers, J. P., et al. "Self-Selection of the Analgesic Drug Carprofen by Lame Broiler Chickens." *The Veterinary Record* 146, no. 11 (2000): 307-11.

Chambers, P. G., et al. "Slaughter of Livestock." Food and Agriculture Organization of the United Nations. April 2001. Accessed March 4, 2020. http://www.fao.org.

"Children Are Naturally Prone to Be Empathic and Moral." *Science Daily.* July 12, 2008. Accessed March 4, 2020. http://www.sciencedaily.com.

Chong, Jia-rui. "Wood-Chipped Chickens Fuel Outrage." *Los Angeles Times.* November 22, 2003. Accessed March 4, 2020. http://articles.latimes.com.

Clarke, Paul, and Andrew Linzey. *Political Theory and Animal Rights.* Winchester, MA: Pluto Press, 1990.

Colditz, G. A., et al. "Relation of Meat, Fat, and Fiber Intake to the Risk of Colon Cancer in a Prospective Study Among Women." *New England Journal of Medicine* 323, no. 24 (1990): 1664-72.

Compa, Lance, and Jamie Fellner. "Meatpacking's Human Toll." *Washington Post.* August 3, 2005. Accessed March 4, 2020. http://www.washingtonpost.com.

Comstock, Gary L. "Pigs and Piety: A Theocentric Perspective on Food Animals."

In *Good News for Animals? Christian Approaches to Animal Well-Being*,
edited by Charles Pinches and Jay B. McDaniel, 105-27. Maryknoll, NY:
Orbis, 1993.

Cone, Tracie. "Dairy Cows Head for Slaughter as Milk Prices Sour." Associated
Press. February 16, 2009. Accessed March 4, 2020. http://www3.
signonsandiego.com.

Conrad, Peter, and Joseph Schneider. *Deviance and Medicalization: From Badness
to Sickness*. Toronto: C. V. Mosby & Co., 1980.

Cooper, Charles, Thomas Wise, and Lee Mann. "Psychological and Cognitive
Characteristics of Vegetarians." *Psychosomatics* 26, no. 6 (1985): 521-27.

Counihan, Carol M. "Food Rules in the United States: Individualism, Control, and
Hierarchy." *Anthropological Quarterly* 65 (1992): 55-66.

Davis, Karen. "Thinking Like a Chicken: Farm Animals and the Feminine
Connection." In *Animals and Women: Feminist Theoretical Explorations*,
edited by Carol J. Adams and Josephine Donovan, 192-212. Durham, NC:
Duke University Press, 1995.

Dawn, Karen. *Thanking the Monkey: Rethinking the Way We Treat Animals*. New
York: Harper, 2008.

Descartes, Rene. *A Discourse on the Method (Oxford World's Classics)*. Translated
by Ian Maclean. New York: Oxford University Press, 2006. (르네 데카르트의
『방법서설』은 많은 번역본이 나와 있음.)

Devine, Tom. "Shielding the Giant: USDA's 'Don't Look, Don't Know' Policy for
Beef Inspection." *WhistleBlower.org*. Accessed March 27, 2009. http://
www.whistleblower.org.

Dietz, Thomas, et al. "Social Psychological and Structural Influences on Vegetarian
Beliefs." *Rural Sociology* 64, no. 3 (1999): 500-11.

―――, et al. "Values and Vegetarianism: An Exploratory Analysis." *Rural Sociology*
60, no. 3 (1995): 533-42.

Dilanian, Ken. "Bill Includes Billions in Farm Subsidies." *USA Today*. May 15, 2008.
Accessed March 25, 2009. http://www.usatoday.com.

Donaldson, Tammy McCormick. "Is Boredom Driving Pigs Crazy?" Working paper,
the University of Idaho College of Natural Resources. Accessed March 26,
2009. http://www.cnr.uidaho.edu.

Douglas, Mary. *Implicit Meanings: Essays in Anthropology*. London: Routledge &

Kegan Paul, 1975.

Draycott, Simon, and Alan Dabbs. "Cognitive Dissonance: An Overview of the Literature and its Integration into Theory and Practice in Clinical Psychology." *British Journal of Clinical Psychology* 37 (1998): 341-53.

Du, Wayne. "Porcine Stress Syndrome Gene and Pork Production." Ontario Ministry of Agriculture Food and Rural Affairs. June 2004. Accessed March 27, 2009. http://www.omafra.gov.on.ca.

Dunayer, Joan. *Animal Equality: Language and Liberation.* Derwood, MD: Ryce Publishing, 2001.

Eisler, Riane. *The Chalice and the Blade: Our History, Our Future.* New York: HarperCollins, 1987.

Eisnitz, Gail. *Slaughterhouse: The Shocking Story of Greed, Neglect, and Inhumane Treatment Inside the U.S. Meat Industry.* Amherst, NY: Prometheus Books, 1997. (국역본은 『도살장—미국산 육류의 정체와 치명적 위험에 대한 충격 고발서』, 게일 A. 아이스니츠 지음 / 박산호 옮김, 시공사, 2008.)

Esselstyn, Caldwell B. *Prevent and Reverse Heart Disease: The Revolutionary, Scientifically Proven, Nutrition-Based Cure.* New York: Penguin, 2008. (국역본은 『지방이 범인—사망 직전의 환자 18명을 음식으로 살려낸 어느 양심의사의 고백』, 콜드웰 에셀스틴 지음 / 강신원 옮김, 사이몬북스, 2018.)

Ewers, Justin. "Don't Read This Over Dinner." *U.S. News and World Report.* August 7, 2005. Accessed March 31, 2009. http://www.usnews.com.

"EWG Farm Bill 2007 Policy Analysis Database." *Environmental Working Group.* Accessed March 25, 2009. http://farm.ewg.org.

Farb, Peter, and George Armelagos. *Consuming Passions: The Anthropology of Eating.* Boston: Houghton Mifflin, 1980.

Feldman, Megan. "Swift Meat Packing Plant and Illegal Immigrants." *The Houston Press.* April 4, 2007. Accessed March 4, 2020. http://www.houstonpress.com.

Fessler, Daniel M. T., and Carlos David Navarrette. "Meat Is Good to Taboo: Dietary Proscriptions as a Product of the Interaction of Psychological Mechanisms and Social Processes." *Journal of Cognition and Culture* 3, no. 1 (2003): 1-40. Accessed March 4, 2020. http://www.sscnet.ucla.edu.

———. UCLA. Accessed March 4, 2020. http://www.sscnet.ucla.edu/anthro/faculty/fessler/pubs/MeatIsGoodToTaboo.pdf.

Festinger, Leon. *A Theory of Cognitive Dissonance*. Evanston, IL: Row, Peterson, 1957. (국역본은 『인지부조화 이론』, 레온 페스팅거 지음 / 김창대 옮김, 나남출판, 2016.)

Fiddes, Nick. *Meat: A Natural Symbol*. New York: Rutledge, 1991.

Finsen, Lawrence, and Susan Finsen. *The Animal Rights Movement in America: From Compassion to Respect*. New York: Twayne Publishers, 1994.

Fischler, Claude. "Food Habits, Social Change and the Nature/Culture Dilemma." *Social Science Information* 19, no. 6 (1980): 937-53.

————. "Food, Self and Identity." *Social Science Information* 27, no. 2 (1988): 275-92.

"Fish May Actually Feel Pain and React to It Much Like Humans Do." *Science Daily*. May 1, 2009. Accessed March 4, 2020. http://www.sciencedaily.com.

Food and Agriculture Organization of the United Nations. "Livestock's Long Shadow: Environmental Issues and Options." 2006. Accessed March 4, 2020. http://www.fao.org.

————. "Pro-Poor Livestock Policy Initiative." Accessed March 26, 2009. http://www.fao.org.

"Food Taboos: It's All a Matter of Taste." *National Geographic News*. April 19, 2004. Accessed March 26, 2009. http://news.nationalgeographic.com.

Fox, Michael Allen. *Deep Vegetarianism*. Philadelphia: Temple University Press, 1999.

Francione, Gary. *Animals, Property, and the Law*. Philadelphia: Temple University Press, 1995.

Friedman, Stanley. "On Vegetarianism." *Journal of the American Psychoanalytic Association* 23, no. 2 (1975): 396-406.

Frommer, Frederic J. "Video Shows Workers Abusing Pigs." *The Guardian Unlimited*. September 17, 2008. Accessed March 31, 2009. http://www.guardian.co.uk.

Furst, Tanis, et al. "Food Choice: A Conceptual Model of the Process." *Appetite* 26 (1996): 247-66.

Garner, Robert, ed. *Animal Rights: The Changing Debate*. New York: New York University Press, 1996.

Gaudette, Karen. "USDA Expands Ground-Beef Recall." *Seattle Times*. July 4, 2008. Accessed March 27, 2009. http://seattletimes.nwsource.com.

Gofton, L. "The Rules of the Table: Sociological Factors Influencing Food Choice." In *The Food Consumer*, by Christopher Ritson, Leslie Gofton, and John McKenzie, 127-53. New York: John Wiley & Sons, 1986.

Greger, Michael. *Bird Flu: A Virus of Our Own Hatching*. New York: Lantern Books, 2006.

Grossman, Dave. *On Killing: The Psychological Cost of Learning to Kill in War and Society*. New York: Back Bay Books, 1996. (국역본은 『살인의 심리학』, 데이브 그로스먼 지음 / 이동훈 옮김, 플래닛, 2011.)

Gurian-Sherman, Doug. "CAFOs Uncovered: The Untold Costs of Confined Animal Feeding Operations." Union of Concerned Scientists. April 2008. Accessed March 31, 2009. http://www.ucsusa.org.

Halpin, Zuleyma Tang. "Scientific Objectivity and the Concept of the 'Other.'" *Women's Studies International Forum* 12, no. 3 (1989): 285-94.

Hamilton, Malcolm. "Wholefoods and Healthfoods: Beliefs and Attitudes." *Appetite* 20 (1993): 223-28.

Harmon-Jones, Eddie, and Judson Mills, eds. *Cognitive Dissonance: Progress on a Pivotal Theory in Social Psychology*. Washington, DC: American Psychological Association, 1999.

Hedges, Stephen J., and Washington Bureau. "*E. Coli* Loophole Cited in Recalls Tainted Meat Can Be Sold if Cooked." *Chicago Tribune*. November 11, 2007. Accessed March 27, 2009. http://archives.chicagotribune.com.

———. "Topps Meat Recall Raises Questions About Inspections Workload." *Chicago Tribune*. October 14, 2007. Accessed March 27, 2009. http://archives.chicagotribune.com.

Heffernan, William, and Mary Hendrickson. "Concentration of Agricultural Markets." *National Farmer's Union*. April 2007. Accessed March 25, 2009. http://www.nfu.org.

Hegeman, Roxana. "Injuries Propel Union's Offences." *Arkansas Democrat Gazette*. February 18, 2007. Accessed March 27, 2009. http://www.nwanews.com.

Herman, Judith. *Trauma and Recovery: The Aftermath of Violence—From Domestic Abuse to Political Terror*. New York: Basic Books, 1997. (국역본은 『트라우마—가정폭력에서 정치적 테러까지』, 주디스 루이스 허먼 지음 / 최현정 옮김, 열린책들, 2012.)

Hindley, M. Patricia. "'Minding Animals': The Role of Animals in Children's Mental

Development." In *Attitudes to Animals: Views in Animal Welfare*, edited by F. L. Dolins, 186-99. Cambridge, UK: Cambridge University Press, 1999.

Holm, Lotte, and M. Mohl. "The Role of Meat in Everyday Food Culture: An Analysis of an Interview Study in Copenhagen." *Appetite* 34 (2000): 277-83.

Howard, George S. *Ecological Psychology: Creating a More Earth-Friendly Human Nature*. Notre Dame, IN: University of Notre Dame Press, 1997.

Human Rights Watch. "Blood, Sweat and Fear." *HRW.org*. January 24, 2005. Accessed March 4, 2020. http://www.hrw.org.

Humane Society of the United States. "Undercover Investigation Reveals Rampant Animal Cruelty at California Slaughter Plant—A Major Beef Supplier to America's School Lunch Program." January 2008. Accessed March 26, 2009. http://www.hsus.org.

Irvin, David. "Control Debate, Growers Advised." *Arkansas-Democrat Gazette*, Northwest Arkansas edition. September 22, 2007. Accessed March 26, 2009. http://www.nwanews.com.

Jabs, Jennifer, Carol Devine, and J. Sobal. "Model of the Process of Adopting Vegetarian Diets: Health Vegetarians and Ethical Vegetarians." *Journal of Nutrition Education* 30, no. 4 (1998): 196-202.

Jacobsen, Ken, and Linda Riebel. *Eating to Save the Earth: Food Choices for a Healthy Planet*. Berkeley, CA: Celestial Arts, 2002.

Johns Hopkins Bloomberg School of Public Health. "Public Health Association Calls for Moratorium on Factory Farms; Cites Health Issues, Pollution." January 9, 2004. Accessed March 4, 2020. http://www.jhsph.edu.

Johnson, Allan G. *The Forest and the Trees: Sociology as Life, Practice and Promise*. Philadelphia: Temple University Press, 1997. (국역본은 『사회학 공부의 기초—복잡한 세상을 이해하는 간단한 틀』, 앨런 존슨 지음 / 이솔 옮김, 유유, 2016.)

Joy, Melanie. "From Carnivore to Carnist: Liberating the Language of Meat." *Satya* 8, no. 2 (2001): 26-27.

———. "Humanistic Psychology and Animal Rights: Reconsidering the Boundaries of the Humanistic Ethic." *Journal of Humanistic Psychology* 45, no. 1 (2005): 106-30.

———. "Psychic Numbing and Meat Consumption: The Psychology of Carnism." Dissertation, Saybrook Graduate School, 2003.

——. *Strategic Action for Animals: A Handbook on Strategic Movement Building, Organizing, and Activism for Animal Liberation*. New York: Lantern Books, 2008.

Jung, C. G. "The Problem of Evil Today." In *Meeting the Shadow: The Hidden Power of the Dark Side of Human Nature*, edited by C. Zweig and J. Abrams, 170-73. New York: Putnam, 1991.

Kapleau, Philip. *To Cherish All Life: A Buddhist Case for Becoming Vegetarian*. Rochester, NY: The Zen Center, 1986.

Kellert, Stephen R., and Alan Felthous. "Childhood Cruelty toward Animals among Criminals and Noncriminals." *Human Relations* 38, no. 12 (1985): 1113-29.

Kelly, Daniel. "The Role of Psychology in the Study of Culture." Purdue University. Accessed March 4, 2020. http://web.ics.purdue.edu.

Kirby, Alex, "Fish Do Feel Pain, Scientists Say." *BBC News Online*. Accessed March 4, 2020. http://news.bbc.co.uk.

Kowalski, Gary. *The Souls of Animals*. Walpole, NH: Stillpoint, 1991.

Lea, Emma, and Anthony Worsley. "Influences on Meat Consumption in Australia." *Appetite* 36 (2001): 127-36.

Lee, Jennifer. "Neighbors of Vast Hog Farms Say Foul Air Endangers Their Health." *New York Times*. May 11, 2003. Accessed March 4, 2020. http://www.nytimes.com.

Lemonick, Michael. "Why We Get Disgusted." *Time*. May 24, 2007. Accessed March 26, 2009. http://www.time.com.

Lifton, Robert Jay. "Beyond Psychic Numbing: A Call to Awareness." *American Journal of Orthopsychiatry* 52, no. 4 (1982): 619-29.

——. *The Nazi Doctors: Medical Killing and the Psychology of Genocide*. New York: Basic Books, 1986.

——. "A Nuclear Age Ethos: Ten Psychological-Ethical Principles." *Journal of Humanistic Psychology* 25, no. 4 (1985): 39-40.

Lifton, Robert Jay, and Eric Markusen. *The Genocidal Mentality: Nazi Holocaust and Nuclear Threat*. New York: Basic Books, 1990.

Lilliston, Ben. "A Fair Farm Bill for Competitive Markets." Institute for Agriculture and Trade Policy. 2007. Accessed March 29, 2009. http://www.agobservatory.org.

Lindeman, Marjaana, and M. Väänänen. "Measurement of Ethical Food Choice

Motives." *Appetite* 34 (2000): 55-59.

LJ. "Stop the Dog Meat Industry." ASPCA Online Community. February 18, 2009. Accessed March 26, 2009. 2020년 1월 21일 ASPCA 웹사이트에 접속해 이 글을 다시 검색했더니 삭제된 듯 찾아지지 않았다.

Lobo, Phillip. "Animal Welfare and Activism: What You Need to Know." PowerPoint presentation at the FMI-AMI Meat Conference. March 10, 2008. Accessed March 4, 2020. http://www.meatconference.com.

Locatelli, Margaret Garrett, and Robert Holt. "Antinuclear Activism, Psychic Numbing, and Mental Health." *International Journal of Mental Health* 15, no. 1-3 (1986): 143-61.

Lovelock, James. *Gaia: A New Look at Life on Earth*. Oxford, UK: Oxford University Press, 1979. (국역본은 『가이아―살아있는 생명체로서의 지구』, 제임스 러브록 지음 / 홍욱희 옮김. 갈라파고스, 2004.)

Macy, Joanna. "Working through Environmental Despair." In *Ecopsychology: Restoring the Earth, Healing the Mind*, edited by T. Roszak, M. E. Gomes, and A. D. Kanner, 240-59. San Francisco: Sierra Club Books, 1995.

Marcus, Erik. *Meat Market: Animals, Ethics, and Money*. Ithaca, NY: Brio Press, 2005.

―――. *Vegan: The New Ethics of Eating*. Ithaca, NY: McBooks, 1998.

Maslow, Abraham. *Motivation and Personality*. 3rd ed. New York: Harper & Row, 1987. (국역본은 『동기와 성격―인간 본성에 대한 탁월한 통찰』, 제3판 완역, 에이브러햄 매슬로 지음 / 오혜경 옮김, 연암서가, 2021.)

Masson, Jeffrey. *The Face on Your Plate: The Truth about Food*. New York: W. W. Norton, 2009.

Mattera, Philip. "USDA Inc.: How Agribusiness Has Hijacked Regulatory Policy at the U.S. Department of Agriculture." Corporate Research Project of Good Jobs First. July 23, 2004. Accessed March 25, 2009. http://www.agribusinessaccountability.org.

Mattes, Richard D. "Learned Food Aversions: A Family Study." *Physiology and Behavior* 50 (1991): 499-504.

Maurer, Donna. *Vegetarianism: Movement or Moment?* Philadelphia: Temple University Press, 2002.

McDonald, Barbara, Ronald M. Cervero, and Bradley C. Courtenay. "An Ecological Perspective of Power in Transformational Learning: A Case Study of Ethical

Vegans." *Adult Education Quarterly* 50, no. 1 (1999): 5-23.

McDougall, John A., and Mary McDougall. *The McDougall Program: Twelve Days to Dynamic Health*. New York: Plume, 1991.

McElroy, Damien. "Korean Outrage as West Tries to Use World Cup to Ban Dog Eating." *Telegraph*. January 6, 2002. Accessed March 4, 2020. http://www.telegraph.co.uk.

Messina, Virginia, and Mark Messina. *The Vegetarian Way*. New York: Crown Trade Paperbacks, 1996.

Metzner, Ralph. *Green Psychology: Transforming Our Relationship to the Earth*. Rochester, VT: Park Street Press, 1999.

Midei, Aimee. "Identification of the First Gene in Posttraumatic Stress Disorder." *Bio-Medicine*. September 22, 2002. Accessed March 4, 2020. http://news.bio-medicine.org.

Midgley, Mary. *Animals and Why They Matter: A Journey Around the Species Barrier*. New York: Penguin, 1983.

Milgram, Stanley. *Obedience to Authority: An Experimental View*. New York: Harper & Row, 1974. (국역본은 『권위에 대한 복종』, 스탠리 밀그램 지음 / 정태연 옮김, 에코리브르, 2009.)

Mintz, Sidney. *Tasting Food, Tasting Freedom: Excursions into Eating, Culture, and the Past*. Boston: Beacon Press, 1996. (국역본은 『음식의 맛 자유의 맛』, 시드니 민츠 지음 / 조병준 옮김, 지호, 1998.)

Mitchell, C. E. "Animals—Sacred or Secondary? Ideological Influences on Therapist and Client Priorities and Approaches to Decision-Making." *Psychology* 30, no. 1 (1993): 22-28.

Mittal, Anuradha. "Giving Away the Farm: The 2002 Farm Bill." The Oakland Institute. June 2002. Accessed March 27, 2009. http://www.oaklandinstitute.org. 2004년에 설립된 오클랜드 연구소는 긴급한 사회 문제, 환경 문제들에 대한 시민 참여와 공정한 토론의 촉진에 주력하는 정책 싱크탱크다. 진보적 잡지인 《더 네이션》은 2008년 이 연구소의 창설자이자 현 소장인 아누라다 미탈을 '올해의 가장 소중한 사상가'로 선정한 바 있다.

"More Urban, Suburban Homes Have Pet Chickens." *Dallas Morning News*. July 16, 2007. Accessed March 27, 2009. http://www.dallasnews.com.

Morgan, Dan, Gilbert M. Gaul, and Sarah Cohen. "Harvesting Cash: A Year-Long Investigation into Farm Subsidies." *Washington Post*. 2006. Accessed March

4, 2020. http://www.washingtonpost.com.

Morrow, Julie. "An Overview of Current Dairy Welfare Concerns from the North American Perspective." December 19, 2002. Accessed March 4, 2020. http://www.nal.usda.gov.

Motovalli, Jim. "The Meat of the Matter: Our Livestock Industry Creates More Greenhouse Gas than Transportation Does." *E Magazine* 19.4 (July/Aug. 2008).

Murcott, A. "You Are What You Eat: Anthropological Factors Influencing Food Choice." In *The Food Consumer*, edited by Christopher Ritson, Leslie Gofton, and John McKenzie, 107-25. New York: John Wiley & Sons, 1986.

National Endowment for the Humanities. "Voting Rights for Women: Pro- and Anti-Suffrage." *EDSITEment.com*. June 11, 2002. Accessed March 27, 2009. http://edsitement.neh.gov.

National Resources Defense Council. "Pollution from Giant Livestock Farms Threatens Public Health." July 15, 2005. Accessed March 4, 2020. http://www.nrdc.org.

"Nebraska Beef Recalls 1.2 Million Pounds of Beef." *MSNBC.com*. August 10, 2008. Accessed March 27, 2009. http://www.msnbc.msn.com.

Nestle, Marion. *Food Politics: How the Food Industry Influences Nutrition and Health*. Berkeley: University of California Press, 2007.

Nibert, David Allen. *Animal Rights/Human Rights: Entanglements of Oppression and Liberation*. Lanham, MD: Rowman & Littlefield, 2002.

Norberg-Hodge, Helena. "Compassion in the Age of the Global Economy." *The Psychology of Awakening: Buddhism, Science, and Our Day-to-Day Lives*, edited by G. Watson, S. Batchelor, and G. Claxton, 55-67. York Beach, ME: Samuel Weiser, 2000.

Passariello, Phyllis. "Me and My Totem: Cross-Cultural Attitudes towards Animals." *Attitudes to Animals: Views in Animal Welfare*, edited by F. L. Dolins, 12-25. Cambridge, UK: Cambridge University Press, 1999.

Patterson, Charles. *Eternal Treblinka: Our Treatment of Animals and the Holocaust*. New York: Lantern Books, 2002. (국역본은 『동물 홀로코스트—동물과 약자를 다루는 '나치' 식 방식에 대하여』, 찰스 패터슨 지음 / 정의길 옮김 / 동물권행동 카라 감수, 휴[休], 2014.)

Petrinovich, L., P. O'Neill, and M. Jorgensen. "An Empirical Study of Moral

Intuition: Toward an Evolutionary Ethics." *Journal of Personality and Social Psychology* 64, no. 3 (1993): 467-78.

Phillips, Mary T. "Savages, Drunks, and Lab Animals: The Researcher's Perception of Pain." *Society and Animals* 1, no. 1 (1993): 61-81.

Phillips, R. L. "Coronary Heart Disease Mortality among Seventh Day Adventists with Differing Dietary Habits: a Preliminary Report." *Cancer Epidemiology, Biomarkers and Prevention* 13 (2004): 1665.

Physicians Committee for Responsible Medicine. "The Protein Myth." Accessed March 26, 2009. http://www.pcrm.org.

Pickert, Kate. "Undercover Animal-Rights Investigator" *Time*. March 9, 2009. Accessed March 26, 2009. http://www.time.com.

Pilisuk, Marc. "Cognitive Balance and Self-Relevant Attitudes." *Journal of Abnormal and Social Psychology* 6, no. 2 (1962): 95-103.

———. "The Hidden Structure of Contemporary Violence." *Peace and Conflict: Journal of Peace Psychology* 4 (1998): 197-216.

Pilisuk, Marc, and Melanie Joy. "Humanistic Psychology and Ecology." *The Handbook of Humanistic Psychology: Leading Edges in Theory, Research and Practice*, edited by K. J. Schneider, J.T. Bugental, and J. F. Pierson, 101-14. Thousand Oaks, CA: Sage Publications, 2000.

Plous, Scott. "Psychological Mechanisms in the Human Use of Animals." *Journal of Social Issues* 49, no. 1 (1993): 11-52.

Pollan, Michael. The Omnivore's Dilemma: A Natural History of Four Meals. New York: Penguin, 2006. (국역본은 『잡식동물의 딜레마』, 마이클 폴란 지음 / 조윤정 옮김, 다른세상, 2008.)

———. "Power Steer." *New York Times*. March 31, 2002, sec. 6.

Prilleltensky, Isaac. "Psychology and the Status Quo." *American Psychologist* 44, no. 5 (1989): 795-802.

Public Broadcasting Service (PBS). "Meatpacking in the U.S.: Still a 'Jungle' Out There?" 미국 공영방송 PBS의 시사 프로그램이었던 '나우(Now)'에서 방송한 것이다.

December 15, 2006. Accessed March 4, 2020. http://www.pbs.org.

Ramachandran, V. S. "Mirror Neurons and the Brain in the Vat." *Edge: The Third Culture*. January 10, 2006. Accessed March 26, 2009. http://www.edge.org.

Randour, Mary Lou. *Animal Grace: Entering a Spiritual Relationship with Our*

Fellow Creatures. Novato, CA: New World Library, 2000.

Regan, Tom. *The Case for Animal Rights*. Berkeley: University of California Press, 1983.

"Retailer Recalls Parkas Trimmed in Dog Fur." *New York Times*. December 16, 1998. Accessed March 4, 2020. http://www.nytimes.com.

Richardson, N. J. "UK Consumer Perceptions of Meat." *Proceedings of the Nutrition Society* 53 (1994): 281-87.

Richardson, N. J., R. Shepard, and N. A. Elliman. "Current Attitudes and Future Influences on Meat Consumption in the U.K." *Appetite* 21 (1993): 41-51.

Rifkin, Jeremy. *Beyond Beef: The Rise and Fall of the Cattle Culture*. New York: Plume, 1992. (국역본은 『육식의 종말』, 제러미 리프킨 지음 / 신현승 옮김, 시공사, 2002.)

Robbins, John. *Diet for a New America*. Tiburon, CA: H. J. Kramer, 1987. (국역본은 『육식의 불편한 진실』, 존 로빈스 지음 / 이무열 · 손혜숙 옮김, 아름드리미디어, 2014.)

———. *The Food Revolution: How Your Diet Can Help Save Your Life and the World*. Berkeley, CA: Conari Press, 2001. (국역본은 『존 로빈스의 음식혁명—육식과 채식에 관한 1000가지 오해』(개정판), 존 로빈스 지음 / 안의정 옮김, 시공사, 2011.)

Rogers, Carl. *On Becoming a Person*. Boston: Houghton Mifflin, 1961. (국역본은 『진정한 사람되기—칼 로저스 상담의 원리와 실제』, 칼 로저스 지음 / 주은선 옮김, 학지사, 2009.)

"Role of the Meat and Poultry Industry in the U.S. Economy." *American Meat Institute*. 2000. Accessed November 1, 2001. http://www.meatami.com.

Rosen, Steven. *Diet for Transcendence: Vegetarianism and the World Religions*. Badger, CA: Torchlight Publishing, 1997.

Rostler, Suzanne. "Vegetarian Diet May Mask Eating Disorder in Teens." *Journal of Adolescent Health* 29 (2001): 406-16.

Rozin, Paul. "Moralization." In *Morality and Health*, edited by A. Brandt and P. Rozin, 379-401. New York: Rutledge, 1997.

———. "A Perspective on Disgust." *Psychological Review* 94, no. 1 (1987): 23-41.

Rozin, Paul, and April Fallon. "The Psychological Categorization of Foods and Non-Foods: A Preliminary Taxonomy of Food Rejections." *Appetite* 1 (1980): 193-201.

Rozin, Paul, Maureen Markwith, and Caryn Stoess. "Moralization and Becoming a Vegetarian: The Transformation of Preferences into Values and the Recruitment of Disgust." *Psychological Science* 8, no. 2 (1977): 67-73.

Rozin, Paul, M. L. Pelchat, and A. E. Fallon. "Psychological Factors Influencing Food Choice." In *The Food Consumer*, edited by C. Ritson, L. Gofton, and J. McKenzie, 85-106. New York: John Wiley & Sons, 1986.

Ryder, Richard D. *The Political Animal: The Conquest of Speciesism*. Jefferson, NC: McFarland & Company, 1998.

Sapp, Stephen G., and Wendy J. Harrod. "Social Acceptability and Intentions to Eat Beef: An Expansion of the Fishbein-Ajzen Model Using Reference Group Theory." *Rural Sociology* 54, no. 3 (1989): 420-38.

Schafer, Robert, and Elizabeth A. Yetley. "Social Psychology of Food Faddism." *Journal of the American Dietetic Association* 66 (1975): 129-33.

Schlosser, Eric. "The Chain Never Stops." *Mother Jones*. July/August 2001. Accessed March 4, 2020. http://www.motherjones.com.

———. *Fast Food Nation: The Dark Side of the All-American Meal*. New York: Houghton Mifflin, 2001. (국역본은 『패스트푸드의 제국』, 에릭 슐로서 지음 / 김은령 옮김, 에코리브르, 2001)

———. "Fast Food Nation: Meat and Potatoes." *Rolling Stone*. September 3, 1998. www.rollingstone.com.

———. "Tyson's Moral Anchor." *The Nation*. June 24, 2004. Accessed March 27, 2009. http://www.thenation.com.

Schnall, Simone, Jonathan Haidt, and Gerald L. Clore. "Disgust as Embodied Moral Judgment." *Personality and Social Psychology Bulletin* 34, no. 8 (2008): 1096-1109.

Schwartz, Richard H. *Judaism and Vegetarianism*. New York: Lantern Books, 2001.

Scully, Matthew. *Dominion: The Power of Man, the Suffering of Animals, and the Call to Mercy*. New York: St. Martin's Griffin Press, 2002.

Serpell, James A. *In the Company of Animals*. New York: Basil Blackwell, 1986. (국역본은 『동물, 인간의 동반자』, 제임스 서펠 지음 / 윤영애 옮김, 들녘, 2003.)

———. "Sheep in Wolves' Clothing? Attitudes to Animals among Farmers and Scientists." In *Attitudes to Animals: Views in Animal Welfare*, edited by F. L. Dolins, 26-33. Cambridge, UK: Cambridge University Press, 1999.

Severson, Kim. "Upton Sinclair, Now Playing on YouTube." *New York Times*.

March 12, 2008. Accessed March 4, 2020. http://www.nytimes.com.

Shapiro, Kenneth J. "Animal Rights Versus Humanism: The Charge of Speciesism." *Journal of Humanistic Psychology* 30, no. 2 (1990): 9-37.

Shepard, Paul. *The Tender Carnivore and the Sacred Game.* New York: Scribners, 1973.

Shickle, D., et al. "Differences in Health, Knowledge and Attitudes between Vegetarians and Meat Eaters in a Random Population Sample." *Journal of the Royal Society of Medicine* 82 (1989): 18-20.

"Short Supply of Inspectors Threatens Meat Safety." *MSNBC.com.* February 21, 2008. Accessed March 27, 2009. http://www.msnbc.msn.com.

Simoons, Frederick J. *Eat Not This Flesh: Food Avoidances in the Old World.* Madison: University of Wisconsin Press, 1961.

Sims, L. S. "Food-Related Value-Orientations, Attitudes, and Beliefs of Vegetarians and Non-Vegetarians." *Ecology of Food and Nutrition* 7 (1978): 23-35.

Sinclair, Upton. *The Jungle.* New York: Penguin Classics, 2006. (국역본은 『정글』, 업튼 싱클레어 지음 / 채광석 옮김, 페이퍼로드, 2009.)

Singer, Peter. *Animal Liberation.* New York: Avon Books, 1990. (국역본은 『동물 해방』, 피터 싱어 지음 / 김성한 옮김, 연암서가, 2012.)

Slovic, Paul. "'If I Look at the Mass I Will Never Act': Psychic Numbing and Genocide." *Judgment and Decision Making* 2, no. 2 (2007): 79-95.

Smith, Allen C., and Sherryl Kleinman. "Managing Emotions in Medical School: Students' Contacts with the Living and the Dead." *Social Psychology Quarterly* 52, no. 1 (1989): 56-69.

Sneddon, L. U., V. A. Braithwaite, and M. J. Gentle. "Do Fishes Have Nociceptors? Evidence for the Evolution of a Vertebrate Sensory System." *Proceedings of the Royal Society of London*, B 270. 1520 (June 7, 2003): 1115-21.

Spencer, Colin. *The Heretic's Feast: A History of Vegetarianism.* Hanover, NH: University Press of New England, 1995.

Spiegel, Marjorie. *The Dreaded Comparison: Human and Animal Slavery.* New York: Mirror Books, 1988.

Stamm, B. Hudnall, ed. *Secondary Traumatic Stress: Self-Care Issues for Clinicians, Researchers, and Educators.* 2nd ed. Baltimore, MD: Sidran Press, 1999.

Stepaniak, Joanne. *The Vegan Sourcebook.* Los Angeles: Lowell House, 1998.

Stout, Martha. *The Sociopath Next Door.* New York: Broadway Books, 2005. (국역

본은 『이토록 진밀한 배신자』, 마사 스타우트 지음 / 이원찬 옮김, 사계절, 2020)

Thich Nhat Hanh. *For a Future to Be Possible: Commentaries on the Five Wonderful Precepts*. Berkeley, CA: Parallax Press, 1993. (국역본은 『마음속으로 걸어가 행복하라—틱낫한이 전하는 마음챙김의 지혜』, 틱낫한 지음 / 김승환 옮김, 마음터, 2008.)

Tolle, Eckhart. *A New Earth: Awakening to Your Life's Purpose*. New York: Plume, 2005. (국역본은 『삶으로 다시 떠오르기』, 에크하르트 톨레 지음 / 류시화 옮김, 연금술사, 2013.)

———. *The Power of Now: A Guide to Spiritual Enlightenment*. Novato, CA: New World Library, 1999. (국역본은 『지금 이 순간을 살아라』, 에크하르트 톨레 지음 / 노혜숙 · 유영일 옮김, 양문, 2008.)

Tsouderos, Trine. "Some Facial Expressions Are Part of a Primal 'Disgust Response', University of Toronto Study Finds." *Chicago Tribune*. February 27, 2009. Accessed March 26, 2009. http://www.chicagotribune.com.

Twigg, Julia. "Vegetarianism and the Meanings of Meat." In *The Sociology of Food and Eating*, edited by A. Murcott, and A. Aldershot, 18-30. England: Gomer Publishing, 1983.

Union of Concerned Scientists. "Outbreak of a Resistant Food Borne Illness." July 18, 2003. Accessed March 27, 2009. http://www.ucsusa.org.

———. "They Eat What? The Reality of Feed at Animal Factories." August 8, 2006. Accessed March 27, 2009. http://www.ucsusa.org.

US Department of Agriculture. "Nebraska Firm Recalls Beef Products Due to Possible *E. coli* O157:H7 Contamination." June 30, 2008. Accessed March 27, 2009. http://www.fsis.usda.gov.

US Department of Agriculture, Grain Inspection, Packers, and Stockyards Administration (GIPSA). Accessed March 30, 2009. http://www.gipsa.usda.gov. 특히 미국 농무부 곡물검사 및 정육업 · 사육장 관리청(GIPSA) 청장서리 데이비드 시프먼(David R. Shipman)이 2003 회계연도 예산안과 관련해 의회의 농업 · 농촌개발 및 관련기관 소위원회에서 한 발언을 참조했음.

US Department of Labor. "Safety and Health Guide for the Meatpacking Industry." 1988. Accessed March 4, 2020. http://www.osha.gov.

Vann, Madeline. "High Meat Consumption Linked to Heightened Cancer Risk." *U.S. News and World Report*. December 11, 2007. Accessed March 27, 2009. http://health.usnews.comusnews.

Vansickle, Joe. "Preparing Pigs for Transport." *The National Hog Farmer.* September 15, 2008. Accessed March 4, 2020. http://nationalhogfarmer. com.

Verhovek, Sam. "Gain for Winfrey in Suit by Beef Producers in Texas." *New York Times.* February 18, 1998. Accessed March 27, 2009. http://query.nytimes. com.

Warrick, Joby. "They Die Piece by Piece." *Washington Post.* April 10, 2001. Accessed March 26, 2009. http://www.hfa.org.

Weingarten, Kaethe. *Common Shock: Witnessing Violence Every Day.* New York: New American Library, 2004.

WGBH Educational Foundation. "Inside the Slaughterhouse." Accessed March 4, 2020. http://www.pbs.org.

———. "What Is HAACP?" Accessed March 27, 2009. http://www.pbs.org.

Wheatley, Thalia, and Jonathon Haidt. "Hypnotically Induced Disgust Makes Moral Judgments More Severe." *Psychological Science* 16 (2005): 780-84.

Wolf, David B. "Social Work and Speciesism." *Social Work* 45, no. 1 (2000): 88-93.

Worldwatch Institute. "Worldwatch Institute: Vision for a Sustainable World." March 26, 2009. Accessed March 27, 2009. http://www.worldwatch.org.

Worsley, Anthony, and Grace Skrzypiec. "Teenage Vegetarianism Prevalence, Social and Cognitive Contexts." *Appetite* 30 (1998): 151-70.

Zey, Mary, and William Alex McIntosh. "Predicting Intent to Consume Beef: Normative Versus Attitudinal Influences." *Rural Sociology* 57, no. 2 (1992): 250-65.

Zur, Ofer. "On Nuclear Attitudes and Psychic Numbing: Overview and Critique." *Contemporary Social Psychology* 14, no. 2 (1990): 96-119.

Zwerdling, Daniel. "A View to a Kill." *Gourmet.* June 2007. Accessed March 26, 2009. http://www.gourmet.com.

찾아보기

534번 소(육우) 80-85

A. 어리나 앤드 선스(A. Arena & Sons) 204

AETA ☞ 동물기업테러법

AMS ☞ 농업마케팅지원청

AND ☞ 미국영양·식이요법학회

APHA ☞ 미국공중보건협회

#ARMeToo ☞ 동물권운동 내부의 미투(#ARMeToo) 봉기

ASPCA ☞ 미국동물학대방지협회

AVMA ☞ 미국수의사협회

CAFO ☞ 동물밀집사육시설

CBS 방송 159

CEVA ☞ 효율적 비건 주창센터

CR4 ☞ 집중률

DCPP ☞ 질병통제 우선순위 지정 프로젝트

E. coli(Escherichia coli) ☞ 대장균

EQIP ☞ 환경개선장려계획

FSIS ☞ 미국 농무부 식품안전검사청

GIPSA ☞ 곡물검사 및 정육업·사육장 관리청

HFA ☞ 인도적 농장을 위한 협회

HSUS ☞ 미국인도주의협회

JBS USA(육가공 회사) 137

〈LA 타임스(Los Angeles Times)〉 95-96

NCBA ☞ 미국축산협회

NDC ☞ 전미유제품협의회

NPB ☞ 미국돈육사업단

OSHA ☞ 직업안전위생관리국

PETA ☞ 동물에 대한 윤리적 대우를 추구하는 사람들

PSS ☞ 돼지 스트레스 증후군

PTSD ☞ 외상후 스트레스 장애

TBIJ ☞ 탐사보도국

USDA ☞ 미국 농무부

WHO ☞ 세계보건기구

ㄱ

가금류

　　가금류 도축장 88-90

　　관련 용어의 순화 78-79

　　브로일러 하우스(사육장) 88

　　소비 통계 64, 87

　　('닭'과 '칠면조' 항목도 참조)

〈가디언(The Guardian)〉(신문) 121, 122

가부장제(patriarchy) 57, 244

간디, 마하트마(Mahatma Gandhi) 206

감각성(sentience) 91-93, 101-103

감정에 따른 식용동물 결정 195-196

개

　　개고기와 쇠고기, 인식의 차이 31-36

　　개를 상대로 한 '과학' 실험 91, 165-166

　　개에 대한 인식 34-36

　　개와 돼지의 특징 비교 45-52

　　사람과의 관계 32

　　식용동물로서의 개 107-111

거세 81-83

거세기(emasculatome) 82

건강 관련 문제들

　　단백질 신화 등 166-173

　　도축장 작업환경 116-117, 124-130

스트레스 장애 59-60, 71-73

육류의 건강 위협 115-123, 139-142

환경의 오염과 파괴 131-134, 216-217

검사

검사의 두 수준 120

정육공장에 대한 검사 120-123

경고 문구 139-142

고기(육류)

고기에 대한 우리의 인식 31-33

인식 과정 34-35

'고기 먹는 사람'이라는 말 53-54, 101

고기에 관한 신화들 147-152

고기의 지배(meatocracy) 139

고통-(동물의) 91-93, 101-103

곡물검사 및 정육업·사육장 관리청(Grain Inspection, Packers and Stockyards Administration, GIPSA) 136

곤봉으로 기절시키기(물고기 도살 방법) 105

공감(empathy) 39-41, 189-191

공감의 생물학적 기반 209-210

무감에서 공감으로 210-212

증언하기와 공감 207

공장식 농장 66-67

가금류의 처지 87-90

돼지가 겪는 일들 70-78

물고기 등 바다 동물 104-105

소들의 처지 80-85, 96-98

환경에 미치는 영향 117, 131-134

공중위생국장의 경고(Surgeon General's Warning, 육식주의 생산물에 붙일 수 있는) 141-142

『관계 바로 세우기(*Getting Relationships Right*)』(멜라니 조이) 238

관계의 회복탄력성(relationship resilience) 235

관체족(카나리아제도)의 도살자 131

광우병 139

국립보건원(National Institutes of Health, 미국) 140

국제 앰네스티(Amnesty International) 223
권위에 대한 복종 연구(스탠리 밀그램) 153-156
「그들은 한 조각 한 조각 죽어 간다(They Die Piece by Piece)」(조비 워릭의 기사) 86
금붕어 102
금지(미디어의 보도 관행) 159
꼬리 자르기(돼지) 71-72

ㄴ

『나치 의사들(*The Nazi Doctors*)』(로버트 제이 리프턴) 211
낙농장의 젖소 96-98
낙인(소) 81
남비콰라 인디언(브라질) 195-196
내면화된 육식주의 175-202
   개관 175-177
   감정에 따른 식용동물 결정 195-196
   방어기제 네트워크의 존재 이유 200-201
   육식주의 스키마 197-200
   인식 왜곡이 동일시와 공감에 미치는 영향 189-191
   인식의 트리오 177-187
   테크놀로지의 역할 187-188
   톨스토이 신드롬 199
   혐오감의 오염성 196-197
   혐오감의 합리화 193-194
《내셔널 호그 파머(*National Hog Farmer*)》(업계지) 74
네스터, 펠리시아(Felicia Nestor) 122-123
노르웨이 수의학대학 103
농업마케팅지원청(Agricultural Marketing Service, AMS) 137
누락(미디어의 보도 관행) 159
뉴스 미디어 157, 158-161
뉴캐슬병 96
닌, 아나이스(Anais Nin) 29

ㄷ

다리 절기(젖소) 97
다윈, 찰스(Charles Darwin) 163, 166
단백질 신화 168-170
달걀 생산 94-95
달라이 라마(Dalai Lama) 227
달팽이 196
닭
  고통 연구와 닭 93
  공장식 농장 실태 87-88, 94-96
  기업적 부화장 실태 94
  도축장 실상 88-90
  목재 파쇄기로 몰살하기 95-96
  반려동물로서의 닭 87, 181-182
  소비 통계 64, 87
  수명 87-88
  신체 구조의 변형 88
  지능과 성향 87
담수 고갈 132, 217
당뇨병 140, 141, 152
대기 오염 131-132
대못이나 송곳 박기(물고기 도살 방법) 105
대상화(objectification) 41, 178-180
대상화하는 언어 179
대장균(E. coli) 121-122, 138
  2002년 감염 사태 138
〈더 게임 체인저스(The Game Changers)〉(제임스 캐머런의 다큐멘터리 영화) 217
데카르트, 르네(Rene Descartes) 166
도덕감정(moral emotion) 191
도살자(백정) 130-131 ('정육공장' 항목과 '도축장' 항목도 참조)
도축자 ☞ 도살자
도축장
  가금류 88-90

　　노동자들의 안전 및 건강 문제 124-125

　　닭 79, 88-90

　　'도살'과 '도축장'을 달리 부르기 79-80

　　도축장 검사 120-123

　　돼지들의 처지 74-78

　　소 83-86

　　수생동물(바다 동물) 105

　　수송아지와 그 고기 99-100

　　폴 매카트니의 말 111

　　('정육공장' 항목도 참조)

도축장 노동자(작업자)

　　닭 도살 경험담 88-90

　　돼지 도살 경험담 75-77

　　소 도살 경험담 83-86

　　송아지 도살 경험담 100

　　역사와 다양한 문화 속의 도살자 130-131

　　작업환경과 안전 및 건강 문제 124-130

동물

　　내면화된 육식주의와 동물에 대한 인식 177, 189-191 ('내면화된 육식주의'와 '인식의
　　트리오' 항목도 참조)

　　도축되는 동물 통계 64-65

　　동물과의 동일시 문제 189-190

　　동물을 범주들로 나누어 인식하기 185-187

　　동물의 분류와 스키마 33-34

　　밀집사육시설(CAFO)의 동물 66-67

　　'인도적'으로 사육된 동물 106-107

　　재산으로서의 동물 157-158, 179

동물권운동 내부의 미투(#ARMeToo) 봉기 239-240

동물기업(animal enterprise) 70

동물기업테러법(Animal Enterprise Terrorism Act, AETA) 70

동물밀집사육시설(concentrated[confined] animal feeding operation, CAFO) 66-67,
87, 104-105, 116-117

　　오염 유발 132

　　('공장식 농장' 항목도 참조)

동물보호 단체 70, 109-111, 216-217
동물에 대한 윤리적 대우를 추구하는 사람들(People for the Ethical Treatment of
Animals, PETA) 129, 159
동물을 먹는 것의 필요성에 관한 신화들 166-171
동물의 고통에 대한 우리의 반응 59-60
동물의 복지 문제 66-67, 91, 115, 230
동일시(identification) 189
동정적 육식주의 106-107, 230
돼지
　갇힌 채 태어난 새끼들 73
　공장식 농장의 상황 70-73, 77-78
　꼬리 자르기 71-72
　대상화하는 언어 179
　도축장 실태 74-77
　성격과 성향 71
　운송 과정 74
　지능 70-71
　트라우마와 스트레스 증후군 72-73
　특징, 개와 비교 45-52
돼지 스트레스 증후군(porcine stress syndrome, PSS) 72-73
딜라드, 애니(Annie Dillard) 184
똥 ☞ 분변

ㄹ

라마, 에디(Eddie Lama) 214
랜다, 루이스와 메건(Lewis and Megan Randa) 204
레트키, 시어도어(Theodore Roethke) 203
로비스트 137, 246
로슬린 연구소(Roslin Institute) 102-103
루빈스틴, 리처드(Richard Rubenstein) 157
루펠, 조지(George Roupell) 61
리치, 애드리언(Adrienne Rich) 58
리틀, 엘런(Ellen Little) 204

리프턴, 로버트 제이(Robert Jay Lifton) 134, 211

ㅁ

《마더 존스(Mother Jones)》(잡지) 124
마더 테레사(Mother Teresa) 184
마셜, S. L. A.(Samuel Lyman Atwood Marshall) 61, 62
마이페트치킨(mypetchicken.com) 87
만델라, 넬슨(Nelson Mandela) 227
『맛있는 햄버거의 무서운 이야기(Chew on This: Everything You Don't Want to know About Fast Food)』(에릭 슐로서) 68
매카운, 딜로스 B.(Delos B. McKown) 45
매카트니, 폴(Paul McCartney) 111
〈매트릭스(The Matrix)〉(영화) 175-177
맥도날드(햄버거 체인점) 150
먹을 수 있는 것과 먹을 수 없는 것의 분류 33-36, 38-39, 185-187, 195-196
먹이사슬(food chain) 165, 214, 246
멸종저항(Extinction Rebellion, 국제적 환경운동 단체) 209
모레노, 라몬(Ramon Moreno) 86
모리스, 크레이그(Craig Morris) 137
모비(Moby) 218
모즐리, 제임스(James Moseley) 136
목재파쇄기로 몰살하기(닭) 95-96
몰개성화(deindividualization) 41, 178, 180-184
무감(apathy) 39-41
　　무감에서 공감으로 210-212
무어, 데일(Dale Moore) 136
물고기 101-106
　　고통을 느끼는 능력 102-103
　　도살 103-105
　　물고기 등 수생동물의 지능 연구 101-102
　　보호 입법 102
　　상업적 고기잡이(어업) 104
물고기 등 바닷속 동물 ☞ 수생동물

미국공중보건협회(American Public Health Association, APHA) 132
미국 공중위생국(United States Public Health Service, USPHS) 140
미국 농무부(US Department of Agriculture, USDA) 64, 99, 120, 121-123, 136-137, 179
　대장균 감염 사태 대처 실패(2002년) 138
　식품안전검사청(Food Safety and Inspection Service, FSIS) 137
미국돈육사업단(National Pork Board, NPB) 137
미국동물학대방지협회(American Society for the Prevention of Cruelty to Animals, ASPCA) 109-111
미국수의사협회(American Veterinary Medical Association, AVMA) 150, 200
미국영양·식이요법학회(Academy of Nutrition and Dietetics, AND) 151-152
미국의 육식주의적 소비 통계 64
미국인도주의협회(Humane Society of the United States, HSUS) 70, 89, 160, 207
미국축산협회(National Cattlemen's Beef Association, NCBA) 79, 136
미시시피 주립대학교 78
《미식가(Gourmet)》(잡지) 69
민주주의 134-139
밀그램, 스탠리(Stanley Milgram) 153-156

ㅂ

바다 밑 완전벌채(underwater clear-cutting) 104
바다에서 나오는 식품 101-107
바닷가재 92-93, 102
'반드시 익혀 먹을 것(cook only)'이라는 표시 121-122
방어기제들(defense mechanisms) 40-41
배터리식 닭장(battery cage) 94-95
백정 ☞ 도살자
버트 데 페레라, 테리사(Theresa Burt de Perera) 102
법률제도 132, 157-158
법적 인격(legal person, 법인격, 법률 주체) 157-158
법적 재산(legal property, 소유물) 157-158
베너먼, 앤(Ann Veneman) 136
《베지테리언 타임스(Vegetarian Times)》 69

벤담, 제러미(Jeremy Bentham) 91
벰바(북로디지아)의 도살자 131
보크, 조시(Josh Balk) 89-90
볼테르(Voltaire) 145
부리 자르기(debeaking) 78, 88
부수어획종(bycatch) 104
부적응적(maladaptive) 40, 211
부정(denial) 41, 43, 67, 176, 209
부화장(기업적인) 94
분류체계 ☞ 정신적 분류체계
분변(똥) 117-118, 121, 122
불가촉천민(인도) 131
붉은털원숭이 아기 실험(해리 할로) 24-27
브로일러 하우스(가금류 사육장) 88
《브리티시 미트(British Meat)》 80
비가시성(invisibility) 43-44, 67-68
    뉴스 미디어의 역할 158-160
    물리적 비가시성 142
    비가시성의 약화 218
    상징적 비가시성 67, 142-143
    수생동물 처리에서 비가시성의 역할 약화 105-106
    육식주의의 비가시성 54-55, 62
    이데올로기와 비가시성 57, 58, 142-143
비건/비건주의(vegan/veganism) 217-218, 229, 230, 231
    개념 정의와 부연 설명 52-53
    관계와 소통의 문제들에 대처하기 233-241
    기원 58
    이차적 방어와 비건/비건주의 232-233
『비건 매트릭스(The Vegan Matrix)』(멜라니 조이) 239-240
비관계적 시스템(nonrelational systems) 236
비젤, 엘리(Elie Wiesel) 225
비트겐슈타인, 루트비히(Ludwig Wittgenstein) 45
뿔 없애기 ☞ 제각

ㅅ

사디즘 127
사라진 연결고리(인식 과정의) ☞ 의식 속 단절된 부분
사이러스, 마일리(Miley Cyrus) 218
사회적 규범(사회규범) 161-163
사회적 의식(사회의식) 208
사회화된 비판자 150
산 채로 얼리기(물고기 도살 방법) ☞ 활어 냉각
살생과 동물 도살
　동물의 도살이 경제적으로 긴요하다는 신화 170-171
　살생에 대한 인간의 생래적 혐오 60-62
살진균제 117, 216
살충제 105, 117, 133, 135, 141, 216
삼림 파괴 132, 133, 217
상업적 고기잡이 103-104
상징적 비가시성 67, 142
생명육식주의(biocarnism) 231-232
생물다양성(biodiversity)의 훼손 104, 132
생태육식주의(ecocarnism) 230-231
성장호르몬 97, 105, 117, 216
세계보건기구(World Health Organization, WHO) 121, 140
세계은행(World Bank) 140
세번(chevon) 79
소 32
　낙농장(우유 생산) 실태 96-98
　대상화하는 언어 178-179
　도축장에서 겪는 일 83-85
　성격과 성향 81
　소에 대한 인식 32, 35-36
　송아지 고기의 생산 98-100
　쇠고기와 개고기, 인식의 차이 29-36
　수명 98-99
　탈출한 소 에밀리 203-206

소금행진(Salt March, 1930년) 206

소비자 보호 118-123, 135-136, 138

소비 통계 64-65, 87

송아지 81-83, 97-100

송아지 고기 생산 97, 98-100

쇠고기

　소비 통계(미국과 EU) 64

　쇠고기와 개고기, 인식의 차이 29-36

　오염 120-122

　('소' 항목도 참조)

쇼, 조지 버나드(George Bernard Shaw) 161

수생동물(aquatic animal) 101-106

수의사 83, 95-96, 150, 200

수질오염 131-132, 133

순정식품의약품법(Pure Food and Drug Act) 119

숫자와 감각마비 183-184

슐로서, 에릭(Eric Schlosser) 68, 75, 85, 113, 117, 124-125

스컬리, 매슈(Matthew Scully) 215

스키마(schema)

　개념 정의 33

　육식주의의 스키마 197-200

　인식과 스키마 32-33, 39

　일반화와 스키마 33

　정신적 마비와 스키마 40-44

　정신적 분류체계 33-34

스트레스로 인한 행동과 장애

　닭과 칠면조 88

　돼지 71-73

　소 82-83, 97-98

　송아지 83, 99

　어류(물고기) 102-103

　인간 59-60, 72-73, 76-77, 84, 124

슬로빅, 폴(Paul Slovic) 183

시가 포장지의 경고문 139-140

〈시카고 트리뷴(Chicago Tribune)〉(신문) 121-123
식물을 먹는 사람(plant eater) 53 ('비건/비건주의' 항목도 참조)
식육검사법(Meat Inspection Act) 119
《식육업 저널(Meat Trades Journal)》 80
식인 풍습 164
《식품보호저널(Journal of Food Protection)》 121
식품의 명예훼손에 관한 법률들 139
『신념을 넘어(Beyond Beliefs)』(멜라니 조이) 235
신육식주의(neocarnism) 229-233
신화를 만드는 사람들 149-152
실질적 비가시성 67-68
심혈관 질환 152
싱클레어, 업턴(Upton Sinclair) 118-119

ㅇ

아리스토텔레스(Aristotle) 165
아이스니츠, 게일(Gail Eisnitz) 74, 76, 84, 100, 127, 128
아인슈타인, 알베르트(Albert Einstein) 145
아테마, 옐러(Jelle Atema) 102
안전 문제(도축장/정육공장 노동자들) 124-126
알만자, 앨프리드(Alfred "Al" Almanza) 137
'알지 못하면서 아는' 현상 111-112
암 117, 140, 141, 152
애덤스, 캐럴 J.(Carol J. Adams) 55
양식된 물고기 104-105
양식 어업 ☞ 어류 양식
양심적 병역 거부자 62
어류 ☞ 물고기
어류(물고기) 양식 103, 104-105
어리나, 프랭크(Frank Arena) 204
「어 뷰 투 어 킬(A View to a Kil)」(즈위들링의 기사) 69
억압적 시스템(억압의 시스템) 59, 221, 232, 236, 237, 249 ('폭력적 이데올로기' 항목도 참조)
언어(용어)의 조작(操作) 78-80

에든버러 대학교 102-103
에밀리, 성스러운 소 203-206
에스카르고(escargot) ☞ 달팽이
에타(穢多) 131
연민 106-107, 204, 205, 215-216, 223
연어 104
염소 79, 115
영국 61, 79-80, 107-108, 139, 184, 206
영양사들 151-152
오디, 제임스(James O'Dea) 223
오염성 ☞ 혐오감의 오염성
옥스퍼드 대학교 102
온실가스 배출 132
온타리오주 농축산식품부(캐나다) 73
왓슨, 도널드(Donald Watson) 52
왓슨, 존 B.(John Broadus Watson) 24
외상후 스트레스 장애(post-traumatic stress disorder, PTSD) 59-60, 72-73
요로 감염(암퇘지) 78
우유 생산 96-97
《유아 보육(Infant Care)》 24
워릭, 조비(Joby Warrick) 86
〈워싱턴 포스트(The Washington Post)〉(신문) 86
워터스, 메리(Mary Waters) 136
위생 상태(도축장/정육공장) 120-123
윈프리, 오프라(Oprah Winfrey) 139
유대인에 관한 '자연화' 165
유럽연합(EU)의 육식주의적 소비 64, 65, 116-117
유사성의 원리(similarity principle) 189
유선염 97
육성 우리(backgrounding pen) 83
육식동물 54-55, 185, 195
육식자 ☞ '고기 먹는 사람'이라는 말
육식주의(carnism)
　개관 52-55

개념 정의 54-55
내면화 175-202
동물을 먹는 사람과 육식동물의 차이 54-55
동정적 육식주의 106-107, 230
문화와 육식주의 195-196
민주주의와 육식주의 134-139
비가시성이라는 방어 수단 54-55, 62, 67-68
육식주의 산업의 집중률 135-136
육식주의에 대해 증언하기 ☞ 증언
육식주의의 부수적 피해자(인간) 115-118
육식주의의 신화와 합법화 145-173
육식주의 이론의 확장 229-233
이데올로기로서의 육식주의 56-58, 111-113, 221-222
인식의 왜곡과 육식주의 189-191
정당화 147-148, 161-171
테크놀로지의 역할 187-188
폭력적 이데올로기인 육식주의 59-62
흔들림과 변화 가능성 216-218
('내면화된 육식주의' 항목도 참조)
육식주의를 넘어(Beyond Carnism, 국제 NGO) 228
육식주의의 스키마 197-200
윤리 41-43, 52-53, 55
음식에 대한 정서적 반응 30-32
의식 속 단절된 부분 38, 198, 207
이데올로기
개념 정의 56
가부장제라는 이데올로기 57
비가시성 57, 58
이데올로기로서의 육식주의 56-58
이데올로기의 '정상화' 161-162
페미니즘 이데올로기 56
폭력적 이데올로기 59-60, 62
확고히 자리 잡은 이데올로기 57-58
이분화(dichotomization) 41, 178, 185-187

이원복 109

이익의 장애물(동물의 복지) 67

이차적 방어 232-233

인간

    살생에 대한 생래적 혐오 60-62

    육식주의의 (부수적) 희생자 115-118

    자연화된 행동들 163-166

인공수정(젖소) 97

인도의 도살자 ☞ 불가촉천민

인도적 농장을 위한 협회(Humane Farming Association, HFA) 74, 127

인도적 도축법(Humane Methods of Slaughter Act) 89

'인도적'인 고기와 알, 유제품 106-107, 230

인식 31

    공감에서 무감으로 39-41

    동물과 동물로 만든 음식에 대한 인식 31-36

    스키마 33-34

    인식 과정의 단절(사라진 연결고리) 38-39

    인식의 전환 31-32

    ('인식의 트리오' 항목도 참조)

인식의 트리오(Cognitive Trio) 177-189

    구성 요소 178

    내면화된 육식주의와 인식의 트리오 177-178

    대상화에 의한 방어 178-180

    몰개성화에 의한 방어 180-184

    이분화에 의한 방어 185-187

    테크놀로지와 인식의 트리오 187-188

일반화와 스키마 33

일본의 도살자 131

일상화(routinization) 41, 127, 246

임신용 우리 77-78, 150

ㅈ

자연스럽다는 정당화 147-148, 163-166

자연화(naturalization) 164-166
자유로운 선택 162
자유의지의 신화 171-173
잡식동물(omnivore) 55
『잡식동물의 딜레마(*The Omnivore's Dilemma*)』(마이클 폴란) 80-81, 246
적응적(adaptive) 40, 211
전기로 죽이기(물고기 도살 방법) 105
전미유제품협의회(National Dairy Council, NDC) 151-152
절뚝거림 ☞ 다리 절기
접미사 'arian'과 'an' 설명(vegetarian, vegan에서) 53
『정글(*The Jungle*)』(업턴 싱클레어) 118-119
정당화(justification)
　　정당화의 3N 기본 설명 147-148
　　자연스럽다는 정당화 147-148, 163-166
　　정상적이라는 정당화 147-148, 161-163
　　필요하다는 정당화 147-148, 166-171
정신적 마비(psychic numbing) 40-43
　　개념 정의 40
　　다른 문화, 다른 시대의 경우 41-43
　　동원되는 방어기제들 40-41, 43
정신적 분류체계 33-34 ('스키마' 항목도 참조)
정육공장
　　사고 보고서 제목들 125
　　인간들의 건강 문제 115-118, 124-125
　　작가 업턴 싱클레어의 실태 폭로 118-119
　　작업상 위험 요소들 126
　　작업자(노동자)들의 환경 여건 116-117
　　작업장 현장 검사 120-123
　　('도축장' 항목도 참조)
정화의식 42, 131
젖떼기 83
제각(除角, de-horning) 81-82
제초제 117
조류독감(avian influenza, bird flu) 121

조이, 서배스천(Sebastian Joy) 228
종교에 따른 고기에 대한 인식 차이와 금기 32(각주), 33
즈워들링. 대니얼(Daniel Zwerdling) 69
증언(증언하기, 증인 되기) 203-225
　　공감 능력 연구 209-210
　　무감에서 공감으로 210-212
　　육식주의와 증인 되기 221-222
　　육식주의의 흔들림, 증언과 도전 216-219
　　젖소 에밀리의 탈출 이야기 203-206
　　증언의 형태들 208-209
　　증언의 힘 206-209
　　증언하기에 대한 저항감 213-216
　　증언하기의 실천 219-221
　　증언하는 용기 223-225
　　집단적 증언 208
　　통합과 증언 211-212
　　해리(解離) 대 증언 210-212
지배적 시스템들 213
직업안전위생관리국(Occupational Safety and Health Administration, OSHA) 125, 126
진화심리학(evolutionary psychology) 18
질병통제 우선순위 지정 프로젝트(Disease Control Priorities Project, DCPP) 140
질식(물고기 도살 방법) 105
집단적 증언 208-209
집중률(concentration ratio) 135-136

ㅊ

채식주의자/채식주의(vegetarian/vegetarianism)
　　개념 정의와 부연 설명 52, 53
　　기원 57-58
청산가리 104
축산업 64-65, 121-122
　　보조금 137-138
　　부수적 피해자 115-118

축신업의 권력 135-137
칠면조 64, 87, 121, 163, 186

ㅋ

카플란. 헬무트(Helmut Kaplan) 203
캐머런, 제임스(James Cameron) 217
캘훈, 존 C. (John C. Calhoun) 166
커밍스, 티머시(Timothy Cummings) 78
커틀러, 그레그(Gregg Cutler) 95-96
콘애그라(ConAgra) 137, 138,
키토 지역 인디언(에콰도르) 181-182

ㅌ

탐사보도국(the Bureau of Investigative Journalism, TBIJ) 121-122
테네시 대학교 82
테크놀로지와 인식의 트리오 187-188
텍사스주 염소 및 양 사육업자협회(Texas Sheep and Goat Raisers' Association) 79
〈텔레그래프(Telegraph)〉(신문) 107
토론토 대학교 192
토양 침식 132, 216-217
톨스토이 신드롬(Tolstoy syndrome) 199
통합(integration, 인간 발달의 목표) 212
티베트의 도살자 131

ㅍ

『파워라키(Powerarchy)』(멜라니 조이) 235-237
『패스트푸드의 제국(Fast Food Nation)』(에릭 슐로서) 68, 117-118
퍼듀 닭 도축장(도계장) 89
퍼듀 대학교 103
펄, 빌(Bill Pearl) 218
페미니즘 56

펜실베이니아 주립대학교 70-71

폭력적 이데올로기

   민주주의와 폭력적 이데올로기 134-135

   비가시성 142-143

   육식주의와 폭력적 이데올로기 59-60, 62, 111-112

   폭력적 이데올로기의 유지에서 전문직업인들의 역할 149-152

폴란, 마이클(Michael Pollan) 80-85

푸드 앤드 워터 워치(Food & Water Watch) 122

품질관리 120-123

프로베그 인터내셔널(ProVeg International, 국제 NGO) 228

피데스, 닉(Nick Fiddes) 124

피스 애비(Peace Abbey) 204-206

피타고라스 신봉자들 57-58

필요하다는 정당화 147-148, 166-171

ㅎ

하버드 공중보건대학원(Harvard School of Public Health) 140

한국 107-111

한국동물보호연합 109

한국의 개고기 사업 107-111

할로, 해리(Harry Harlow) 24-27

합리적인 온건파 150

합리화(rationalization) 41

   혐오감의 합리화 193-194

합법화(이데올로기와 시스템의) 157-161

항생제 105, 117, 133, 141, 216

해리(解離, dissociation) 41, 210-212

해양생물학연구소(Marine Biological Laboratory) 102

행동주의 심리학(behaviorism) 23-24

허먼, 주디스(Judith Herman) 209, 224

헉슬리, 올더스(Aldous Huxley) 115

혐오감

   불의에 대한 본능적 혐오 192

인식 왜곡과 혐오감 189-191
합리화(예비용 방어 수단) 193-194
혐오감의 부재 38-39
혐오감의 오염성(번짐) 196-197
호르몬 97, 105, 117, 133, 141, 216
호킹, 스티븐(Stephen Hawking) 175
홀 푸즈 마켓(Whole Foods Market) 93
화학물질 105, 133, 216
확고히 자리 잡은 이데올로기 56-58
확증편향(confirmation bias) 198-199
환경개선장려계획(Environmental Quality Incentives Program, EQIP) 138
환경 문제와 육식주의 131-134, 216-217
활어 냉각 105
회피(avoidance) 41, 43, 67
효율적 비건 주창센터(Center for Effective Advocacy, CEA) 228
후천적 입맛 36-37
휴먼 라이츠 워치(Human Rights Watch) 125
흑인 노예의 '천성'에 대한 자연화 164
히틀러, 아돌프(Adolf Hitler) 63, 215

우리는 왜 개는 사랑하고 돼지는 먹고 소는 신을까
―육식주의를 해부한다

초　판 1쇄 발행 : 2011년 2월 15일
초　판 9쇄 발행 : 2020년 4월 28일
개정판 3쇄 발행 : 2023년 6월 19일

지은이 : 멜라니 조이
옮긴이 : 노순옥

펴낸이 : 박경애
펴낸곳 : 모멘토
등록일자 : 2002년 5월 23일
등록번호 : 제1-3053호
주 소 : 서울시 마포구 만리재 옛길 11, 나루빌 501호
전 화 : 711-7024, 711-7043
팩 스 : 711-7036
E-mail : momentobook@hanmail.net
ISBN 978-89-91136-37-3　03300